1級建築士受験
スーパー記憶術

新訂第2版

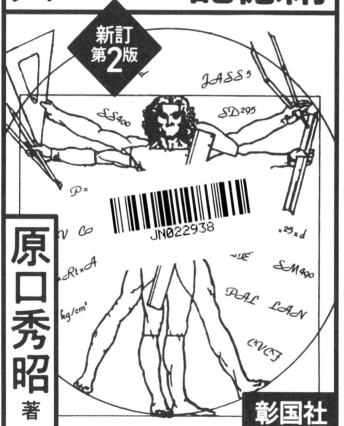

原口秀昭 著

彰国社

本書に出てくる法令・規準などの略語

法	建築基準法（本文中は、「基準法」と略した）
令	建築基準法施行令
JIS	日本産業規格
JASS	建築工事標準仕様書（日本建築学会）
昭○建告	昭和○年建設省告示
平○国交告	平成○年国土交通省告示
労安衛令	労働安全衛生法施行令
労安規	労働安全衛生規則
RC 規準	鉄筋コンクリート構造計算規準（日本建築学会）
S 規準	鋼構造設計規準（日本建築学会）
壁規準	壁構造関係設計規準（日本建築学会）
共仕	建築工事共通仕様書（国土交通大臣官房官庁営繕部）
公仕	公共建築工事標準仕様書（国土交通大臣官房官庁営繕部）
接合部指針	鋼構造接合部設計指針（日本建築学会）

[計] 計画
[構] 構造
[施] 施工
[環] 環境
[設] 設備

装丁・本文デザインフォーマット：篠原孝治
カバーイラスト原案：大熊明美

試験は暗記だ！

　1級建築士受験の合否を左右するのは暗記です。鉄筋のかぶり厚さ、スランプ値などの施工管理の数字、断面2次モーメントや換気の式などの構造や環境の公式などは、暗記していないと手も足も出ません。過去問を解いてみればわかりますが、建築士試験ではその場で考えて解ける問題は少なく、暗記していなければ解けない問題ばかりです。

　詰め込みは良くない！思考力を鍛えるべきだ！とはよく言われることで、ある面では正しくはあります。たとえば歴史や地理の細かい事項を無理やり暗記するのは、時間の無駄そのものと筆者は思っています。しかし最低限の建築の基本事項は、建築士として今後活躍するには知っていないと困ります。日常の業務で知らないことをいちいち検索していては、仕事になりません。

　筆者の学生時代は法規の授業はなく、構造の計算は退屈でさぼってばかり。製図室で絵や模型をつくることばかりやっていました。建築士試験の前に仕方なく法令集にインデックスを貼りながら法規を頭に入れ、構造でわからないところは構造研の友達に聞きに行きと、設計以外の勉強をようやくやり始めたわけです。建築士試験は、建築全般を勉強するいい機会となりました。建築士試験をきっかけにして、基本的な専門知識をまるごと一気に、頭にインストールしてしまいましょう！

暗記は語呂合わせ！　イメージで暗記！

　つらくてすぐに忘れてしまう棒暗記はやめて、あれこれと工夫して楽し
みながら覚えましょう。暗記には語呂合わせが一番有効です。なぜなら新
しくゼロから覚えるのではなく、すでに頭に入っている語句に関連付けら
れるからです。頭に入っているものにアンカーするので、忘れかけても、
思い出す取っ掛かりがつかめます。

　筆者は高校時代に英単語の暗記に苦労し、やってはいけないと言われて
いた語呂合わせを仕方なく使うことにしました。すると一気に数百の英単
語を短期間で覚えられ、今でも洋書を読むのに役立っています。英単語で
味をしめて、建築士試験でもやっかいな暗記ものを自分で語呂合わせをつ
くって覚えていきました。

　本書ではそんな筆者の体験からつくった語呂合わせや、後から工夫した、
指や体の部位や文字の形から連想する方法など、さまざまな記憶術を載せ
ました。たとえばコンクリートの強度は設計基準強度、品質基準強度……
と調合強度を出すまでにさまざまな強度があり、相互に関係が決められて
いて覚えるのは大変やっかいです。それを頭から順に体をつたっていくこ
とにより覚えられるようにしました。またコンクリートの6種の検査項目
を、左手のパーと右手のグーを使って思い出せるような工夫もしました。

　試験が終わって忘れては意味がありません。長く記憶に留めて実務でも
使えるようになって、また建築を考える際にサッと思い浮かぶようになっ
て、初めて生きた知識となります。そのためになるべく覚えやすいように、
忘れにくいように工夫しました。

　本書をひととおり覚えた後に過去問を解くことをおすすめします。何も
知らずに過去問を解くと、自信をなくしやる気を失うことになりかねませ

ん。暗記する量は膨大なので、試験直前では間に合いません。暗記を先に
やってから過去問で記憶を確認し、確実にするという順でやりましょう。

重要度順に覚えよう！　似たものを集めて覚えよう！

　英単語を、辞書のＡから順に覚える暇な受験生はいないでしょう。試
験に出る順や重要度順に覚えるはずです。建築士試験対策でも、重要度順
に覚えるべきです。建築士試験で暗記の重要度は、鉄筋コンクリート、鉄
骨、基礎・地盤、木造の構造、施工関係の順、次に環境、設備で、この順で
暗記することによって差がつくと筆者は考えています。実際、出題数もそ
の順で多いです。法規は法令集を引くのに慣れること、インデックスを自
分なりに工夫して付けること、計画は多くの有名建築を雑誌などで知るな
どの作業が必要となるので、暗記での優先順位は低くなりますが、実務で
も重要な寸法、面積関係、建築史の頻出事項は、巻末にまとめておきました。
まずは鉄筋コンクリートの施工、構造の重要事項から暗記を始めましょう。

　また試験で計画、環境・設備、法規、構造、施工と分かれているからと
いって、暗記もそのとおりに分類してやる必要はありません。似たような
事項は分野にこだわらず一緒に覚えると能率が良くなります。たとえば弾
性、塑性、靭性、脆性といった類似する用語、降伏比、幅厚比、細長比と
いう靭性にかかわる比などを一緒に暗記するなど、似たようなものを一緒
に記憶するとよいでしょう。英単語でも派生語、類似語、反意語、政治用
語、経済用語などと分類して覚えるなどしますが、そのまねをすればよい
わけです。

暗記はなるべく短期間に、なるべく多く繰り返そう！

　各項目はすべてＱ＆Ａ方式とし、繰り返しのチェックがしやすい構成

としています。次に囲みで記憶術を入れ、なるべくイラストも付けました。その下に解説も加えています。むやみに暗記するよりも理屈を覚えた方がよい場合は、その理屈の説明や理屈から覚える記憶術も載せました。各項目には可能な限り解説、イラスト、図を載せるようにしましたが、説明で足りない部分は拙著「ゼロからはじめるシリーズ」（彰国社）を参照してください。

　暗記はなるべく短期間に、なるべく多く繰り返すのがポイントです。忘却曲線では暗記したての頃は負の傾きが急です。暗記してすぐの時がもっとも忘れやすいので、頭から抜ける前にすぐに繰り返すのが効果的です。1週間後に繰り返すよりも1時間後、1時間後よりも5分後に繰り返すことです。

　本書を電車の中やトイレ、風呂の中で見るようにすれば、毎日必ず繰り返せます。ベッドの横に置いて寝る前に必ず見るようにすれば、繰返し回数は増え、記憶は定着します。ちなみに筆者は毎日、風呂で下半身浴しながら本を読んでいます（暗記ではないですが）。暗記はこういった短い時間を活用する方が、飽きずに長く続けられます。とにかく短期間になるべく繰り返すのがポイントです。試験ばかりでなく、実務でもきっと役に立つはずです。試験が終わっても忘れないように、体に沁み込ませるように覚えてしまいましょう！

『1級建築士受験スーパー記憶術』の歴史は30年

　『1級建築士受験スーパー記憶術』は1994年から版を重ねて30年が経ち、このたび全面改訂をすることになりました。こんな本があったら、面白いし役に立つのではないかと、当時の編集担当者と軽い気持ちで始めた企画です。出版してすぐに反応があり、読者のみな

さまにも好評で、結果的にロングセラーとなりました。1級建築士受験の成否を決めるのは暗記、記憶であることは、今でも変わりありません。それどころか、ますます重要度が増しているようです。

　JASS5が改定され、水セメント比の厳密化、高強度コンクリートの定義の変更などがあったため、本書も大幅に改訂することになりました。「水セメント比」の用語は一般に普及しており、他のマニュアルでは踏襲されているので、水セメント比の後に正確な用語をかっこ書きで付けることにしました。また読者から多くの要望が寄せられた木造、計画、防水、歴史などの事項やイラスト、解説文も数多く追加し、さらに最近の試験問題に出てきた事項も入れて、全体として34頁増やしています。覚えにくいといわれた語呂は、少しでも覚えやすいように変えてみました。本書で身に付けた知識によって建築士の資格を取得し、さらに実務でも役立てていただければ幸いです。

　各々の分野については、拙著「ゼロからはじめるシリーズ」の各本を、法規については拙著『建築法規スーパー解読術』（彰国社）で法令集にインデックスを付けながら並行して勉強されることをおすすめします。またブログ（原口秀昭≒原田ミカオの建築×不動産日記 https://plaza.rakuten.co.jp/mikao/）や、授業動画や拙著をまとめたウェブサイト（ミカオ建築館 https://mikao-investor.com）も参考にしていただければ幸いです。

　本書を作成するにあたり、多くの専門家のご教示、学生からの意見、たくさんの専門書、ウェブサイト、1級建築士試験の過去問などを参考にしました。また彰国社編集部の尾関恵さんには、面倒な編集をしていただきました。本当にありがとうございました。

2024年2月　原口秀昭

かたっぱしから
覚えるのよ！

1級建築士受験
スーパー記憶術
新訂第2版

目次

建築でよく使う独特な用語、難読漢字、記号、文字、単位をまとめました。覚えよう!

■建築独特の用語（漢字）

塑性	そせい
脆性	ぜいせい
靭性	じんせい
上降伏点	かみこうふくてん
下降伏点	しもこうふくてん
粗骨材	そこつざい
表乾／絶乾	ひょうかん／ぜっかん
供用期間	きょうようきかん
湿潤養生	しつじゅんようじょう
存置期間	そんちきかん
支保工	しほこう
付着割裂破壊	ふちゃくかつれつはかい
探傷検査	たんしょうけんさ
圧延縁	あつえんふち
横補剛材	よこほごうざい
礎柱	そばしら
単板	たんぱん
粗度区分	そどくぶん
剛性率	ごうせいりつ
洪積層	こうせきそう
沖積層	ちゅうせきそう
含水比	がんすいひ
載荷試験	さいかしけん
電気探層	でんきたんそう
法面	のりめん
礫	れき
浅層	せんそう
懸濁	けんだく
滑動	かつどう
砂杭	すなぐい
余掘り	よぼり
親杭横矢板	おやぐいよこやいた
切梁	きりばり
床付け	とこづけ
外柱／内柱	そとばしら／うちばしら
剛床	ごうしょう
梁間	はりま
建地	たてじ
一側／二側	ひとかわ／ふたかわ
穿孔	せんこう

顕熱	けんねつ
潜熱	せんねつ
椅座	いざ
光度	こうど
輝度	きど
昼光率	ちゅうこうりつ
揚水	ようすい
封水	ふうすい
破封	はふう
阻集器	そしゅうき

■ギリシャ文字

γ		ガンマ
δ	Δ	デルタ
ε		イプシロン
θ		シータ
λ	Λ	ラムダ
μ		ミュー
ν		ニュー
ρ		ロー
σ	Σ	シグマ
τ		タウ
ϕ		ファイ

■単位

K	ケルビン
N	ニュートン
Pa	パスカル
J	ジュール
W、Wh	ワット／ワットアワー
lm	ルーメン
lx、rlx	ルクス／ラドルクス
cd	カンデラ
rad、sr	ラジアン／ステラジアン
Hz	ヘルツ
dB	デシベル
phon	ホン

■単位の接頭語

k、M、G、T　キロ、メガ、ギガ、テラ
m、μ、n、p　ミリ、マイクロ、ナノ、ピコ

■頻出英略語

略語（正式名称）	意味	スーパー記憶術
ADL (Activities of Daily Living)	日常生活動作	アダルトな日常生活動作 A D L
ADPI (Air Diffusion Performance Index)	空気拡散性能指数	足、でんぶ、パイの温度差は不快 A D P I
ALC (Autoclaved Light-weight Concrete)	発泡軽量コンクリート	持って歩く→軽い板 A L C
APF (Annual Performance Factor)	通年エネルギー消費効率	アンパンファン1年中 A P F
BCP (Business Continuity Plan)	事業継続計画　緊急事態でも継続可の計画	武士ピープルの継続 B C P
BDS (Book Detection System)	図書持出し防止システム	バッドなヤツを探す B D S
BEE (Built Environment Efficiency)	建物の環境効率 Q/L CASBEE の一部	クルクル BEE（ミツバチ）が飛ぶ Q/L
BEI (Building Energy Index)	1 次エネルギー消費率	ベイエリアに来る石炭、石油 B E I
BELS (Building-housing Energy efficiency Labeling System)	建築物省エネルギー性能表示制度（5 段階の☆）	ベル　マーク BELS　☆ 数
BEMS（ベムス） (Building and Energy Management System)	ビルエネルギーマネジメントシステム	ビーム すごいエネルギー BE M S
BOD (Biochemical Oxygen Demand)	生物化学的酸素要求量	BODY への欲求は生物的 BOD
CIE (Commission Internationale de l'Eclairage)	国際照明委員会	市営の街灯 C I E
CFT (Concrete Filled steel Tube)	コンクリート充填鋼管構造	シフトを詰め込む C F T　充 填
COP（コップ） (Coefficient of Performance)	成績係数 冷房能力 / 消費電力	コップが大きい方が、氷がいっぱい入る C O P
CPTED (Crime Prevention Through Environmental Design)	防犯環境設計	失 敗って どうなの？　犯罪予防 C P TE D
CRE (Corporate Real Estate)	企業の所有不動産（経営資源と捉える経営戦略）	しれっと不動産を持ってる企業 C R E
CVCF (Constant Voltage Constant Frequency)	電圧・周波数一定化装置	しぶしぶ電圧を一定に維持する C V C F
DI (Discomfort Index)	不快指数	痔は腫れると不快 DI　80〜
DPG (Dot Pointed Glazing)	点でガラスを支える構法	ドンピシャでガラスに孔空け D P G
ECP (Extruded Cement Panel)	押出成形セメント板	石 パネル→硬いセメント板 EC P

略語	意味	スーパー記憶術
ERR (Energy Reduction Rate)	エネルギー低減率	省エネで偉い！ <u>ERR</u>
ET (Effective Temperature)	有効温度	<u>ET</u>（宇宙人）にも<u>有効な温度</u>
ISO (International Organization for Standardization)	国際標準化機構	いっそ標準化してしまえ <u>I S O</u>
LCA (Life Cycle Assessment)	建物ライフサイクルの環境評価	汗吸う綿と下着を評価 <u>assessment</u>
LEED (Leadership in Energy & Environmental Design)	環境性能評価認証システム	環境性能を<u>リード</u>したデザインを評価 <u>L E E D</u>
Met (Metabolic equivalent)	代謝当量	ヘルメットかぶって作業 <u>M e t</u>　作業時代謝量
MRT (Mean Radiant Temperature)	平均放射温度	丸太の年輪は放射状 <u>MRT</u>
OPAC（オーパック） (Online Public Access Catalog)	電子蔵書目録	蔵書を<u>パック</u>する <u>O P A C</u>
PAL（パル） (Perimeter Annual Load)	年間熱負荷係数	（ガラスをもう1枚）<u>張る</u>と断熱性が向上 <u>P A L</u>
PMV (Predicted Mean Vote)	予測平均温冷感申告	午後、<u>V</u>サインと予測 <u>P M</u>　<u>V</u>
POE (Post Occupancy Evaluation)	占有後評価	ポエムを評価する <u>P O E</u>
ppm (parts per million)	10の−6乗	ピーピーエム <u>二</u>　<u>6</u>
QOL (Quality Of Life)	生活の質	苦を理性で乗り越える豊かさ <u>Q O L</u>
SDGs (Sustainable Development Goals)	持続可能な開発目標	
SHF (Sensible Heat Factor)	顕熱比　顕熱／全熱	（グラフ）横に<u>シフト</u>するけんね！ <u>SH</u>(1)F(T)　顕熱比
SPC (Specific Purpose Company)	特定事業目的会社（事業が終了すると解散）	特定目的で<u>スペック</u>がいい <u>S P</u>(E)<u>C</u>
UPS (Uninterruptible Power Supply)	無停電電源装置	電気が<u>アップ</u>しないようにする装置 <u>U P S</u>
VE (Value Engineering)	価値工学 Value＝Function/Cost	ブイブイいわせる美人の価値 <u>V E</u>
ZEB（ゼブ） (net Zero Energy Building)	1次エネルギーゼロのビル	
ZEH（ゼッチ） (net Zero Energy House)	1次エネルギーゼロの住宅	

■その他

名称	意味	スーパー記憶術
デューディリジェンス (due diligence)	買収監査	金の<u>出入り</u>ざんすチェックするのは <u>d i l i g e n c e</u>
アセットマネジメント (asset management)	資産運用管理	<u>汗</u>と涙で築いた<u>資産</u> <u>asset</u>

Q コンクリートの熱に対する線膨張係数（線熱膨張係数）は（　）/℃
構

A 1×10^{-5}/℃

> | 羨望 | の | 舞子嬢 |
> |:---:|:---:|:---:|
> | せんぼう | | まいこじょう |
> | 線膨張 | | マイナス5乗 |

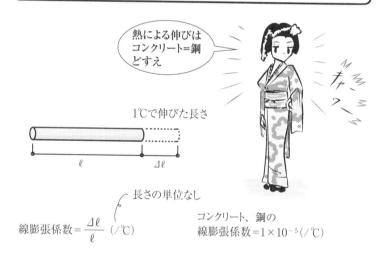

熱による伸びは
コンクリート＝鋼
どすえ

1℃で伸びた長さ

ℓ　$\varDelta\ell$

長さの単位なし

線膨張係数 $= \dfrac{\varDelta\ell}{\ell}$（/℃）

コンクリート、鋼の
線膨張係数 $= 1 \times 10^{-5}$（/℃）

● 線膨張係数とは、1℃当たりの伸縮の長さ$\varDelta\ell$を元の長さℓで割った比$\varDelta\ell/\ell$である。1℃変化すると、元の長さに対してどれくらい伸びるか、縮むかの比である。「長さ」割る「長さ」なので単位に長さはなく、/℃という単位となる。体積比ではなく長さの比なので、線膨張係数と「線」を付けている。

● コンクリートと鋼の線膨張係数は、人類にとって幸運なことに偶然にも一致し、鉄筋コ

ンクリートをつくることが可能となった。コンクリート自体は古代から大々的に使われていたが、19世紀中頃になってコンクリートの弱点である引張り側を鉄で補強しようとしてRCが発明され、20世紀に入ってから一気に世界中に普及した。

● RCとはReinforced Concreteの略で、再び(re)中に(in)力を入れ(force)られた(ed)コンクリート、すなわち「補強されたコンクリート」が直訳。鉄筋コンクリートの略称としてよく使われている。SとはSteel(鋼)の略で、鉄(iron)に炭素を一定量含有させて、粘り強くしたもの。鉄骨造は18世紀後半に工場の柱梁などで使われるようになり、19世紀には温室、駅舎、展示場に、そして19世紀末のシカゴではオフィスビルに大々的に使われるようになる。使われる鉄は、鋳鉄→錬鉄→鋼と変遷。エッフェル塔は錬鉄。

Q 常温では、コンクリートと( )と( )の線膨張係数（線熱膨張係数）はほぼ等しい 〔構〕

A 鋼材、ガラス

> ## カラスは 合 コン を 熱望する
> ガラス　　鋼材　コンクリート　　熱膨張係数

● コンクリートは鋼ばかりでなく、ガラスとも線膨張係数がほぼ等しい。そのため網入りガラスをつくることが可能となる。網入りガラスは、火事の際に熱でガラスが割れてもすぐに落下しないように、延焼防止の用途で使われる。

Q アルミニウムの線膨張係数(線熱膨張係数)は鋼材の約(　)倍
〔構〕

A 2倍

ミニスカの長さも倍になった
アルミニウムの　線膨張係数

● 熱による膨張のしやすさをまとめると次のようになる。(　)内は線膨張係数。木は、ガラス、鋼、コンクリートの約半分である。

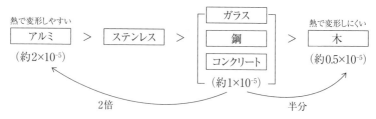

Q アルミニウム合金製手すりが伸縮する1m当たりの目安は?
〔施〕

A 1m当たり1mm(伸縮調整部は8mごとに入れる)

アルミ　の　1円玉
1m　1mm

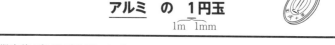

● 温度差40℃が目安とされている。

$$40℃×1000mm×(2×10^{-5}\ 1/℃)=4×10^4×2×10^{-5}mm=8×10^{-1}mm=0.8mm$$

となり、温度差40℃では1m当たり約1mm伸縮する。
● 鋼の手すりでは、半分の1m当たり0.5mm伸縮する。
● 1円玉の直径は2cm、厚さは約1.5mm、質量は1g。覚えておくと、スケールの代わりとなって便利。

コンクリート、RC、鋼、木材の比重は?
構 施

A 2.3、2.4、7.85、0.6

RCは西(西洋)から来た	ナンパご難の鉄の女
2.4	7.85
24N/mm²(標準的な強度)	

RCは
西から来た
のよ!

フランス発祥

● <u>比重とは水と比べた重さの比</u>で、比重2.4とは重さが水の2.4倍という意味。<u>比熱</u>は、温度を1℃上げるのに水と比べてどれくらい<u>熱量</u>が必要かの<u>比</u>。

● 水は1m³で1t(トン)の重さ、1tf(トンエフ：質量1tにかかる重力)。<u>RCは水の2.4倍</u>だから、1m³では2.4tf。比重にtfを付けると1m³の重さとなる。1tの重さは軽自動車1台分程度。

● コンクリートの比重は2.3、RCは2.4と、RCの方が0.1大きいのは、鉄筋が重いから。RCの2.4で覚えておくとよい。コンクリートの標準的な強度（標準供用級の耐久設計基準強度F_d）は24N/mm²なので、比重の2.4と一緒に覚えておくとよい。

● <u>木材の比重は約0.6と水の約半分</u>なので、水に浮く。比重1以下は水に浮くことになる。ただし、黒檀（こくたん）など木の種類によっては、比重は1より大きく、水に沈むものもある。

Q 1N≒（ ）gf グラムエフ(グラムフォース)
〔構〕〔施〕

A 100gf

ニュートン → 落ちるリンゴ → 小さなリンゴ1個の重さ → 100gf

1Nは小さな
リンゴの重さ！

÷100gの重さ
=100gf
=0.1kgf

● 1N（ニュートン）の力は約100gの重さと同じで、100gf、0.1kgfとなる。gf、kgf、tf のfはforceの略で、力の単位を意味する。g、kgだけだと質量の単位となる。100gの 質量にかかる重力、力が100gfである。

● ニュートンは小さなリンゴ1個分の重さ程度。10Nで1kgf。体重55kgfの人は、自分 の体重は550Nと覚えておくとよい。実感を伴わずに単位を使うのは危険。

Q 1トンの重さ=1tf=（ ）kN
〔構〕〔施〕

A 10kN

トン	**テン**	**カン**
tf	10	kN

● 水1m³　　　　　→　1tの重さで10kN
　コンクリート1m³→　2.3tの重さで23kN
　RC 1m³　　　　→　2.4tの重さで24kN　（コンクリート+鉄筋で23kN+1kN）
　鋼 1m³　　　　→　7.85tの重さで78.5kN

● RC厚さ10cmの床スラブ(1m²) → 1m³の厚さの1/10 → 2.4kN/m² (240kgf/m²)
RC厚さ20cmの床スラブ(1m²) → 1m³の厚さの1/5 → 4.8kN/m² (480kgf/m²)

● kN/m³は<u>単位体積重量</u>という。1m³という単位体積でどれくらいの重量となるかの値。

Q ヤング係数(弾性係数)*E*が大きいと、硬い? 軟らかい?
構 施

A 硬い (変形しにくい、剛性が大きい)

$$\underset{E}{医}\ \ \underset{}{大}\ \ \underset{}{は}\ \ \overset{(将来が)}{固い}$$

● *E*が大きいと、$\sigma - \varepsilon$グラフの傾きが急になり、同じひずみ度εを与えるのに大きな応力度σが必要となる。*E*が大きいとは変形しにくい、硬いということ (σ:応力度、ε:ひずみ度)。*E*はElasticity(弾性)の*E*。

Q 応力度=( )×ひずみ度 記号で書くと?
構 施

A ヤング係数(弾性係数) $\sigma = E \times \varepsilon$ (シグマ=イー・イプシロン)

$$\underset{\sigma}{シロクマ}\ \ \underset{=}{は}\ \ \underset{E}{いー}\ \ \underset{\times\ \ \ \varepsilon}{腕っぷし}$$

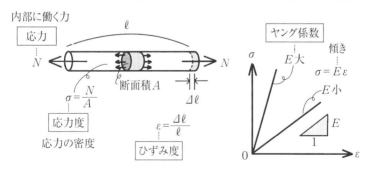

内部に働く力

応力

N ← → N

断面積A

$\sigma = \dfrac{N}{A}$

ℓ　$\Delta\ell$

応力度
応力の密度

$\varepsilon = \dfrac{\Delta\ell}{\ell}$

ひずみ度

ヤング係数

傾き
E大
$\sigma = E\varepsilon$
E小

E
1

ひずみ度

● 物体に外から働く力を<u>外力</u>、物体内部に働く力を<u>内力</u>という。建築では外力を<u>荷重</u>や<u>反力</u>と呼び、内力を<u>応力</u>と呼ぶ。応力は外からの力に応じて働く力という意味。そして単位断面積当たりの応力を応力度σと呼ぶ。応力度の度は人口密度の度と同じで、応力を面積で割った応力の密度を示す。

● ひずんだ長さを元の長さで割った比がひずみ度ε。長さ／長さなので単位はない。よってヤング係数Eの単位は応力度σと同じN/mm^2などとなる。

● 力（縦軸）を増やすと変形（横軸）も増え、その関係を表すのがσ−εグラフ。<u>σ−εグラフの傾きがヤング係数E。Eは材料の種類によって決まる変形しにくさ、剛性を表す係数。</u>

Q 鋼のヤング係数　　　　　$E_s = 2.1 \times 10$の（　）乗
コンクリートのヤング係数　$E_c = 2.1 \times 10$の（　）乗　構 施

A 5乗、4乗　　　　　　　　　　　　　　　s：steel　c：concrete

鋼	R C
5乗	4乗

● 原点近くのσ−εグラフでは、鋼はコンクリートの10倍の急傾斜。<u>同じだけ変形させるのに、鋼ではコンクリートの10倍の力が必要</u>。同じ力では鋼はコンクリートの1/10の変形。

● 鋼のヤング係数E_sは、より正確には2.05×10の5乗。

● コンクリートに対する鉄筋のヤング係数比＝$E_s/E_c \fallingdotseq 2.1 \times 10^5/(2.1 \times 10^4) = 10$。コンクリートの強度を大きくするとコンクリートの$E_c$は大きくなるので、ヤング係数比$E_s/E_c$は小さくなる。$E_c$は調合で変わるが、$E_s$は鋼種によらず一定。ヤング係数比は構造計算でよく使われる。

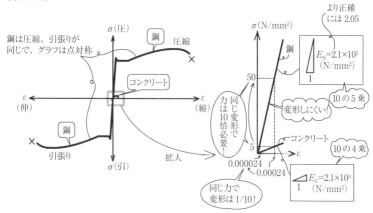

Q 強度が大きいと、コンクリート、鋼のヤング係数 E は? 構 施

A コンクリートの E_c は大きくなる　　鋼の E_s は変わらない

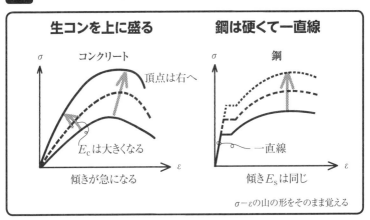

生コンを上に盛る

コンクリート

頂点は右へ

E_c は大きくなる

傾きが急になる

鋼は硬くて一直線

鋼

一直線

傾き E_s は同じ

$\sigma-\varepsilon$ の山の形をそのまま覚える

● 強度とは最大の応力度で、$\sigma-\varepsilon$ グラフの山頂の高さ。壊れる強度。破断強度（グラフの終点）は、山頂の少し下となる。コンクリートは山が高いと、傾き E_c は急になる。鋼は山が高くても傾き E_s は同じ。たとえば鋼の柱梁で、SN400（強度 400N/mm²）の代わりに SN490（強度 490N/mm²）を用いても、断面形が同じ（断面2次モーメント I が同じ）ならば、E_s は同じなので変形量は変わらない。

● コンクリートは重量が大きくなると、ヤング係数 E_c は大きくなる（最初の傾斜が急になる）。

● コンクリートの圧縮強度時のひずみ（山頂の ε）は、圧縮強度が大きいと大きい（山頂の位置は右へ）。

Q アルミニウムのヤング係数 E は鋼の約（　）倍 構 施

A 1/3倍

（アルミニウム）
ミニスカ　は　いー!
　1/3　　　　　E

● アルミニウムは鋼に比べて$\sigma-\varepsilon$グラフの最初の傾きは1/3、同じ量を変形させるのに必要な力は1/3ですむ。同じ力では3倍変形する。

Q コンクリートと鋼のせん断弾性係数Gは、ヤング係数Eの（　）倍　構 施

A 約0.4倍

$$\underset{G}{\underline{\text{ジー}}}\ \text{ンズの}\quad=\quad\underset{0.4}{\underline{\text{おし}}}\ \underset{E}{\underline{\text{リー}}}$$

● 力=定数×変位（$P=k\Delta\ell$）の式や、$\dfrac{\text{力}}{\text{面積}}=$ 定数 $\times \dfrac{\text{変位}}{\text{元の長さ}}$（$\sigma=E\varepsilon$、 $\underset{\text{タウ}}{\tau}=\underset{\text{ガンマ}}{G}\gamma$）は、みな同じ式の形をしており、フックの法則と呼ばれる。比例定数がヤング係数Eや、せん断弾性係数Gに変わるだけである。コンクリートと鋼のGはEの約0.4倍。

$$\boxed{G \fallingdotseq 0.4\,E}$$

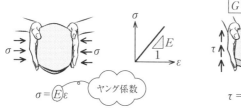

$\sigma=\boxed{E}\varepsilon$　ヤング係数

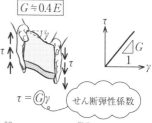

$\tau=\boxed{G}\gamma$　せん断弾性係数

$\underset{\text{タウ}}{\tau}$：せん断応力度　$\underset{\text{ガンマ}}{\gamma}$：せん断ひずみ度

【 $\underset{\tau}{\underline{\text{田植は}}}\quad\underset{G}{\underline{\text{ジーンズ}}}\quad\underset{\times}{\text{で}}\quad\underset{\gamma}{\underline{\text{我慢}}}$ 】

Q コンクリート、鋼のポアソン比（横ひずみ／縦ひずみ）はいくつ？　構 施

A 約0.2、約0.3

$$\underset{\text{横ひずみ／縦ひずみ}}{\text{腹が出ていて}}\quad\underset{\text{ポ　アソン比}}{\text{ボクは損}}$$
$$\underset{0.2}{\underline{\text{鬼の}}}\quad\underset{0.3}{\underline{\text{オッサン}}}\quad\underset{\text{横ひずみ}}{\underline{\text{腹が出てる}}}$$

● 力と直角方向のひずみ度ε'と力方向のひずみ度εの比ε'/εがポアソン比<ruby>ν<rt>ニュー</rt></ruby>。コンクリートは約 <u>0.2</u>、鋼は約 <u>0.3</u>。

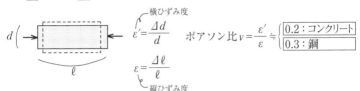

$$\varepsilon' = \frac{\Delta d}{d} \quad \text{横ひずみ度}$$

$$\varepsilon = \frac{\Delta \ell}{\ell} \quad \text{縦ひずみ度}$$

$$\text{ポアソン比}\,\nu = \frac{\varepsilon'}{\varepsilon} \doteqdot \begin{cases} \boxed{0.2：コンクリート} \\ \boxed{0.3：鋼} \end{cases}$$

Q 力を除くと元に戻る性質を（　）、元に戻らない性質を（　）という 構 施

A 弾性、<ruby>塑性<rt>そせい</rt></ruby>

男性 ⟶ 女性

弾性　　　　塑性
直線的　　　曲線的

● $\sigma = E\varepsilon$ という直線的な比例関係を弾性ということもある。

● 弾性の終わる点が、材料が力に降伏する点という意味で降伏点という。鋼の$\sigma-\varepsilon$グラフは、最初は弾性で直線、降伏点以降は水平な降伏棚があり、次に曲線となる。降伏点以前が弾性、以降が塑性。コンクリートの$\sigma-\varepsilon$グラフは曲線だけで、明確な分かれ目はない。

● 塑性になると力を除いても元に戻らずに、永久ひずみ（残留ひずみ）が残る。

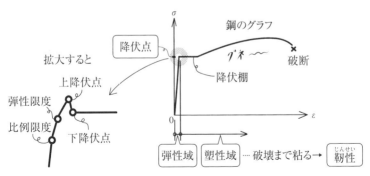

● 鋼の降伏点のあたりを詳細に見ると、比例が終わる比例限度、元に戻らなくなる弾性<ruby>限度<rt>かみ</rt></ruby>、<ruby>上降伏点<rt>かみ</rt></ruby>、<ruby>下降伏点<rt>しも</rt></ruby>が別々にある。厳密には弾性限度以降が塑性。

Q 粘り強く変形してなかなか壊れない性質を（　）、粘らずにすぐに壊れる脆い性質を（　）という ［構］［施］

A 靭性（じんせい）　脆性（ぜいせい）

> **人生は粘り強く!**　**ぜいぜい言ってすぐ壊れる**
> 　靭性　　　　　　　　　　　　脆性

● グネーと曲がるまんじゅうは靭性、パキッと割れるせんべいは脆性。鋼は大きく変形してなかなか壊れない（塑性変形能力が高い）ので、靭性が高い材である。構造体全体でも塑性化してから崩壊するまでどれくらい粘るかで、靭性か脆性かが決まる。

Q 鋼の材料としてまたは部材として、靭性を高めるには、 ［構］
降伏比を（　）する
幅厚比を（　）する
細長比を（　）する

A 小さく

> **人生　は　粘り強く!**
> ↓
> **人生　の　幸　福　は　細長く　小さく!**
> 　靭性　　　　　降伏比　幅厚比　　細長比　→　小さく

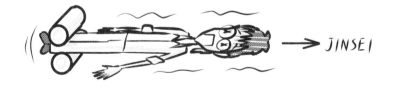

JINSEI

● 降伏比とは、降伏点強度／最大強度、最大強度に対して降伏点強度がどれくらいかの比。σ−εグラフで山頂の高さに対して、降伏棚の高さがどれくらいかの比。当然1以下となり、たとえば降伏比が1.4ということはありえない（出題歴あり）。
● 降伏比が小さいと、降伏点を超えてから最大強度までが大きいので、塑性変形してからも粘ることになり、靭性が高いといえる。降伏比が0.7だと、塑性化した後に最大強度まで0.3（30%）の力の余裕があるが、0.9だと0.1（10%）しか余裕がないことになる。

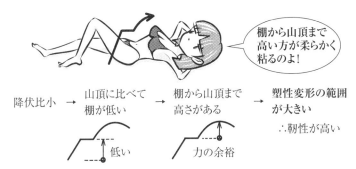

棚から山頂まで
高い方が柔らかく
粘るのよ!

降伏比小 → 山頂に比べて
棚が低い → 棚から山頂まで
高さがある → **塑性変形の範囲
が大きい**

∴靭性が高い

低い

力の余裕

● <u>LY</u>（Low Yield：低降伏点鋼）は降伏点が低く、最大強度まで大きく変形してエネルギーを吸収するので、ダンパー（振動を吸収する制震装置）に適する（p.144）。

 幅厚比、径厚比、水セメント比、熱水分比とは?
構 施

 幅÷厚、径÷厚、水の質量÷セメントの質量、熱÷水分

$$○□比の順に○÷□（○／□）$$

● ○□比とは、その順に○÷□（○／□）と覚える。板材の幅厚比が小さいと、厚さに対して幅が小さくてぶ厚い板となる。局部座屈（部分的な座屈、折れ曲がり）が起きにくくなる。<u>径厚比</u>は鋼管における径÷厚さの比。小さい方が厚さに対して径が小さくてぶ厚いパイプとなり、局部座屈しにくい。局部座屈しにくい材の方が、変形して最大強度まで粘るので靭性が高い。

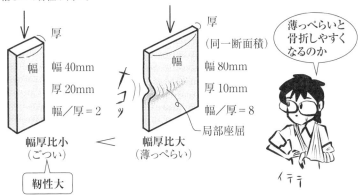

厚

幅 幅40mm
厚20mm
幅／厚＝2

幅厚比小
（ごつい）

〈

厚
（同一断面積）

幅 幅80mm
厚10mm
幅／厚＝8

局部座屈

幅厚比大
（薄っぺらい）

薄っぺらいと
骨折しやすく
なるのか

靭性大

● H形鋼の梁ではウェブよりもフランジの方に大きな圧縮力がかかるので、幅厚比の限度はフランジ＜ウェブとされている（昭55建告）。【 Web → Wide → 幅厚比 大 】

● 水セメント比はコンクリートの調合に使う。水セメント比が大きいと、すなわちセメントに対して水が多いと、コンクリートはスポンジ状の多孔質になって、強度は小さく、耐久性は低くなる。水セメント比は厳密には、水セメント比、水結合材比、水粉体比の3つに分かれる（p.50）。

● 熱水分比とは、空気の状態変化における加わる熱量÷加わる水分のこと（p.303）。

Q 細長比 λ（ラムダ）＝（　）
〔構〕

A $\lambda = \dfrac{\ell_k}{i} \left(\dfrac{座屈長さ}{断面2次半径} \right)$

見た目の細長さ		構造的な細長さ
$\dfrac{長さ}{太さ}$	──────▶	座屈長さ ℓ_k
	──────▶	断面2次半径 i

● 見た目では、細くて長いほど細長い。それを構造的な細長さの係数にするには、長さは湾曲の形を考えた座屈長さに、太さは断面2次半径にする。座屈長さは、湾曲の形を考えに入れた構造的な長さ。断面2次半径は、断面2次モーメント／断面積にルートをかけたもので、断面形状による曲がりにくさを考慮に入れた構造的な太さ（詳しくはp.170）。

● 細長比が大きいほど細長く、座屈（全体が折れ曲がる）しやすい。逆に細長比が小さいと座屈しにくく、変形して最大強度まで粘れて靱性が高い。

● 有効細長比 λ（ラムダ）は、軸の取り方で複数ある細長比のうちで最大のもの。たとえばH形鋼では軸の方向で断面2次モーメント I が変わり細長比が異なるので、大きい方（曲がりやすい方）を有効細長比とする。細長比 λ は、小さい方が座屈しにくく靱性が高い。建築では細長比、熱伝導率（p.323）の記号に λ を使う。【 やせた　ラクダ 】
（細長比　　λ）

● ヤング係数 E は材料で決まる変形しにくさ、硬さの係数。断面2次モーメント I は断面形で決まる曲げにくさの係数。$E \times I$ は曲げ剛性で、材料と断面形から決まる曲げにくさの係数。強度、強さは応力度 σ（シグマ）、τ（タウ）の最大値。

$\begin{cases} ヤング係数 E：変形しにくさ、硬さを示す \\ 強度　　　　：破断しにくさを示す \end{cases}$

Q S造の柱の有効細長比λ≦（　） 　　　　　　　　　　
［構］

A λ≦200

有効細長比　λ　⟶　𝜆　⟶　**200以下**

λの形から2を連想

● S造の柱以外の梁などはλ≦250、木造の柱はλ≦150（令43、65）。木の方が弱いので、200−50、S造の梁は柱ほど圧縮がかからず座屈しにくいので200＋50と覚えよう。

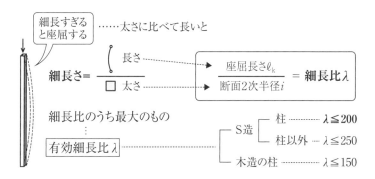

細長すぎる
と座屈する　……太さに比べて長いと

細長さ＝ 長さ／太さ ⟶ 座屈長さℓ_k／断面2次半径i ＝ **細長比λ**

細長比のうち最大のもの
　∴
有効細長比λ　　　　　S造　　柱 ……… λ≦200
　　　　　　　　　　　　　　　　柱以外 … λ≦250
　　　　　　　　　　　　木造の柱 ………… λ≦150

● 材料の粘り強さ　　　→　降伏比
　板の局部座屈しにくさ　→　幅厚比
　管の局部座屈しにくさ　→　径厚比　　　小さい方が靭性が高い
　柱、梁の座屈しにくさ　→　細長比

【 **人生の**　　**幸**　　**福は**　　**細長く　小さく！** 】
　　　靭性　　降伏比　幅厚比　細長比

構造計算の流れ

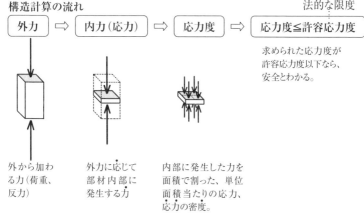

| 外力 | ⇨ | 内力（応力） | ⇨ | 応力度 | ⇨ | 応力度≦許容応力度 |

求められた応力度が
許容応力度以下なら、
安全とわかる。

外から加わ
る力（荷重、
反力）

外力に応じて
部材内部に
発生する力

内部に発生した力を
面積で割った、単位
面積当たりの応力、
応力の密度。

● 荷重、反力などの外力を出し、内部に働く内力＝応力を計算し、単位断面積当たり
の応力である応力度を出す。それが許容応力度以下であることを確かめる。許容応力
度とは法律上超えてはならない応力度、許容される限度の応力度で、長期と短期がある。
● 長期応力度とは常時、長期的に働く応力度で、重さによって生じる応力度。短期
応力度とは非常時に短期的に働く応力度で、重さの上に地震力や風圧力などをかけて
生じる応力度。短期と長期は別のものではなく、短期は長期の上に非常時の荷重、地
震や台風による荷重を重ねる点に注意。それぞれに法律的な上限、長期許容応力度、
短期許容応力度がある。

| （設計）基準強度 F、F_c | ⇨ | 長期許容応力度 | ⇨ | 短期許容応力度 |

構造設計の基準となる
強度

基準強度を安全率で
割って、超えてはなら
ない応力度を法律的
に定める

長期荷重の上に
地震力等を加え
るので、値は長
期より大きい

● 基準強度 F は、構造計算の基準となる強度。F は force（力）。鋼は工場から出荷
される時点で強度は保証されていて、そこから F の値が決まる。コンクリートは調合によっ
て強度が変わるので、設計基準強度 F_c と「設計」が付けられる。c は concrete、もしく
は compression（圧縮）。コンクリートの引張り強度は圧縮強度の 1/10 しかなく、計算
上は強度に入れない。鋼は引張り強度と圧縮強度が等しい非常に優秀な材だが、重く
て高価でさびるのが難点。
● 基準強度 F、設計基準強度 F_c を元に長期、短期の許容応力度が決まる。

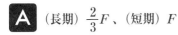

Q 基準強度 F の鋼における、圧縮、引張り、曲げの長期許容応力度、短期許容応力度は？ 構

A （長期）$\dfrac{2}{3}F$ 、（短期）F

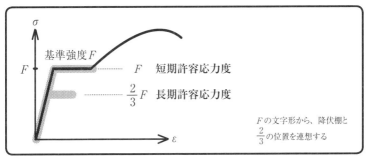

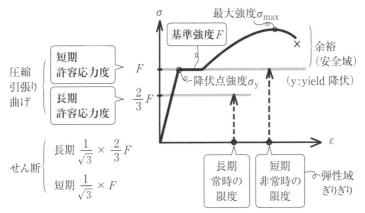

【 専断す　ると　惨になる 】
せん断　$\sqrt{}$　3分の1

● 鋼の基準強度 F は、降伏点強度か引張り強度の70%のうち、いずれか小さい方の値とされている（S規準）。一般には降伏点強度が F となることが多い。

● 常時の限度としての長期許容応力度は $2/3F$、非常時の限度としての短期許容応力度は F とされている（令90）。短期は降伏棚の高さで、降伏点強度 σ_y と同じとなる。建物各部の応力度は、強い地震時でも降伏点強度以下、弾性範囲に納めるということ。(y: yield 降伏)

● 法規では $2/3$ のことを $1/1.5$ と記しているが、わかりやすくするために $2/3$ とした。

● せん断の場合は、長期、短期ともに、それぞれの数値の $1/\sqrt{3}$ となる。

Q 設計基準強度 F_c のコンクリートにおける、圧縮の長期許容応力度、短期許容応力度は？ 構

A （長期）$1/3 F_c$ 、（短期）$2/3 F_c$

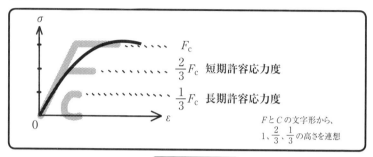

F と C の文字形から、1、$\dfrac{2}{3}$、$\dfrac{1}{3}$ の高さを連想

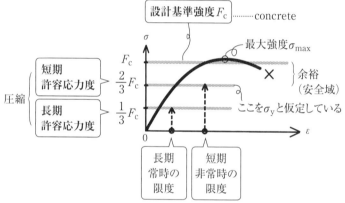

● 基準強度は構造計算の基準となる強度、最大の圧縮強度。鋼の基準強度 F は製鉄所出荷時に決まっているが、コンクリートは調合で変わるので設計基準強度 F_c は設計者が決める。そのため基準強度に「設計」の文字が付く。

● コンクリートの $\sigma - \varepsilon$ グラフは曲線状ではっきりとした降伏点がないので、$2/3 F_c$ のところを擬似的な降伏点と仮定して、そこを短期許容応力度としている。$2/3 F_c$ まで弾性範囲と考える。その $1/2$ の $1/3 F_c$ が長期許容応力度（令91）。

● $1/3$ の 3 を安全率（安全係数）という。$2/3$ の場合は、$2/3 = 1/(3/2) = 1/1.5$ なので安全率は 1.5。

● 鋼の $\sigma - \varepsilon$ グラフは圧縮、引張りで完全に同じだが、コンクリートはまったく異なる。圧縮側だけ力があり、引張り側は圧縮の $1/10$ 程度ですぐに壊れる。コンクリートは引張りに弱いので、引っ張られるとすぐにクラック（亀裂）が入る。それを補うのが鉄筋の役目。

Q 設計基準強度 F_c のコンクリートにおける、引張り、せん断の長期許容応力度、短期許容応力度は？ 構

A 引張り、せん断ともに（長期）$1/30F_c$、（短期）$2/30F_c$

> ### コンクリートの引張り、せん断の力は十分ではない
> 10分の1

● 圧縮の $1/3F_c$、$2/3F_c$ をそれぞれ <u>1/10倍</u>したもの（令91）。

Q 設計基準強度 F_c のコンクリートにおける、付着の長期許容応力度、短期許容応力度は？

A （長期）$0.7\mathrm{N/mm^2}$、（短期）$1.4\mathrm{N/mm^2}$

> ### おんな　に　ベタベタくっつく
> $0.7\mathrm{N/mm^2}$　　　　　　付着強度

● 付着強度とは、鉄筋を引き抜いたときの強度を鉄筋表面積で割った値。長期の2倍が短期なのは、圧縮、引張り、せん断、付着ともに同じ（令91）。
● RC規準では $1/15×F_c$、$1/10×F_c$ などの、F_c が大きくなると許容付着応力度も大きくなる式が示されている。付着応力度が大きくなると、コンクリートから鉄筋が抜けにくくなるので、鉄筋の定着長さは短くできる。梁では生コンが沈んで上端筋の下に空隙ができるおそれがあるので、RC規準では許容付着応力度は上端筋＜下端筋と上端筋の方が厳しく規定されている。【下半身に執着する】（下端筋の方が付着が強い）

鋼の許容応力度

長期許容応力度				短期許容応力度			
圧縮	引張り	曲げ	せん断	圧縮	引張り	曲げ	せん断
$2/3F$	$2/3F$	$2/3F$	$1/\sqrt{3}\cdot2/3F$	F	F	F	$1/\sqrt{3}\cdot F$

令90

コンクリートの許容応力度

長期許容応力度				短期許容応力度			
圧縮	引張り	せん断	付着	圧縮	引張り	せん断	付着
$1/3F_c$	$1/30F_c$	$1/30F_c$	$0.7\mathrm{N/mm^2}$	$2/3F_c$	$2/30F_c$	$2/30F_c$	$1.4\mathrm{N/mm^2}$

令91

● RCの場合、曲げは引張り側では鉄筋で考えるため、コンクリートの曲げ許容応力度は定められていない。

Q 木材の繊維方向の基準強度、許容応力度を大きい順に並べると、
( ) > ( ) > ( ) > ( ) 構

A 曲げ > 圧縮 > 引張り > せん断

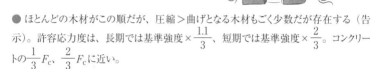

ちょんまげ　あっぱれだ
　曲 >　　圧 > 引 > 断

令89、平12建告1452

● ほとんどの木材がこの順だが、圧縮＞曲げとなる木材もごく少数だが存在する（告示）。許容応力度は、長期では基準強度 $\times \dfrac{1.1}{3}$、短期では基準強度 $\times \dfrac{2}{3}$。コンクリートの $\dfrac{1}{3}F_c$、$\dfrac{2}{3}F_c$ に近い。

Q 木材の繊維方向、半径方向、接線方向と強度の関係は？
構 施

A 繊維方向＞半径方向＞接線（円周）方向

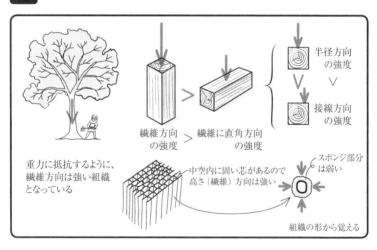

半径方向
の強度
∨
接線方向
の強度

繊維方向
の強度
＞
繊維に直角方向
の強度

重力に抵抗するように、
繊維方向は強い組織
となっている

中空内に固い芯があるので
高さ（繊維）方向は強い

スポンジ部分
は弱い

組織の形から覚える

● 重力に逆らって立っている木の組織から、繊維方向＞繊維と直角方向。直角方向では芯から外れるほど弱いので半径方向＞接線方向となる。

応力度 / ひずみ度

繊維方向（強い）
半径方向
接線方向
｝弱い

Q 木材の強度は、含水率が大きいとどうなる？
構 施

A 強度は小さくなる（含水率が繊維飽和点より大きいと強度は一定となる）

水ぶくれ　は　弱い
含水率大

● コンクリートも水が多い（水セメント比大）と強度は小さくなる。（p.51）
● 含水率が大きくなるほど強度、ヤング係数（弾性係数）は小さくなり、繊維飽和点以降は一定。

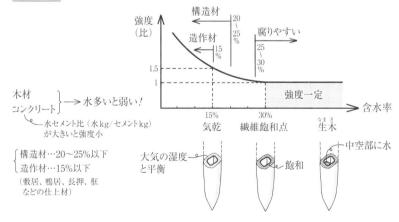

強度（比）

構造材　20〜25％
造作材　15％
腐りやすい　25〜30％

構造材
造作材
→ 水多いと弱い！
水セメント比（水kg／セメントkg）が大きいと強度小

構造材…20〜25％以下
造作材…15％以下
（敷居、鴨居、長押、框などの仕上材）

1.5
1
15％　気乾
30％　繊維飽和点
生木
強度一定
含水率

大気の湿度と平衡
飽和
中空部に水

Q 木材は含水率により膨張、収縮するが、繊維の方向による大小は？ 構 施

A 接線(円周)方向＞半径方向＞繊維方向

折 半 せん とは 水 くさい
接線＞半径＞繊維　　　含水

折半せん
水くさい

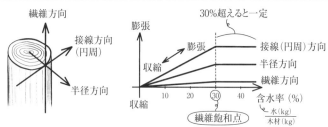

繊維方向

接線方向
(円周)

半径方向

膨張

膨張

収縮

収縮

30%超えると一定

接線(円周)方向
半径方向
繊維方向

10　20　30　40　含水率 (%)

$\dfrac{水(kg)}{木材(kg)}$

繊維飽和点

● 段ボール状の中空組織の周囲にスポンジ状の水を吸う部分があり、それによって大きく膨張、収縮する。変形の大小は、強度の大小と逆となる。

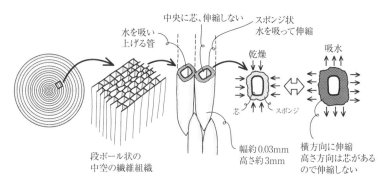

中央に芯、伸縮しない

水を吸い
上げる管

スポンジ状
水を吸って伸縮

乾燥　　　吸水

芯　スポンジ

段ボール状の
中空の繊維組織

幅約0.03mm
高さ約3mm

横方向に伸縮
高さ方向は芯がある
ので伸縮しない

● 木材の繊維方向と強度、含水・乾燥による変形の大小は、ここでしっかりと覚えておくこと。

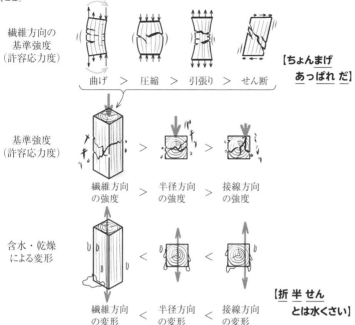

繊維方向の
基準強度
（許容応力度）

曲げ ＞ 圧縮 ＞ 引張り ＞ せん断

【ちょんまげ
　あっぱれ だ】

基準強度
（許容応力度）

繊維方向
の強度 ＞ 半径方向
の強度 ＞ 接線方向
の強度

含水・乾燥
による変形

繊維方向
の変形 ＜ 半径方向
の変形 ＜ 接線方向
の変形

【折 半 せん
　　とは水くさい】

Q クリープとは（　　）現象で、（　　）と（　　）などの材料に起こる 構 施

A 荷重を継続的に受けたとき、長い時間をかけてひずみが増す
木材、コンクリート

> ## クリープとコーヒーだけの食事では、
> ## 既　婚　者のうちに、長い間にひずみが起こる
> 　　木　　コンクリート

● 鋼材にはクリープは起こらない。

● 圧縮力を受けるRC造の柱では、コンクリートはクリープによって収縮し、鉄筋にかかる圧縮応力が徐々に増加する。梁のクリープによるたわみを小さくするには、圧縮側の鉄筋を増やす。

● 木材のクリープによる変形は、湿っている方が変形が大きい。木造は含水率が大きいほど強度も低下するので、含水率は低い方がよい。

Q セメントは水と反応して硬化する。この反応を（　　）、この性質を（　　）という 構 施

A 水和反応、水硬性

セメントは水と和して固まる
水和反応　　水硬性

● コンクリートは乾燥して固まるのではなく、セメントの水和反応で固まる。

● セメントペースト（セメント＋水＋空気、セメントのり）は徐々に粘性を増し、粒子同士が粘着し、固体として凝結する。固体になってからも、組織を硬くして強さを増す。セメントは硬化する際に収縮する。

● 水和反応では水和熱が発生する。大きな断面のコンクリート（マスコンクリート）ではこの熱で、コンクリートの内外で温度差が大きくなり、外側が先に冷えて収縮し、内側は膨張したままのためひび割れが生じやすい。

● 低熱ポルトランドセメントや中庸熱ポルトランドセメントは、水和反応がゆっくり進むため、水和熱は小さく、早期強度も小さい。

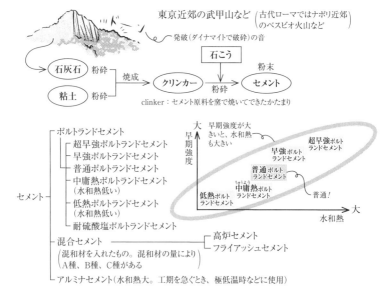

● ポルトランドセメントは、イギリスのポートランド島の石に色が似ていたため付けられた名称。要するに一般的なセメントのこと。

Q コンクリートは、酸性？　アルカリ性？
構 施

A アルカリ性

根気よく	**歩く**	**（南大門まで）**
コンクリート	アルカリ性	PH 7より大

● 東大寺南大門は、鎌倉時代に重源が造営した大仏様の巨大な門。貫、挿肘木、通し肘木を露出したダイナミックな構造が特徴。

● 普通ポルトランドセメントの主成分は、CaO（酸化カルシウム、生石灰）、S_iO_2（二酸化ケイ素）。水と反応（水和）して$CaO+H_2O \rightarrow Ca(OH)_2$（水酸化カルシウム＝消石灰）ができてアルカリ性となる。

● コンクリートのアルカリ性は、鉄筋の酸化によるさびを防ぐ。鉄はアルカリ性の中では、酸化被膜をつくり、酸化しにくくなる（さびにくくなる）。

● 空気中の二酸化炭素CO_2とコンクリート中のアルカリ$Ca(OH)_2$（水酸化カルシウム＝消石灰）が反応して$CaCO_3$（炭酸カルシウム）となって中性化する。中性化が鉄筋まで進行すると、鉄筋がさびやすくなる。　$Ca(OH)_2+CO_2 \rightarrow CaCO_3+H_2O$

Q コンクリートにフェノールフタレイン液を噴霧した場合、赤紫は（　　　）性、無色は（　　　）性　構 施

A アルカリ性　中性（鉄筋がさびる危険あり）

アルカリ性
赤ワイン　→　ポリフェノール
赤紫　　　　　　　　フェノールフタレイン

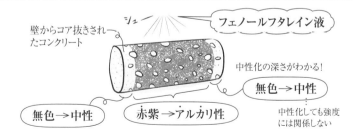

壁からコア抜きされたコンクリート

フェノールフタレイン液

中性化の深さがわかる！

無色→中性

無色→中性　　　赤紫→アルカリ性

中性化しても強度には関係しない

Q 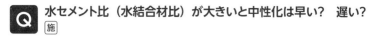 水セメント比（水結合材比）が大きいと中性化は早い？　遅い？
施

A 早い

水攻めは　中世の戦法
水セメント比大 → 中性化早い

● 水セメント比（水結合材比）が大きい、すなわちセメントに対して水が多いと、スカスカのコンクリートになって水や二酸化炭素が入りやすくなり、中性化しやすい。水セメント比（水結合材比）が小さいとコンクリートの組織は緻密となり、水や二酸化炭素が浸入しにくくなり、中性化は遅くなる。

● 強度、中性化いずれの面からも、水セメント比（水結合材比）は小さい方がよい。

Q 混合セメントは中性化が早い？　遅い？
施

A 早い

水攻め、火攻めの　混合　は　中世　の戦法
混合セメント　　　　　中性化早い

● 混合セメントは、高炉セメント、フライアッシュセメントなど、普通ポルトランドセメントにいろいろな混和材を加えたセメントのこと。

● 混合セメントを用いたコンクリートは、混和材の分セメントが減り、$Ca(OH)_2$（水酸化カルシウム）が少なく、アルカリ性は弱くなり、中性化は早い。

Q 中性化が早いのは屋内のコンクリート？　屋外のコンクリート？
施

A 屋内のコンクリート

籠城　するのは　中世　の戦法
ろう じょう
屋内　　　　　　　　中性化早い

● ヨーロッパも日本も、中世では城を築くのが盛んだった。日本の城は時代の要請に応じ、山城（やまじろ）から平城（ひらじろ）へと変化した。

● 屋内の方が二酸化炭素濃度が高いため、中性化しやすい。

Q [施] **AE剤を用いると中性化は早い？　遅い？**

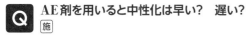

A 遅い

> **化学兵器　は　中世　の戦法ではない**
> 　AE剤　　　　　　　　　　　　　中性化遅い

● 化学兵器は20世紀になってから。

● AEは Air Entraining の略。生コン中に小さな気泡を多く発生させ、ボールベアリング作用でコンクリートを流れやすくして、ワーカビリティー（施工性）を向上させる。

● 減水剤＜AE剤＜AE減水剤＜高性能AE減水剤の順に、水を減らすことができる。

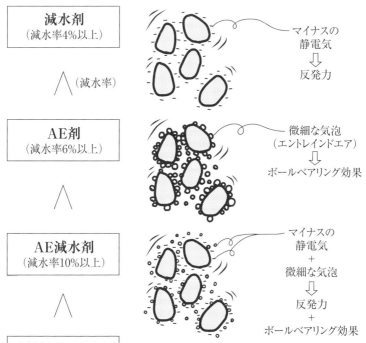

減水剤 （減水率4%以上）	マイナスの静電気 ⇩ 反発力
AE剤 （減水率6%以上）	微細な気泡（エントレインドエア）⇩ ボールベアリング効果
AE減水剤 （減水率10%以上）	マイナスの静電気 ＋ 微細な気泡 ⇩ 反発力 ＋ ボールベアリング効果
高性能AE減水剤 （減水率18%以上）	高強度コンクリートは水が少ない（水セメント比（水結合材比）を小さくして強度を上げている）ので、これを使う

● AE剤などは、微量でコンクリートの容積にカウントされない混和剤。高炉スラグ、フライアッシュは多量なので混和材。量が少ないのが「剤」、多いのが「材」。

● AE剤を用いると水量を抑えられ、水セメント比（水結合材比）を小さくでき、コンクリートが密実となる。そのため、水や二酸化炭素が入りにくくなり、中性化を防ぐことができる。

● AE剤には、単位水量を抑えられる、細かい空気泡の断熱効果で凍結融解がしにくくなる、中性化しにくくなるなどのメリットがある。一方、空気量が一定値を超えて増えると多孔質のスポンジ状（ポーラス）となり、強度は低下する。空気量が1%増加すると、圧縮強度は約5%減少する。**【空気ぶくれは弱い】**

● 寒中コンクリートには、AE剤、AE減水剤を必ず用いる。AE剤を用いると、気泡の膨張圧を吸収し、断熱効果もあるため、コンクリートの凍害が生じにくい。

● 水が多いと多孔質となり、混合セメントはセメント量が少なくアルカリ性が弱くなり、屋内では炭酸ガスが多くなり、AE剤を使わないと水が多くなる。これらが原因で中性化が早くなる。

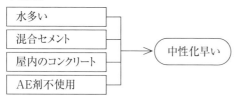

● 中性化すると鉄筋のまわりの酸化被覆（保護膜）が壊れ、さび（酸化し）やすくなる。鉄筋がさびると膨張し、コンクリートにひびが入る（爆裂）。

● 水セメント比（水結合材比）と強度、中性化、塩害、乾燥収縮、ブリーディングの関係は以下のようになる。水セメント比（水結合材比）が大きいと、コンクリートはスポンジ状の多孔質（ポーラス）となり、すべてにおいて良くない。

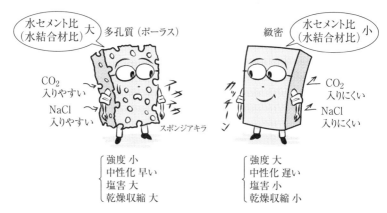

Q コンクリート中の塩化物イオン量は（　　）kg/m³以下　施

A 0.3kg/m³以下

演歌ぶつ	オッサンの体重	
塩化物イオン量	0.3	kg/m³以下

JASS5

H_2O　　CO_2　　CO_2による中性化

塩分（NaCl）

Cl⁻が鉄の保護被膜を壊す

鉄筋

爆裂

さび（酸化鉄）による膨張

● 塩分（NaCl）が多いとコンクリート中の鉄筋がさびやすい（酸化しやすい）。塩化物イオン（塩素イオン）Cl⁻が酸化鉄の保護被膜を破壊して鉄を腐食させるため。
● 鉄筋の防錆上の有効な対策を講じても、塩化物量は0.6kg/m³を超えてはならない。

Q アルカリシリカ反応性試験で「無害でない」と判定された骨材でも使える場合は?　施

A コンクリート中のアルカリ総量が3kg/m³以下

ミキちゃんと歩く	
3　kg/m³以下	アルカリ量

アルカリ食品

カラ　カラ

● セメント中のアルカリ（Na、Kなど）が骨材のシリカ（SiO_2など）と反応して、吸水性のアルカリシリカゲル（Na_2SiO_2など）を生成。それが吸水、膨張してコンクリートを壊すのがアルカリシリカ反応（アルカリ骨材反応）。「無害でない」と判定された骨材でも、アルカリ量が$3kg/m^3$以下ならば使用可（平7建設省技調発370）。混合セメント（B種、C種）はセメントが少なく、アルカリシリカ反応（アルカリ骨材反応）が起きにくい。

Q 施 **アルカリシリカ反応（アルカリ骨材反応）のひび割れの形は?**

A 亀甲状（マップ状）
_{きっこう}

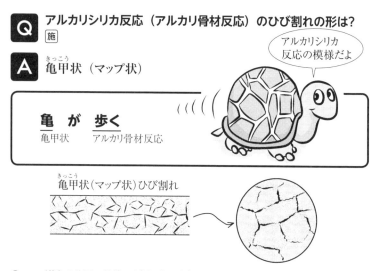

アルカリシリカ反応の模様だよ

亀 が 歩く
亀甲状　　　アルカリ骨材反応

亀甲状（マップ状）ひび割れ
_{きっこう}

● マップ状とは地図の県境のような形。吸水した骨材が膨張し、骨材を起点として四方にひび割れが伸びるため、そのような形となる。コンクリートに有害な化学反応の代表が以下の3つ。理屈と対策を覚えておく。

中性化	：セメント中のアルカリと空気中の二酸化炭素が反応して中性化。アルカリ性が弱まると、鉄の保護被膜が壊れる。鉄筋がさびて膨張し、コンクリートにひびが入る。 ［防ぐには、水セメント比を小さくする、AE剤を用いて水を減らす、鉄筋のかぶり厚さを大きくするなど］
塩化物の害	：塩化物イオンが鉄の保護被膜を破壊。鉄筋がさびて膨張し、コンクリートにひびが入る。 ［防ぐには、塩化物イオン量を$0.3kg/m^3$以下とする］
アルカリシリカ反応 （アルカリ骨材反応）	：セメント中のアルカリと骨材（砂、砂利）中のシリカが反応してアルカリシリカゲルとなる。それが水を吸って膨張し、コンクリートにひびが入る。 ［防ぐには、アルカリ量を$3kg/m^3$以下とする、混合セメントを使うなど］

Q AE剤を使うコンクリートの空気量は（　　）±（　　）%
施

A 4.5 ± 1.5%

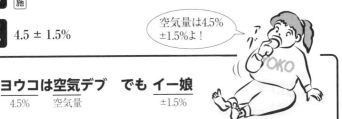

空気量は4.5%
±1.5%よ！

ヨウコは空気デブ　でも イー娘
4.5%　　空気量　　　　　　　±1.5%

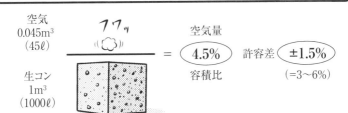

空気
0.045m³
（45ℓ）

フワッ

生コン
1m³
（1000ℓ）

空気量

= **4.5%**　許容差 **±1.5%**
容積比　　　　（=3〜6%）

● AE剤を使う寒中コンクリートでは、空気量は多めの4.5〜5.5%（5±0.5%）。

Q セメントのコンクリート中の絶対容積は約（　　）%
セメントの袋の保管は（　　）袋以下に積む 施

A 10%、10袋以下

セメントー
10%、10袋以下

窓はない方がよい

10袋以下に
積んで、シート
をかけるのか

ドアを閉める

床を上げる

通風はダメ!
湿気を吸うから

● 絶対容積とは、隙間を除いた容積。
● セメントは湿気を吸うとブツブツと固
まってしまう。また圧力をかけても硬くな
る。通風のない倉庫に床を上げて、10
袋以下に積んで保管する。10%のつい
でに10袋も覚えるとよい。

Q 骨材のコンクリート中の絶対容積は、細骨材は約（　　）%、粗骨材は約（　　）% 施

A 30%、40%

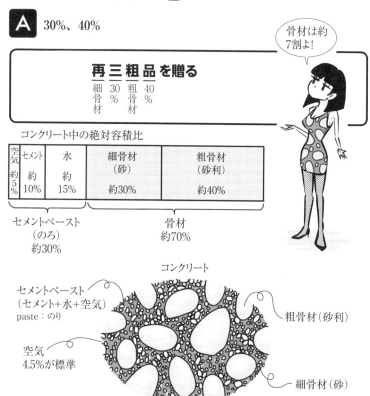

骨材は約
7割よ！

<u>再</u> <u>三</u> <u>粗</u> <u>品</u> を贈る

| 細骨材 | 30% | 粗骨材 | 40% |

コンクリート中の絶対容積比

空気 約5%	セメント 約10%	水 約15%	細骨材 (砂) 約30%	粗骨材 (砂利) 約40%

セメントペースト（のろ）約30%　　骨材 約70%

コンクリート

セメントペースト（セメント+水+空気）paste：のり

粗骨材（砂利）

空気 4.5%が標準

細骨材（砂）

● セメント+水+空気の<u>セメントペースト</u>（セメントのり）で<u>粗骨材</u>（砂利）と<u>細骨材</u>（砂）をくっつけて人工的な石にしたのがコンクリート。細骨材だけをくっつけたのは<u>モルタル</u>。骨材は安くて硬くてボリュームがあるので、コンクリートの容積の7割を占める。砂利（粗骨材）の強度はセメントペーストの10倍程度ある。コンクリートを壊すと、砂利とセメントペーストの境界面が離れて壊れる。コンクリートの強度は骨材とセメントペーストの境界でのセメントペースト側の接着力、強度で決まる。そのセメントペーストの強度は、水セメント比で決まるので、コンクリートの強度は、結局水セメント比で決まることになる。

● 骨材はあまり吸水しないので、乾燥収縮がセメントペーストに比べて微々たるもの。よって骨材が多い方がコンクリートの収縮ひび割れは少なくなる。またセメントが少なくなるので、水和熱を抑えることができる。水和熱が大きいと、冷えるときに温度ひび割れを起こ

す。このように骨材を70%入れる効果には、①強度を高める、②水和熱を抑える、③乾燥収縮を抑える、④コストを抑えるといったことがある。

Q AE剤によって計画的に入れられた微細な空気は、エントレインドエア？ それともエントラップトエア？ 施

A エントレインドエア

> **entrained air**
> **エントレインドエア** ⇒ 列車
> trainに乗せるように、計画的に分散して入れられた空気
>
> **entrapped air**
> **エントラップトエア** ⇒ わな
> trapにかかった巻き込まれた空気

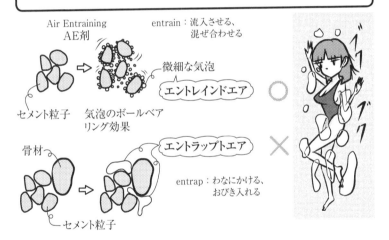

Air Entraining
AE剤

entrain：流入させる、混ぜ合わせる

微細な気泡

エントレインドエア

セメント粒子　気泡のボールベアリング効果

骨材

エントラップトエア

entrap：わなにかける、おびき入れる

セメント粒子

● AE剤によって計画的に入れられた微細な気泡（エントレインドエア）は、ボールベアリング効果で水が少なくとも生コンを流れやすくし、ワーカビリティー（施工性）を向上させる。冬季では気泡が弾力をもって膨張する力を吸収し、断熱効果もあるため、生コン内部の水が凍って膨張しコンクリート表面をはがすスケーリングや、一部を飛び出させるポップアウトなどの凍害を防ぐ。
● 調合時や生コン打設時に巻き込んだ気泡（エントラップトエア）は大きく、不整形でつながっているため、耐凍害性やワーカビリティーの改善は期待できない。

Q 空気量が多いと圧縮強度は大きくなる？　小さくなる？
構 施

A 小さくなる

> ## 空気ぶくれ　は　弱い
> 空気量大　　　　　強度　小

● 空気量が1%増えると、圧縮強度は約5%減少する。水が多くても（水セメント比大）、強度小。【**水ぶくれは弱い**】

Q 細骨材率は質量比？　容積比？
施

A 容積比（表乾状態での絶対容積の比）

> ## 骨　の　つぼ
> 骨材率　　容積

たとえば

絶対容積(ℓ/m³)	
細骨材	粗骨材
265	438

$$細骨材率 = \frac{細骨材の絶対容積}{骨材の絶対容積} = \frac{265}{265+438} \times 100 ≒ 37.7\%$$

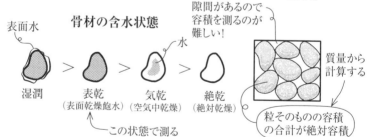

骨材の含水状態

表面水

隙間があるので容積を測るのが難しい！

質量から計算する

湿潤 ＞ 表乾（表面乾燥飽水） ＞ 気乾（空気中乾燥） ＞ 絶乾（絶対乾燥）

この状態で測る

粒そのものの容積の合計が絶対容積

● 粗骨材と細骨材は密度（質量／容積）が違うので、骨材の比率を考えるときは容積比を使う。しかし容積は隙間があって測りにくいので、計量は質量で行い、密度で換算して絶対容積を出す。水を混ぜて生コンにする際、骨材が水を吸うと水セメント比が変化してしまう（計画した強度と違ってしまう）ので、水を吸わないように表乾状態で計量し調合する。

● 普通コンクリートとは、人工軽量骨材や重量骨材でない、普通の骨材という意味。普通ポルトランドセメントの普通とは関係ない。よく間違うので注意。人工軽量骨材を使うのは軽量コンクリート。重量骨材を使うのは重量コンクリート。骨材の違いから、普通、軽量、重量と名付けられている。【普通コン→コツ材が普通】

● 空気量は質量では難しいので、やはり容積比で扱われる。

Q 細骨材(砂)は（　　）mmのふるいを重量で（　　）%以上通る骨材
粗骨材(砂利)は（　　）mmのふるいに重量で（　　）%以上とどまる骨材 [施]

A 5mm、85%以上、5mm、85%以上

> # 古い ゴミ の 箱
> ふるい　5mm　　85%

JIS

● 大まかにいうと、5mm以下が細骨材（砂）、5mm以上が粗骨材（砂利）。

Q 細骨材に山砂を用いるとコンクリートにひび割れが生じやすい? 生じにくい? [施]

A 生じやすい

> # 砂山にはひびが入りやすい
> 山砂

● 山砂には粘土が多く含まれるため、ひび割れしやすくなる。

● 海砂は塩分を多く含んでいる。川砂がベストだが、河川保護のため規制されている。

● 吸水率の高い骨材を用いると、水を吸って凍ったとき、体積が膨張して割れるという凍害が生じやすくなる。

Q スランプは （　　　）±（　　　）cm以下
[施]

A 18±2.5cm以下 （調合管理強度 F_m が33N/mm² 未満の場合）

スランプはいや　**でもニコニコで**
18cm以下　± 2.5cm

（スランプで）
耳が　たれる
33N/mm² 未満

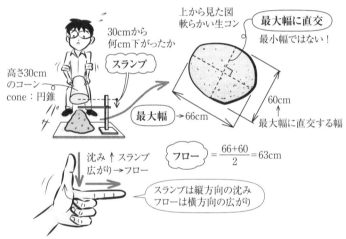

上から見た図
軟らかい生コン

30cmから
何cm下がったか

スランプ

高さ30cm
のコーン
cone：円錐

最大幅 →66cm

最大幅に直交
最小幅ではない！

60cm
最大幅に直交する幅

沈み↑ スランプ
広がり→フロー

フロー $= \dfrac{66+60}{2} = 63$cm

スランプは縦方向の沈み
フローは横方向の広がり

● スランプはスランプコーンに入れた生コンが何cm下がったかの値で、水が多く軟らかい生コンはスランプが大きくなる。フロー（スランプフロー）は横の広がりが何cmあるかの値。高流動コンクリートはスランプでは軟らかさが測れないので、フローで測る。
● 調合管理強度 F_m が33N/mm²以上の場合のスランプは、21±1.5cm以下。AE剤等を使うと、スランプは大きくなる。
● 指定したフローが45、50、55cmの場合、許容差は±7.5cm。60cmの場合は±10cm。（JIS）【フロー→フ→**7**　**45**、**50**、**55**】
±7　. 5cm

● 気温や生コンの温度が高いとセメントの水和反応が早く進み、早く粘りが出てスランプは早く低下する。運搬中のスランプロスは、現場打ちに支障をきたす。

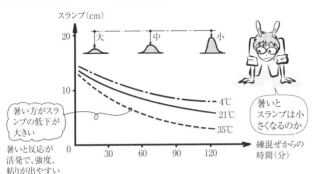

スランプ(cm)

大　中　小

暑い方がスランプの低下が大きい

暑いと反応が活発で、強度、粘りが出やすい

―・―・― 4℃
――― 21℃
―――― 35℃

暑いとスランプは小さくなるのか

練混ぜからの時間(分)

24N/mm²(標準)の倍強い
西から来た　　　　　48N/mm²超

● 48N/mm² 以下は一般仕様のコンクリート。

● 高強度コンクリートと供用期間が超長期のコンクリートの2種の練り混ぜ時のみ、スラッジ水（工場での洗浄水から骨材を除去した水）は使えない。その他のコンクリートはスラッジ水を使うことができる。またスラッジ水から固形分を沈殿させて除去した上澄み水は、すべてのコンクリートで使うことが可能。環境に配慮した規定。

Ｑ 設計基準強度 F_c が 48N/mm² を超え 60N/mm² 以下の高強度コンクリートのフローは（　　）cm以下　施

Ａ 60±10cm 以下

フロー
60cm 以下
60N/mm² 以下

● 高強度コンクリートは強度を出すために水セメント比（水結合材比）が小さく、そのま

までは粘性が高くて流れにくいので、<u>高性能AE減水剤</u>を使う。高性能AE減水剤を使うと非常に軟らかくなって広がるので、スランプよりもフローで測る。

● AE剤を使うと生コンは軟らかくなり、スランプは大きくなる。

Q コンクリートの主要検査項目6種は?
施

A ①スランプ、②フロー、③空気量、④塩化物イオン量、⑤温度、⑥強度

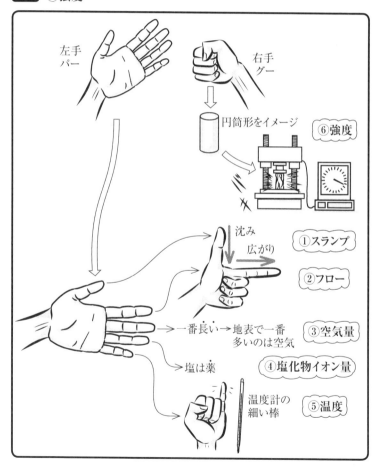

Q コンクリートの主要検査項目①〜④の管理数字は?
施

A

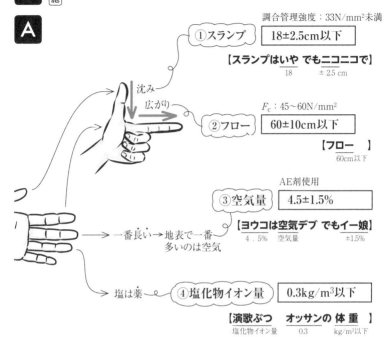

調合管理強度：33N/mm²未満

①スランプ　18±2.5cm以下

【スランプはいや でもニコニコで】
18　± 2.5 cm

F_c：45〜60N/mm²

②フロー　60±10cm以下

【フロー 】
60cm以下

AE剤使用

③空気量　4.5±1.5%

【ヨウコは空気デブ でもイー娘】
4 . 5% 空気量　±1.5%

塩は薬　④塩化物イオン量　0.3kg/m³以下

【演歌ぶつ　オッサンの 体 重 】
塩化物イオン量　0.3　kg/m³以下

沈み

広がり

一番長い→地表で一番
多いのは空気

● 主要検査項目6種と、上記4種の管理数字は、スラスラ言えるまで繰り返す。検査項目の中でもっとも重要なのは右手グーの⑥強度で、次に左手親指の①スランプ。

● 水セメント比（水結合材比）、細骨材率、単位水量、単位セメント量などは、設計、調合の際に使われる。

水セメント比（水結合材比）	
単位水量	なるべく
スランプ	小さく!
空気量	
塩化物イオン量	

● 生コンはフレッシュコンクリート（まだ固まらないコンクリート）、レディーミクストコンクリート（調合済みのコンクリート）とも呼ばれる。

● JASS5の改定（2022）により、従来のセメントと呼んでいたものが厳密に分類された。

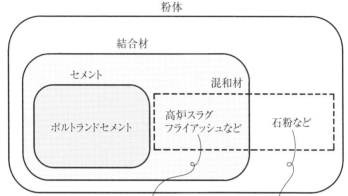

混和材を分けたのか

その物質自体や含有物が水硬性を持つ。セメントと同様に骨材を結合する接着剤となる。活性無機質微粉末

石灰石微粉末、コンクリート用砕石粉は非活性で、結合する接着剤にならない。粉が増えると粘性が高まり、セメントペーストと骨材が分離することに抵抗する

スラグslagはカス、高炉スラグは高炉で出たカス
アッシュ ashは灰、フライアッシュは発電所で出た灰

$$水セメント比 = \frac{水(kg)}{ポルトランドセメント(kg)}$$

$$水結合材比 = \frac{水(kg)}{結合材(kg)}$$

強度、中性化、水和熱に関係（主に硬化時、硬化後）

$$水粉体比 = \frac{水(kg)}{粉体(kg)}$$ …ワーカビリティー、材料分離抵抗性に関係（主に施工時）

● 結合材＝セメント＋混和材（高炉スラグ、フライアッシュなどの微粉末）、粉体＝セメント＋混和材＋非活性無機質微粉末（石粉など）。今までの水セメント比をより正確にするために、JASS5では従来の水セメント比を、水セメント比、水結合材比、水粉体比と3つに分けて呼ぶように改めた。石灰石（主成分は炭酸カルシウム$CaCO_3$で安定、非活性）や砕石などは水和反応して固まらないため、結合材には含まれない。

● 強度、中性化、水和熱などは水結合材比を使い、ワーカビリティー（施工しやすさ）、材料分離抵抗性（セメントペーストと骨材の分離しにくさ）は水粉体比を使う。結合材は骨材を結合する材で硬化後の性質に関係し、粉は粘性があり施工しやすさに影響する。ただし共仕、公仕などの他のマニュアルは水セメント比のまま。

Q 水セメント比（水結合材比）大 → コンクリート強度（　　）
構

A 小

> ## 水ぶくれは　弱い
> 水セメント比大

| セメントに対して水が多い | スポンジ状の多孔質 | つぶれやすい（強度小） |

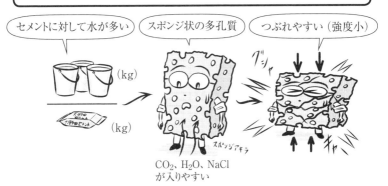

(kg)

(kg)

スポンジアキラ

CO_2、H_2O、NaCl
が入りやすい

● 水セメント比（水結合材比）とは、その順に水÷セメント（水÷結合材）で、水の質量÷セメントの質量（水の質量÷結合材の質量）。生コン$1m^3$中に水がW kg、セメントがC kgだとすると、水セメント比はW／C。【**WC（トイレ）**】コンクリート強度は水セメント比（水結合材比）で決まる。

● 空気量が多くても、強度は低下する。【**空気ぶくれは弱い**】

● 水セメント比（水結合材比）が大きいと、コンクリートは多孔質（ポーラス）となって壊れやすくなり、強度は低下する。また多孔質なので二酸化炭素、水、塩分が入りやすくなり、中性化、鉄筋のさびが進みやすい。水が多いので乾燥収縮が大きくなる。さらに水が多いと粗骨材（砂利）が下に沈み、水が上がって骨材が分離してしまう（ブリーディング）。水セメント比（水結合材比）はセメントが固まる範囲かつ施工できる範囲で小さい方が緻密なコンクリートとなって強度、耐久性ともに良い。

● 搬入中、搬入後のコンクリートに加水すると、強度が低下するので、決して加水してはならない。水を加えると流れやすいので現場ではやりがちであるが、ジャブコンといって戒められている。水が少なくて流れにくい場合、減水剤、AE剤、AE減水剤、高性能AE減水剤を加える。

水セメント比（水結合材比）大 →
- 強度　小
- 中性化　早い
- 塩害　大
- 乾燥収縮　大
- ブリーディング　多

> 水が多いと良いことない！

Q ブリーディング（bleeding）とは？
施

A 砂利が重さで沈んで水が上昇し、骨材が分離すること

骨材　分離
ブリーディング

● ブリード（bleed）とは血などの液体を出すこと。blood（血）の動詞形。生コンから水が染み出るので、そのように呼ばれる。
● <u>水セメント比（水粉体比）を大きくすると、セメントペーストの粘性が低くなり、ブリーディングが多く発生し、骨材分離が起こりやすくなる。</u>

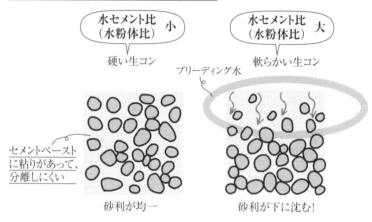

水セメント比（水粉体比）**小**

硬い生コン

水セメント比（水粉体比）**大**

軟らかい生コン

ブリーディング水

セメントペーストに粘りがあって、分離しにくい

砂利が均一

砂利が下に沈む！

Q レイタンス（laitance）とは？
施

A ブリーディングによって表面に浮かぶ微細な物質

タンスの上に　チリが積もる
レイタンス

● なべ料理のあくのようなもので、スラブ上にたまる。上に打ち継ぐ場合は、<u>高圧洗浄やワイヤブラシでレイタンスを除去する</u>。レイタンスがたまったまま打ち継ぐと、コンクリートが一体化しない。

Q 普通ポルトランドセメントを用いたコンクリートの水セメント比（水粉体比）は（　　）%以下 施

A 65%以下

> # 水攻め は むごい！
> 水セメント比　　65%以下

JASS5

● ワーカビリティー（施工性）や材料分離抵抗性に関する規定では、従来の水セメント比は厳密には水粉体比を使う。粉体には混和材のほかに石粉なども含まれる。固まらない粉でも粘性に影響するため。

● 上記は計画供用期間が、短期、標準、長期の場合。超長期では55%以下。

● 普通ポルトランドセメントの普通とは、早強や中庸熱ではなく普通のポルトランドセメントということ。普通コンクリートの普通は骨材が軽量、重量ではなく普通という意味。

【普通コン→コツ材が普通】

Q 混合セメントB種（高炉セメントB種、フライアッシュセメントB種、シリカセメントB種）を用いたコンクリートの水セメント比（水粉体比）は（　　）%以下 施

A 60%以下

無礼！

> # 棍 棒 は 無礼！
> 混合 B種　　60%以下
>
> 水

JASS5

● 上記は計画供用期間が、短期、標準、長期の場合。

● 混合量はA種＜B種＜C種。混合セメントA種は混合量が少なく、水セメント比（水粉体比）は普通ポルトランドセメントと同じ65%以下。C種、超長期はJASS5には書かれていない。

Q 普通ポルトランドセメントを用いた水密コンクリートの水セメント比（水結合材比）は（　　）%以下 施

A 50%以下

船 は 半分　水の中
水密　50%以下 水セメント比

水密
半分
水の中

JASS5

● 水密コンクリートはプールや水槽など、水を漏らさないようにするコンクリート。コンクリートの組織を緻密にするため、水セメント比（水結合材比）は50%以下と低め。水中コンクリートは場所打ちコンクリート杭のように、水中に打つときに使うコンクリートで、水セメント比（水結合材比）は場所打ちコンクリート杭で60%以下。

● 水セメント比（水結合材比）が大きいとセメント組織がスカスカとしたスポンジ状の多孔質となり、強度が小さくなるほか、さまざまな弊害をもたらす。

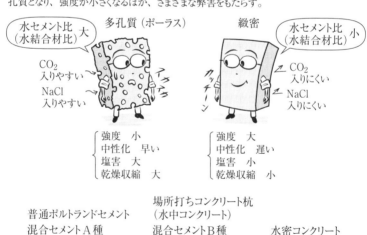

水セメント比（水結合材比）大　　多孔質（ポーラス）　　　緻密　　水セメント比（水結合材比）小

CO_2 入りやすい
$NaCl$ 入りやすい

CO_2 入りにくい
$NaCl$ 入りにくい

｛ 強度　小
　中性化　早い
　塩害　大
　乾燥収縮　大 ｝

｛ 強度　大
　中性化　遅い
　塩害　小
　乾燥収縮　小 ｝

普通ポルトランドセメント
混合セメントA種

場所打ちコンクリート杭
（水中コンクリート）
混合セメントB種

水密コンクリート

(65%以下)　＞　(60%以下)　＞　(50%以下)

杭に似ている

【水攻め は むごい！】
水セメント比　65%以下

【棍 棒 は 無礼！】
混合　B種　60%以下

【船 は 半分　水の中 】
水密　50%以下 水セメント比

54

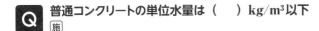

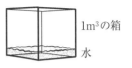

Q 普通コンクリートの単位水量は（　　）kg/m³以下　施

A 185kg/m³以下

$$\frac{1\text{m}^3 \text{ の 箱 の }}{1} \quad \frac{水量}{85\text{kg/m}^3\text{以下}}$$

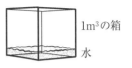
1m³の箱
水

JASS5

● 単位水量の単位とは、生コン1m³という意味。生コン1m³中に何kg水が入っているかが単位水量。水セメント比（水結合材比）がセメントとの相対量であるのに対し、単位水量は絶対量での水量の制限。

Q 普通コンクリートの単位セメント量（単位粉体量）は（　　）kg/m³以上　施

A 270kg/m³以上

重い→kg
セメント を 担う
270kg/m³以上

セメント袋を担う自分をイメージ

JASS5

● 生コン1m³中に何kgのセメント（粉体）が入っているかが単位セメント量（単位粉体量）。水セメント比（水粉体比）と単位水量から決まる。

● 普通コンクリートの普通とは、骨材が軽量や重量ではなく普通であるということ。

● 単位セメント量（単位粉体量）が多すぎると、水和反応が盛んとなって水和熱が大きくなる。またセメントペーストは骨材よりも乾燥収縮しやすい。よって温度ひび割れ、乾燥収縮ひび割れが発生しやすくなる。

Q 高性能 AE 減水剤を用いる普通コンクリートでは、単位セメント量（単位粉体量）は（　　）kg/m³以上 施

A 290kg/m³以上

（筋肉）
疲れた　肉
脱水→減水　　290kg/m³以上

疲れた肉

脱水から減水剤をイメージ

JASS5

Q 場所打ちコンクリート杭の安定液中に打ち込む水中コンクリートでは、単位セメント量（単位粉体量）は（　　）kg/m³以上 施

A 330kg/m³以上

重い→kg
セメントを担う
270kg/m³以上

（筋肉）
疲れた　肉
脱水→減水　290kg/m³以上

水中だと
さらにセメント
を増やすのか

水中コンクリート
$\underset{3}{\underbrace{W}}ater \underset{30kg/m^3以上}{\underbrace{W}}ater$　Wの形から3を連想する

JASS5

● 泥水と安定液の入った杭孔にトレミー管（じょうご状の管）を挿して、生コンを下から上へ打ち込む。その際、生コンの密度と粘性を高くしないと、上にある水と混ざってしまうので、単位セメント量（単位粉体量）は多めの設定とされている。

● 地中壁における水中コンクリートでは、単位セメント量は360kg/m³以上。

Q コンクリートの耐久性の指標で標準供用級の場合、計画供用期間はおよそ（　　）年　構 施

A およそ65年

65 歳まで 働く のが 標準
65年　　　　供用期間　　　標準供用級

JASS5

● 供用とは使用に供すること、つまり使用すること。耐用年数（減価償却期間）の方がわかりやすいが、税法でその用語は使われているので、建築では供用期間という用語が使われている。

Q コンクリートの耐久設計基準強度 F_d は、計画供用級が標準の場合（　　）N/mm² 構 施

A 24N/mm²

RC は 西（西洋）から来た
24N/mm²
（比重2.4）

JASS5

● F：force（力）、d：durability（耐久性）。

● 長期では F_d は30N/mm²。強度が上がるほど水セメント比（水結合材比）は小さく、組織は緻密になり、二酸化炭素、水、塩分などが入りにくく、耐久性が上がる。耐久性は強度を上げる、鉄筋のかぶり厚さを増やすと向上する。標準の F_d ＝24N/mm²とRCの比重2.4は一緒に覚えておくとよい。

構造体の計画供用期間（ポルトランドセメント、高炉セメントA種、フライアッシュセメントA種など）

計画供用期間	計画供用期間の級	耐久設計基準強度 F_d (N/mm²)
およそ30年	短期供用級	18
およそ65年	標準供用級	24
およそ100年	長期供用級	30
およそ100年超	超長期供用級	36

●「一般劣化環境」の「非腐食環境」では耐久設計基準強度 F_d は設定しなくてよい。

Q コンクリートの品質基準強度 F_q の決め方は?
[構] [施]

A 設計基準強度 F_c と、耐久設計基準強度 F_d のうち大きい値を F_q とする

JASS5

● d：durability（耐久性）、q：quality（品質）。

● F_c は設計者が決め、F_d は計画している耐久性に応じて表から決め、F_c と F_d のうち大きい方を F_q とする。品質基準強度 F_q は建物の構造体コンクリートが満足すべき、品質の基準となる強度。

Q コンクリートの調合管理強度 F_m の決め方は?
[構] [施]

A F_q に構造体強度補正値 S を加えた値を F_m とする

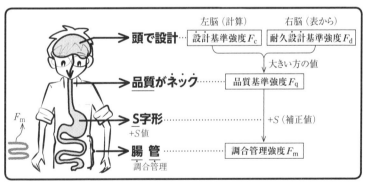

JASS5

● S：Subjunction（補正値）、m：management（管理）。

● F_m は調合を管理するための強度。28日間標準養生された供試体（テストピース）は強度が大きめに出るので、F_q に補正値 S を加えた F_m で管理する。

Q 打込みから28日までの予想平均気温 θ ℃が 8 ≦ θ ≦ 25℃の場合、構造体補正値 S は（　　）N/mm² 施

A 3N/mm²

JASS5

● θ<8、25<θの場合はSは6N/mm²。寒いと水和反応が鈍くて固まりにくく、暑いと早期強度は高いが長期強度が出にくいため、補正値は倍の6N/mm²とする。

● 補正値Sは28日標準養生強度と91日構造体強度の差を意味するので、$_{28}S_{91}$と書くこともある。標準養生では強度が出やすいが、構造体は湿潤養生や温度管理が完全ではないので強度は低くなる。構造体に品質基準強度F_qの生コンをそのまま打つと、標準養生の供試体（テストピース）よりもSの分だけ強度が足りなくなる。

Q 構造体コンクリート強度の検査では、どうなったら合格？ 施

A 材齢28日の3個の標準養生供試体強度の平均 ≧ 調合管理強度F_mで合格

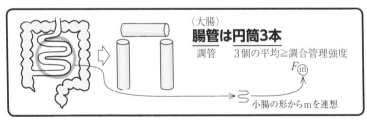

JASS5

● 標準養生した供試体（テストピース）は強度が高めなので、補正値Sが足されたF_m以上で合格。91日後の建物本体からコア抜きされた供試体ならば、補正なしのF_q以上で合格となる。

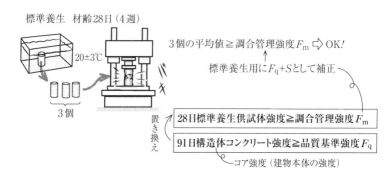

標準養生 材齢28日（4週）

20±3℃

3個

3個の平均値 ≧ 調合管理強度 F_m ⇨ OK!

↑
標準養生用に F_q+S として補正

置き換え

| 28日標準養生供試体強度≧調合管理強度 F_m |
| 91日構造体コンクリート強度≧品質基準強度 F_q |

コア強度（建物本体の強度）

コンクリート圧縮強度の検査3種

	受入れ検査	構造体検査A法	構造体検査B法
検査の意味	発注呼び強度 F_r を確保しているかを発注者（施工者）が確認するため	構造体に打ち込まれた強度が品質基準強度 F_q を確保していることを施工者が確認するため（理想的な標準養生では強度は高く出るため、F_q に補正値 S を足した調合管理強度 F_m を上回るかを確かめる）	
1回の試験	打込み日、打込み工区ごと、かつ150m³以下にほぼ均等に分割した単位ごとに1回		
試験の回数	3回	1回	1回
1回の試験での供試体の個数	3個（3回×3個で合計9個）	3個	3個
供試体の取り方	適当なミキサー車1台から3個	適当なミキサー車1台から3個	均等に分けた3台のミキサー車から1個ずつ、計3個
養生	標準養生	標準養生	標準養生が原則
1回の結果X	3個の平均		
判定基準	1回の結果 X ≧ 0.85 × F_r かつ 3回のXの平均≧ F_r	X ≧ F_m	X ≧ F_m
記憶術	箱入り荷物の受取り 85%以上	3本の腸管 調合管理強度以上	

● F_r は呼び強度で、調合管理強度 F_m に等しい。受入れ検査のミキサー車1台から3個採取する方法は、JISの製品検査に合わせたもの。検査を合理化するため、受入れ検査と構造体検査を併用できるように、A法が新たにつくられた。3台から1個ずつ取る方が安全側の採取となるが、受入れ検査とA法はJISの規定に合わせているため、1台から3個とされている。高強度コンクリートの構造体検査は、打込み日ごと、打込み工区ごと、300m³ごとに3回の試験で、1回につき1台から採取した3個で、計3回×3個=

9個。（上表はJASS5解説の表の一部を引用して作成）

【24N/mm²(標準)の倍強い！ 150m³の倍多い！】
  48N/mm²超   300m³ごと

● 供試体が相似形の場合、寸法が小さいほど弱い欠陥部分が少なく、強度は大きく出る。
● 普通コンクリートの検査では、1回の検査に用いる3個の供試体は、適切な間隔をあけた3台の運搬車（ミキサー車）から各1個ずつ採取する（B法）。

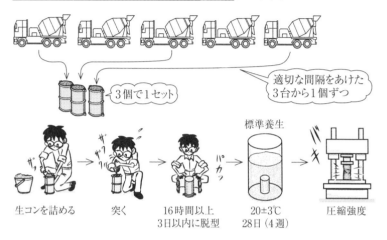

3個で1セット

適切な間隔をあけた3台から1個ずつ

標準養生

生コンを詰める　　突く　　16時間以上　　20±3℃　　圧縮強度
　　　　　　　　　　　　3日以内に脱型　28日（4週）

Q 普通コンクリートの圧縮強度検査で、1回の検査を行う単位（ロット）は？ ［施］

A 打込み日ごと、打込み工区ごと、かつ150m³ごとに1回の検査を行う

イチゴ缶ジュースをそそぐ
  150m³ごと　　　　　　コンクリートの打込みで検査

JASS5

● 高強度コンクリートの検査では、打込み日ごと、打込み工区ごと、かつ300m³を1単位とし1単位で各3回検査を行う。

Q 発注する際の呼び強度は、調合管理強度 F_{m} と同じ値?
[構] [施]

A 同じ値である（呼び強度＝調合管理強度 F_{m}）

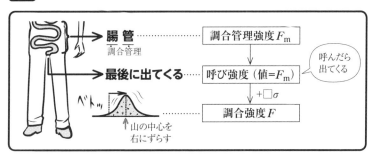

腸 管 ……………… 調合管理強度 F_{m}
調合管理

最後に出てくる …… 呼び強度（値＝F_{m}）
呼んだら
出てくる

ベトッ …………… $+\square\sigma$
↑山の中心を　　　　　調合強度 F
右にずらす

JASS5

● 呼び強度とは、生コン工場に発注する際の強度。生コン工場はそれに工場での誤差を見込んで、工場が実際に調合する調合強度 F とする。ばらつきによる誤差は、今までの工場の実績における標準偏差 σ に係数をかけた値。分布の平均（山の中心）を右に少しずらして、強度を割り増し、実際の調合を行う。右にずらすと、F_{m} 以下となる確率を減らすことができる。

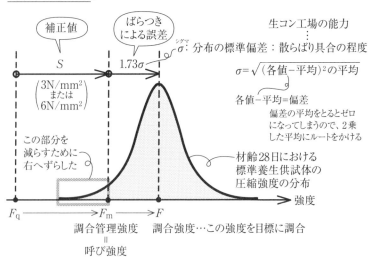

補正値
S
（3N/mm² または 6N/mm²）

ばらつきによる誤差
1.73σ

生コン工場の能力
σ：分布の標準偏差：散らばり具合の程度
$$\sigma = \sqrt{（各値-平均）^2\text{の平均}}$$

各値-平均＝偏差
偏差の平均をとるとゼロになってしまうので、2乗した平均にルートをかける

この部分を減らすために右へずらした

材齢28日における標準養生供試体の圧縮強度の分布

強度

F_{q} → F_{m} → F

調合管理強度　調合強度…この強度を目標に調合
＝
呼び強度

● F_c、F_d、F_q、F_m、F はまことにややこしい。自分の体を上から下へとたどって一気に覚えてしまおう！

コンクリート強度　まとめ

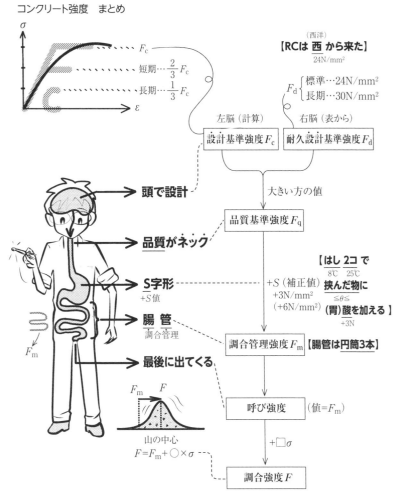

σ

F_c

短期…$\frac{2}{3}F_c$

長期…$\frac{1}{3}F_c$

ε

【RCは 西（西洋） から来た】
24N/mm²

$F_d \begin{cases} 標準…24N/mm^2 \\ 長期…30N/mm^2 \end{cases}$

左脳（計算）　　　　　右脳（表から）

| 設計基準強度 F_c | 耐久設計基準強度 F_d |

大きい方の値

品質基準強度 F_q

➤ **頭で設計**

➤ **品質がネック**

➤ **S字形**　+S値

➤ **腸 管**　調合管理

➤ **最後に出てくる**

F_m

【はし（8℃）2コ（25℃）で
挟んだ物に（≦θ≦）
（胃）酸を加える（+3N）】

$+S$（補正値）
+3N/mm²
（+6N/mm²）

調合管理強度 F_m　【腸管は円筒3本】

呼び強度　（値=F_m）

F_m　F

山の中心
$F=F_m+\bigcirc \times \sigma$

$+\square\sigma$

調合強度 F

F：force　c：concrete　d：durability　q：quality　S：subjunction　m：management

● 供試体の養生は、一般には試験場での標準養生。理想的な養生なので強度は高めに出るため、強度補正したF_m以上で合格とする。コア抜きした場合は構造体強度そのものなので、F_q以上で合格。せき板、支保工を早く取り外したい場合は、現場の環境に近い現場水中養生か現場封かん養生。プレキャストコンクリートは製造工程と近い加熱湿潤養生。

供試体の養生

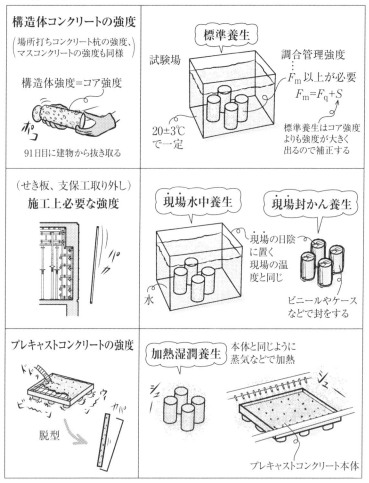

構造体コンクリートの強度

（場所打ちコンクリート杭の強度、マスコンクリートの強度も同様）

構造体強度＝コア強度

ポコ

91日目に建物から抜き取る

標準養生

試験場

調合管理強度

F_m以上が必要

$$F_m = F_q + S$$

20±3℃で一定

標準養生はコア強度よりも強度が大きく出るので補正する

（せき板、支保工取り外し）
施工上必要な強度

現場水中養生　　**現場封かん養生**

現場の日陰に置く
現場の温度と同じ

水

ビニールやケースなどで封をする

プレキャストコンクリートの強度

ドォォ
ビィィ
ウゥゥ
ガガ

脱型

加熱湿潤養生

本体と同じように蒸気などで加熱

シュ

シュ

プレキャストコンクリート本体

JASS5、JASS10

● コンクリートの調合では、多くの係数が関係してくる。以下の係数を頭に入れておく。

コンクリート調合の要点

スランプ ——→ できるだけ小さく

水の少ない、スランプの小さい　　18±2.5cm
硬練りの生コンをていねいに打つ　以下

あまり小さいと流れにくい

水セメント比 ——→ できるだけ小さく
（水結合材比）

水セメント比小→強度大　　　　65%以下
強度から水セメント比を決める

強度大　　　　強度小

あまり小さいと流れにくい

単位水量 ——→ できるだけ少なく

水が多いとスカスカで、　　　　185kg/m³
強度小、密度小、収縮大　　　　以下

1m³

あまり少ないと流れにくい

単位セメント量 ——→ できるだけ多く
（単位粉体量）

セメントペーストが少ないと　　　270kg/m³
流れにくく、強度、水密性、　　　以上
耐久性が低下する

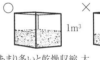

1m³

あまり多いと乾燥収縮 大

骨材量 ——→ できるだけ多く

骨材は強度が大きく、収縮が少なく、安い

1m³

あまり多いと材料分離しやすい

粗骨材最大寸法 ——→ できるだけ大きく

骨材が大きいと、流れやすく、強度も出やすい

あまり大きいと、鉄筋にひっかかって
詰まる（スクリーニング）

細骨材率 ——→ できるだけ小さく

砂が少ないと流れやすい

あまり小さいと材料分離しやすい

Q コンクリート練混ぜから打込み終了までの時間は、予想気温が25℃未満の場合、（　　）分以内 施

A 120分以内

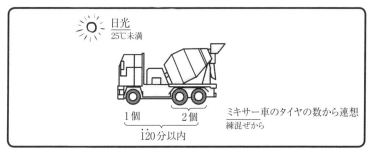

JASS5

● ミキサー車の後ろのタイヤは大型（4.5m³）で2個、小型（1.5m³）で1個。

● 暑いと早く固まる（スランプロスが大きい）ので、25℃以上では90分以内。

● 高強度コンクリートの場合は高性能AE減水剤を使い固まりにくいため、気温によらず120分以内。

Q 寒中コンクリートでは、荷卸し時のコンクリートの温度は（　　）℃以上、調合直前の練混ぜ水、骨材の温度は（　　）℃以下

A 5℃以上、40℃以下

JASS5

● 寒中コンクリートの適用期間は、打込みから10日間の平均気温が4℃以下の期間。

【冷たいのはよして！】（p.71参照）。養生は5日間2℃以上。セメントは加熱不可、骨材は直接火での加熱は不可。

Q 暑中コンクリート、マスコンクリートでは、荷卸し時のコンクリートの温度は（　　）℃以下　施

A 35℃以下

JASS5

● 暑中コンクリートの適用期間は、日平均気温の日別平滑値（10年のデータを平滑化処理した値）が25℃を超える期間。**【日光で暑い】**その25℃は、気温 θ が $8 \leqq \theta \leqq 25$℃では強度補正 $S = 3\text{N/mm}^2$、$\theta < 8$、$25 < \theta$では $S = 6\text{N/mm}^2$とする際の25℃にも対応。
【はし2個で挟んだ物に(胃)酸を加える】（p.59）

Q コンクリートポンプによる圧送で、粗骨材の最大寸法が20mm、25mmの場合の輸送管の呼び寸法は（　　）以上

A 100A以上

JASS5

● 100Aとは鋼管の内径が100mmを示す。粗骨材の最大寸法が<u>40mm</u>の場合は<u>125A以上</u>。

Q コンクリートの打重ね時間は気温25℃未満では（　　）分以内、25℃以上では（　　）分以内　施

A 150分、120分

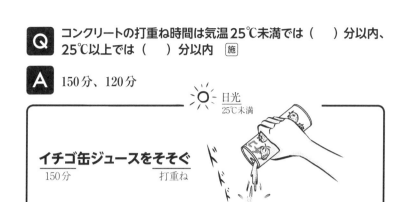

日光
25℃未満

イチゴ缶ジュースをそそぐ
150分　　　　　　　打重ね

新しく打った所

前に打った所

JASS5

【イチゴ缶ジュースをそそぐ】 ⎰ 構造体コンクリートの強度試験 …150m³ごとに1回
打重ね間隔の時間………………150分
生コン作業の積載荷重…………1.5kN/m²
（作業荷重＋衝撃荷重）

● 高い壁を回し打ちする場合などに、前に打ったコンクリートの上に打つ。あまり時間をおくと、前に打ったコンクリートとの間がコールドジョイントとなって、一体化しない。

Q 棒形振動機（バイブレーター）の挿入間隔は（　　）cm以下　施

A 60cm以下

（岩）
ロックになる前に振動させる
60cm以下

JASS5

● 生コンを振動で液状化させて型枠のすみずみにまで行きわたらせる。前に打った層の上に打ち重ねる場合は、25℃未満では150分以内、25℃以上では120分以内に、前の層までバイブレーターを入れて液状化させる。150分、120分は打重ね時間と同じ。

Q 普通ポルトランドセメントの湿潤養生期間は、標準で（　　）日以上、長期で（　　）日以上 ［施］

A 5日以上、7日以上

週　5日　ビールで湿潤養生!
7日以上　5日以上

週5日
仕事の後は
湿潤養生!

JASS5　　　　湿潤養生の期間

計画供用期間の級　　セメントの種類	短　期および標　準	長　期および超長期
早強ポルトランドセメント	3日以上	5日以上
普通ポルトランドセメント	5日以上	7日以上
中庸熱および低熱ポルトランドセメント、高炉セメントB種、フライアッシュセメントB種	7日以上	10日以上

● 生コンは乾燥させると水和反応が進まず強度が低下し、乾燥収縮ひび割れも起こす。散水してシートをかぶせる、湿ったむしろをかぶせる、プラスチックフィルムを表面に張るなどの湿潤養生が必要。透水性の小さいせき板で保護している場合は、湿潤養生していると見なされる。約1週間の湿潤養生は強度、耐久性を出すために非常に重要な工程。しかし打った翌日にスラブ上で墨出し作業をしている現場が多いことに筆者は危惧している。

Q 混合セメントB種の湿潤養生期間は、標準で（　　）日以上 ［施］

A 7日以上

棍棒　は　長い
混合B　　　　7日以上

● 高炉セメントB種、フライアッシュセメントB種、中庸熱および低熱ポルトランドセメントは水和反応が遅いため、湿潤養生を長くとる。

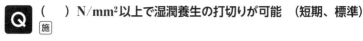

Q （　　）N/mm²以上で湿潤養生の打切りが可能　　（短期、標準）　施

A 10N/mm²以上

湿 潤 → じゅん
　　　　　　10　N/mm²以上

JASS5
● 長期、超長期では15N/mm²以上必要。

Q 寒冷期におけるコンクリートの保温養生は（　　）日以上、（　　）℃以上に保つ　施

A 5日以上　2℃以上

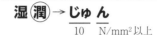

北海道 で ニシン 漁
寒冷期　　2℃以上

→5日以上

ニシン

釣針の形から5を連想

JASS5

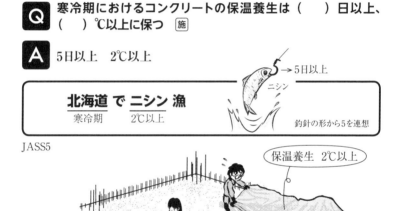

保温養生　2℃以上

凍らせたら
ダメよ！

湿潤養生5日(7日)以上

保温養生　5日以上

● 気温が低いと水和反応が進まず、零下では水が凍って膨張し、コンクリートが壊れる（凍害）ので、打込み後5日以上は2℃以上に保つ。

Q 寒中コンクリートは平均気温が（　　）℃以下、暑中コンクリートは（　　）℃超え　施

A 4℃以下、25℃超え

冷たいのはよして！		日光　で	暑い
寒中	4℃以下	25℃超え	暑中

JASS5

Q 寒中コンクリートでは初期凍害を防ぐ初期養生は、（　　）N/mm²まで行う　施

A 5N/mm²

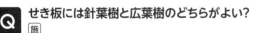

5N/mm²までは凍らせてはダメよ！

凍らせない期間
5N/mm²まで

5N/mm²以上

JASS5

Q せき板には針葉樹と広葉樹のどちらがよい？　施

A 針葉樹

針葉　は　信用　できる

● せき板には杉、松などの針葉樹が適する。広葉樹はアルカリ抽出物が多く、コンクリートの硬化不良を起こしやすい。それを防ぐために、塗装されたせき板（黄色いウレタン塗装コンパネなど）がよく使われている。

● せき板（型枠用合板）の保管は2本の受け材の上に平積みし、シートをかける。
一方、板ガラスは平積みすると重くて割れるので、縦積みとする。

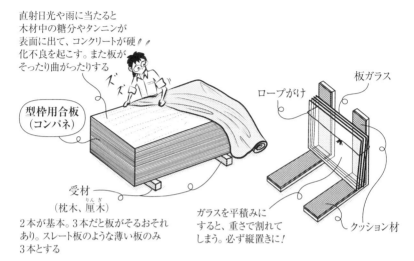

直射日光や雨に当たると
木材中の糖分やタンニンが
表面に出て、コンクリートが硬
化不良を起こす。また板が
そったり曲がったりする

型枠用合板（コンパネ）

受材
（枕木・厘木（りんぎ））
2本が基本。3本だと板がそるおそれ
あり。スレート板のような薄い板のみ
3本とする

板ガラス

ロープがけ

クッション材

ガラスを平積みに
すると、重さで割れて
しまう。必ず縦置きに！

● せき板に使う型枠用合板は、特記がなければ厚さ12mm。合板表面のグレードは、節、割れ、欠けの少ない順にA、B、C、Dがある。B−C品は、片面がB、片面がCの合板。

● ウレタン系樹脂で表面処理した型枠用合板（ウレタン塗装コンパネ）は、仕上がりが平滑になるので打放し仕上げによく使われる。またコンクリートからはく離しやすく、傷の少ないものは上階へと転用できる。

型枠用合板のグレード　A＞B＞C＞D

混合セメントの混合量　A種＜B種＜C種
（高炉スラグ、フライアッシュ）

コンクリートブロック強度　A種＜B種＜C種
　　　　　　　　　　　　　【強度を死守！】

セパレーター　B型：打放し、C型：仕上げ
　　　　　　　　　　　　【仕上げあり】

Q 両面仕上げありの場合のセパレーターは（　　）型
［施］

A C型

> # 仕 上げあり
> C型

● 両面打放しは<u>B型</u>、両面仕上げありは<u>C型</u>、片面打放し−片面仕上げありは<u>BC型</u>を使う。

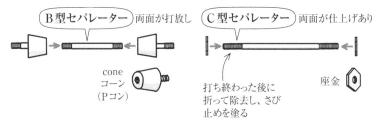

両面が打放し
両面が仕上げあり

cone
コーン
（Pコン）

打ち終わった後に折って除去し、さび止めを塗る

座金

● 地下水が浸透するおそれのある場合は、<u>ゴム製止水板が中央に付いたセパレーター</u>を使う。また打継ぎ面にも<u>止水板</u>を入れる。

● <u>型枠</u>は生コンをせき止める<u>せき板</u>と、それを支持する<u>支保工</u>からなる。<u>パイプサポート</u>は2本まで継ぐことができ、4本のボルトか専用の金具でしっかりと留める。

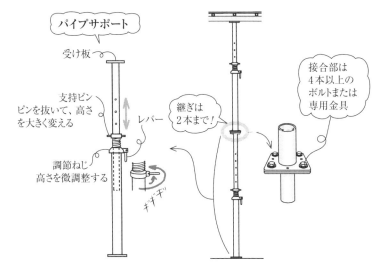

パイプサポート

受け板

支持ピン
ピンを抜いて、高さを大きく変える

レバー

継ぎは2本まで！

接合部は4本以上のボルトまたは専用金具

調節ねじ
高さを微調整する

ギギギ

Q パイプサポートの水平つなぎは、高さが（　　）mを超えるときは（　　）m以内ごとに2方向に入れる 施

A 3.5mを超えるとき、2m以内ごとに

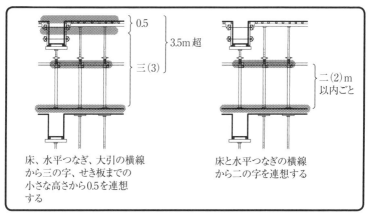

0.5
3.5m超
三（3）

二（2）m以内ごと

床、水平つなぎ、大引の横線から三の字、せき板までの小さな高さから0.5を連想する

床と水平つなぎの横線から二の字を連想する

労安規

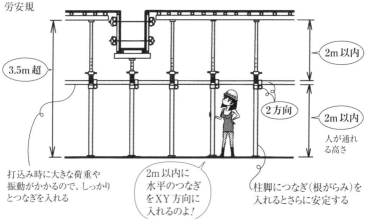

2m以内

3.5m超

2方向

2m以内

人が通れる高さ

打込み時に大きな荷重や振動がかかるので、しっかりとつなぎを入れる

2m以内に水平のつなぎをXY方向に入れるのよ！

柱脚につなぎ（根がらみ）を入れるとさらに安定する

● 3.5mは一般的な階高、2mは人間の通れる高さ。パイプサポートと鋼管（単管）は違うので注意。パイプサポートは型枠支保工専用の支柱、鋼管（単管）は足場などでも使われる。そのほかに既製品の枠組足場である鋼管枠（枠組式支保工）も支柱として使われる。鋼管枠と枠が付くだけで鋼管とは意味が違うので注意。

Q 鋼管（単管）を支柱とする場合の水平つなぎは、（　）m以内ごとに2方向に入れる 施

A 2m以内ごとに

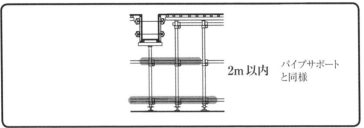

2m以内　パイプサポートと同様

労安規

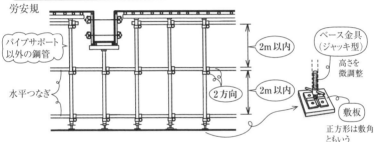

パイプサポート以外の鋼管

水平つなぎ

2m以内

2方向　2m以内

ベース金具（ジャッキ型）

高さを微調整

敷板

正方形は敷角ともいう

● 鋼管（単管）の場合は3.5m超という条件が付かずに、どんな高さでも2m以内ごとに入れる。

Q 鋼管枠（枠組式支保工）を支柱とする場合、水平つなぎは（　）層以内ごとに2方向に入れる 施

A 5層以内ごとに

高層 の 鋼管枠にはつなぎを入れる
5層

労安規

● 足場で使われる鋼管枠（枠組式支保工）は、天井の高いホールや体育館などの支保工で使われる。鋼管枠を支柱とする場合は、荷重を受ける部分によって1枠当たりの許容荷重が異なる。

許容荷重が異なる

鋼管枠（枠組式支保工）

Q 組立て鋼柱を支柱とする場合、水平つなぎは、高さが（　　）mを超えるときは（　　）m以内ごとに2方向に入れる [施]

A 4mを超えるとき、4m以内ごとに

4本　の柱で　1組
4m以内　　　　組立て鋼柱

● <u>組立て鋼柱</u>とは高い支柱が必要なときに、何本かの鋼材を組み立てて大きな支柱とするもの。4mを超える場合は4m以内ごとに2方向に水平つなぎを入れる（労安規）。

● パイプサポート →2m以内ごと（3.5mを超える場合）
　鋼管（単管）　→2m以内ごと
　組立て鋼柱　　→4m以内ごと（4mを超える場合）

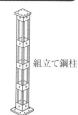

組立て鋼柱

Q フラットデッキ（床型枠用鋼製デッキ）のエンドクローズ部分において、鉄骨支持梁への掛かり代は（　　）mm以上、オフセットは（　　）mm以下とする [施]

A 50mm以上、40mm以下

ふらっとデッキ に こ　し を 掛ける
フラットデッキ　　　　　5cm　4cm
　　　　　　　　　　　　以上　以下

デッキ

● エンドクローズ部分とは、デッキの凹凸面を端部（エンド）で終わらせて（クローズ）、梁にかけられるように平らにしている部分のこと。

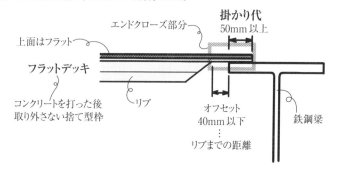

掛かり代
50mm以上

エンドクローズ部分

上面はフラット

フラットデッキ

コンクリートを打った後取り外さない捨て型枠

リブ

オフセット
40mm以下
⋮
リブまでの距離

鉄鋼梁

● フラットデッキは捨て型枠として使われる。一方スラブのRCと一体化させて構造スラブ（デッキ合成スラブ）とするには、デッキプレートが使われる。

● クランプは単管の緊結金具、コラムクランプは独立柱の型枠を締める金具。間違えやすいので注意。

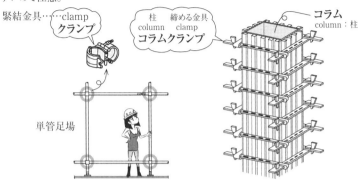

緊結金具……clamp
クランプ

柱　締める金具
column　clamp
コラムクランプ

コラム
column：柱

単管足場

1 ▪

Q パイプサポートか鋼管を支柱とする場合、設計荷重の（　　）％の水平荷重がかかるとして筋かいなどを入れる　施

A 5%

Support → **5%** サポートのSを5と連想する

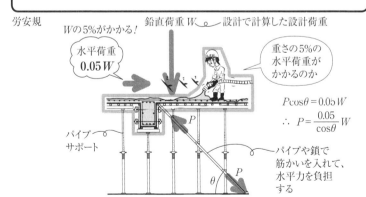

労安規

Wの5%がかかる！

水平荷重
$0.05W$

鉛直荷重 W　設計で計算した設計荷重

重さの5%の水平荷重がかかるのか

パイプサポート

P

$P\cos\theta = 0.05W$

$\therefore\ P = \dfrac{0.05}{\cos\theta}W$

パイプや鎖で筋かいを入れて、水平力を負担する

θ

P

● 鋼管枠（枠組式支保工）の場合は、枠自体が水平力に抵抗できるので、半分の2.5%。

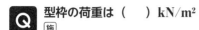 **型枠の荷重は（　　）kN/m²**
施

 0.4kN/m²

型枠におしりを載せる
0.4kN/m²　荷重

型枠の重さは
0.4kN/m²よ！

40kgf/m²

JASS5解説

● 0.4kN/m²はフラットデッキなどを使わずに、根太などによる在来構法による型枠の場合。

● RCは比重2.4で重さは2.4tf/m³、24kN/m³。厚さ15cmのスラブだと24×0.15＝3.6kN/m²。スラブと型枠で固定荷重＝3.6＋0.4＝4.0kN/m²（400kgf）となる。これに作業荷重、衝撃荷重が加わる。

打込み時の積載荷重（作業荷重＋衝撃荷重）は（　　）kN/m²
施

1.5kN/m²

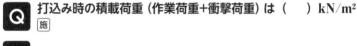

イチゴ缶
ジュース

イチゴ 缶 ジュースをそそぐ
1.5　kN/m²　生コンをそそぐ衝撃

衝撃

労安規

積載荷重
＝作業荷重＋衝撃荷重
≒1.5kN/m²

1m²当たり
150kgfを
見積もるのか

コンクリート、型枠の荷重は別

● 型枠の荷重0.4kN/m²＝400N/m²＝40kgf/m²。積載荷重1.5kN＝1500N＝150kgf。

Q コンクリートの側圧は （　　） kN/m²
施

 A $W_0 H$ （kN/m²）　W_0：単位容積重量 （kN/m³）、H：ヘッド （m）
（生コンの深さ）

世界保健機関
WHO から 圧力
$\underset{W_0 H}{}$

JASS5

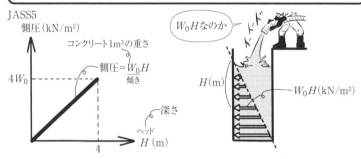

側圧（kN/m²）

コンクリート1m³の重さ

側圧＝$W_0 H$
傾き

$4W_0$

深さ

ヘッド

4　H（m）

$W_0 H$なのか

H（m）

$W_0 H$（kN/m²）

● 打込み速さ、部位にかかわらず、生コン（フレッシュコンクリート）からせき板にかかる側圧は、単位容積重量×ヘッド（側圧を求める高さから上の打込み高さ）で計算してよいと、旧規準よりも簡易になった。水と同様に固まらず、水の単位容積重量×水深で水圧が求まるのと同じ原理。コンクリートの流動性が高まったための改定。実際は先に打った下の生コンから固まり出すので、深い所では側圧は小さくなる。

Q 型枠合板の許容曲げ応力度は長期、短期をどのように使う？ 施

許容曲げ応力度は長期と短期の平均を使うのよ

A 長期と短期の平均を使う

合板には 長手と 短手がある
なが て　　　　みじか て

$\dfrac{\text{長期}＋\text{短期}}{2}$

長手

短手

JASS5

● 型枠の計算では、支保工以外は長期と短期の平均を許容曲げ応力度とする。

● 型枠合板のヤング係数Eは、長さ方向に比べて幅方向のEが少し小さい。幅方向の方が曲げ変形しやすい。

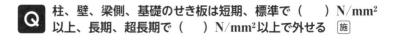

Q 柱、壁、梁側、基礎のせき板は短期、標準で（　　）N/mm²以上、長期、超長期で（　　）N/mm²以上で外せる 施

A 5N/mm²以上、10N/mm²以上

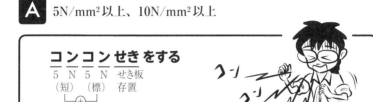

コンコン せき をする

5　N　5　N　せき板
（短）（標）　存置
＋
→10N/mm²以上（長）（超長）

JASS5

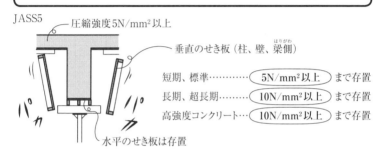

圧縮強度5N/mm²以上

垂直のせき板（柱、壁、梁側<ruby>梁側<rt>はりがわ</rt></ruby>）

短期、標準…………　5N/mm²以上　まで存置
長期、超長期………　10N/mm²以上　まで存置
高強度コンクリート…　10N/mm²以上　まで存置

水平のせき板は存置

● せき板の存置期間は何日という材齢と、何N/mm²で外せるという圧縮強度があるが、両方満足しなければならないのではなく、片方だけ満足すれば外せる。
● 高強度コンクリートの場合も10N/mm²以上で外せる。
● せき板取外し後に湿潤養生しない場合は、短期標準は10N/mm²以上、長期・超長期は15N/mm²以上となる。

Q 柱、壁、梁側、基礎のせき板の存置期間は短期、標準で、20℃以上で（　　）日、20℃未満10℃以上で（　　）日 施

A 4日、6日

**コンコン
せきをする、
シロ い顔**
4日 6日

JASS5

Q 混合セメントB種のせき板存置期間は、混合セメントA種、普通ポルトランドセメントに比べて（　　） 施

A 長い

> **棍棒は長い！**
> 混合B　　普通やAより長い

> 混合するほど
> 固まるのが
> 遅いのよ！

～混B

JASS5

高炉セメント……製鉄所の溶鉱炉から出る
　　　　　　　くず、高炉スラグを混ぜた
　　　　　　　セメント（slug：くず）

フライアッシュセメント…火力発電所から出るくず、フラ
　　　　　　　　イアッシュを混ぜたセメント
　　　　　　　　　　　（ash：灰）

混合量A種＜B種＜C種

Q 梁下、スラブ下の水平のせき板は、設計基準強度F_cの（　　）％以上で外せる 施

A 50％以上

> **水兵高齢　せきをする**
> 水平　50％以上 せき板

～高齢

国交告

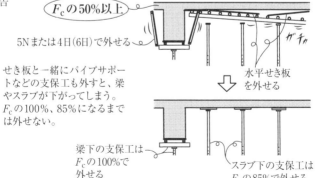

F_cの50％以上

5Nまたは4日（6日）で外せる

せき板と一緒にパイプサポートなどの支保工も外すと、梁やスラブが下がってしまう。F_cの100％、85％になるまでは外せない。

水平せき板を外せる

梁下の支保工はF_cの100％で外せる

スラブ下の支保工はF_cの85％で外せる

Q スラブ下の支保工は、（　）N/mm²以上または F_c の（　）%以上で外せる 施

A 12N/mm²以上、85%以上

（12本）
床板を 1ダース の 箱 で 支える
12N/mm²以上　85%以上　支柱

1ダースのビール箱

建告、共仕、JASS5

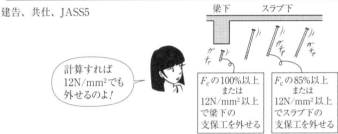

梁下　スラブ下

計算すれば12N/mm²でも外せるのよ！

F_c の100%以上または12N/mm²以上で梁下の支保工を外せる

F_c の85%以上または12N/mm²以上でスラブ下の支保工を外せる

● 梁、片持ちスラブはたわみやすいので、梁下、片持スラブ下支保工の存置は F_c の100%以上となるまで必要。

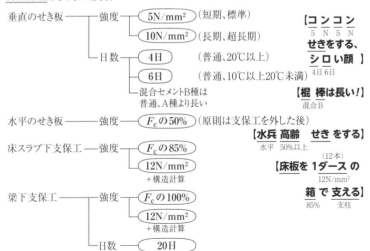

垂直のせき板 ── 強度 ─┬─ 5N/mm²（短期、標準）
　　　　　　　　　　　└─ 10N/mm²（長期、超長期）

　　　　　　　── 日数 ─┬─ 4日（普通、20℃以上）
　　　　　　　　　　　　├─ 6日（普通、10℃以上20℃未満）
　　　　　　　　　　　　└─ 混合セメントB種は普通、A種より長い

水平のせき板 ── 強度 ── F_c の50%（原則は支保工を外した後）

床スラブ下支保工 ── 強度 ─┬─ F_c の85%
　　　　　　　　　　　　　└─ 12N/mm² ＋構造計算

梁下支保工 ─┬─ 強度 ─┬─ F_c の100%
　　　　　　│　　　　└─ 12N/mm² ＋構造計算
　　　　　　└─ 日数 ── 20日

【コンコン
　5　N　5　N
せきをする、
シロ い顔 】
4日 6日

【棍 棒は長い！】
　混合B

【水兵 高齢　せき をする】
水平　50%以上

（12本）
【床板を 1ダース の
　　　　　12N/mm²
箱 で 支える】
85%　　支柱

Q プレキャストコンクリートの脱型強度は、平らなベッドで（　）N/mm²程度、70〜80°傾けたベッドで（　）N/mm²程度　[施]

A 12N/mm²程度、8〜10N/mm²程度

> <u>ベッド</u> <u>1つに2人</u> は <u>ハート</u>♡
> 　　1 2　　　　8 ～ 10N/mm²

JASS10

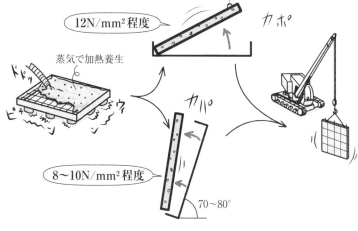

12N/mm²程度

蒸気で加熱養生

8〜10N/mm²程度

70〜80°

● プレキャストコンクリートは蒸気で加熱養生するので、脱型強度を見るときは、同じように蒸気で加熱養生した供試体をつぶして強度を測る。

● 現場で早くせき板、支保工を外したい場合は、現場の環境に近い現場水中養生、または現場封かん養生した供試体をつぶして強度を測る。

Q コンクリートが見えがかりとなる場合、塗装などの仕上げがきわめて薄い場合は、仕上がりの平坦さは（　　）mにつき（　　）mm以下　施

A 3mにつき7mm以下

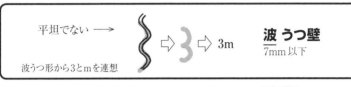

平坦でない ⟶　{　⇨　3　⇨　3m　　**波 うつ壁**
　　　　　　　　　　　　　　　　　　　7mm以下

波うつ形から3とmを連想

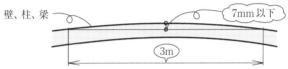

壁、柱、梁　　　　　　　　　　7mm以下

3m

Q セメントペーストがまわっていない豆板（まめいた）状の部分を（　　）という　施

A ジャンカ

ジャンカ　じゃんか！　ダメじゃんか！

● ジャンカの周囲の弱いコンクリートははつり取り、水洗いした後に水の少ない硬練りのモルタルで補修する。豆板とは豆を砂糖で固めたお菓子で、ジャンカに似ている。

ジャンカ（豆板、あばた）

ジャンカじゃんか！
ダメじゃんか！

窓下、出隅は生コン
がまわりにくい
ワイヤーブラシなどで表面をはつり、水浸しの後にポリマーセメント
（樹脂を配合した防水性のあるセメント）などを塗って補修

● タンピング（生コンの表面を打つ作業）や湿潤養生を怠ると、白くてパサパサなコンクリートができる。コンクリートは黒くてツルツルしている方が強度、耐久性があってよい。

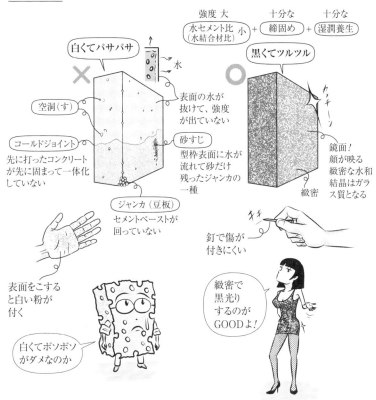

強度　大
(水セメント比　小) ＋ 十分な (締固め) ＋ 十分な (湿潤養生)
(水結合材比)

白くてパサパサ ✕

黒くてツルツル ◯

水

空洞（す）

コールドジョイント
先に打ったコンクリートが先に固まって一体化していない

表面の水が抜けて、強度が出ていない

砂すじ
型枠表面に水が流れて砂だけ残ったジャンカの一種

鏡面！
顔が映る緻密な水和結晶はガラス質となる

緻密

ジャンカ（豆板）
セメントペーストが回っていない

釘で傷が付きにくい

表面をこすると白い粉が付く

緻密で黒光りするのがGOODよ！

白くてボソボソがダメなのか

● コンクリート中のカルシウム分が水で溶け出し、水が蒸発した後に析出する白い汚れはエフロレッセンスという。【エ!? 風呂 でもエフロ?　】

エフロレッセンス

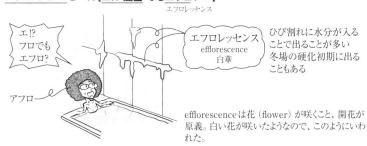

エ!?フロでもエフロ?

エフロレッセンス
efflorescence
白華

ひび割れに水分が入ることで出ることが多い
冬場の硬化初期に出ることもある

アフロ

efflorescenceは花（flower）が咲くこと、開花が原義。白い花が咲いたようなので、このようにいわれた。

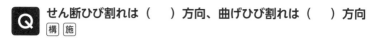

Q せん断ひび割れは（　　）方向、曲げひび割れは（　　）方向
構 施

A 斜め方向、縦横方向（スラブ下面では斜めあり）

選　抜　野球の
せん断　×方向

カーブは縦横のみ
曲げ

せん断による
ひび割れ

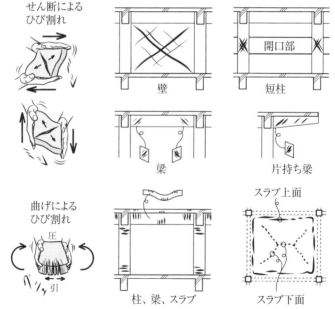

壁

開口部
短柱

梁

片持ち梁

曲げによる
ひび割れ

圧

引

柱、梁、スラブ

スラブ上面

スラブ下面

● せん断は平行四辺形の変形で、伸びる対角線方向に引っ張られることからひび割れの形がわかる。曲げは扇形の変形を考え、伸びる側が引っ張られることからひび割れの形がわかる。コンクリートは引張りに極端に弱く、すぐにひび割れ（亀裂、クラック）が入る。
● 柱梁交差部（パネルゾーン）のせん断ひび割れは、柱梁と逆になるので注意。鉄筋の引張りを考えるとわかる。

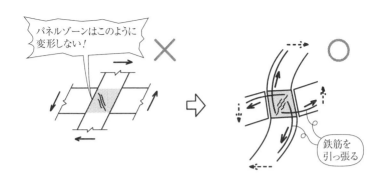

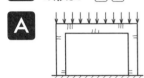

鉛直荷重、水平荷重、各々が働く門形ラーメンの曲げひび割れの形は？ 構 施

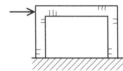

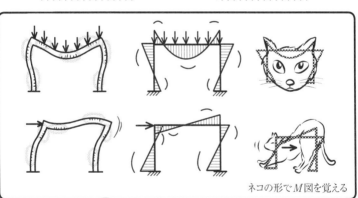

ネコの形で*M*図を覚える

● 門形ラーメンの曲げモーメント図（*M*図）は、変形が簡単にわからないので、覚えてしまうとよい。<u>*M*図の側が凸に伸ばされるので、*M*図の側にひびが材の直角に入る</u>（p.182参照）。

● 乾燥収縮ひび割れは、<u>収縮する距離が長い方に引っ張られてそれに直交する方向にひびが入る</u>。

● コンクリートの有害なひび割れ、たわみの有無は、<u>支保工を取り外して重さをかけてから確認する</u>。

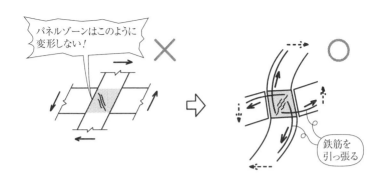

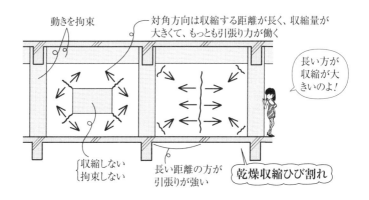

動きを拘束

対角方向は収縮する距離が長く、収縮量が大きくて、もっとも引張り力が働く

長い方が収縮が大きいのよ！

収縮しない
拘束しない

長い距離の方が引張りが強い

乾燥収縮ひび割れ

Q ひび割れ誘発目地で囲まれた面積は（　　）m²以下、辺長比（長辺／短辺）は（　　）以下 施

A 25m²以下、1.25以下

日光　も　ひび割れ の原因

25m²以下　　誘発目地
1.25　以下

膨張、収縮

鉄筋コンクリート造建築物の収縮ひび割れ制御設計・施工指針

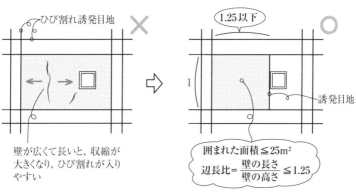

ひび割れ誘発目地 ✕

1.25以下 ○

誘発目地

壁が広くて長いと、収縮が大きくなり、ひび割れが入りやすい

囲まれた面積≦25m²

辺長比＝$\dfrac{壁の長さ}{壁の高さ}$≦1.25

主要なひび割れと対策（構造のひび割れを除く）

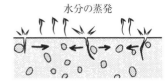

水分の蒸発

乾燥収縮ひび割れ

（対策）
・単位水量を減らす
・水セメント比（水結合材比）の
　小さい硬練りの生コンを、しっかりと
　締め固め、突き固めて、十分に
　湿潤養生する
・骨材を石灰岩の砕石とする
・収縮低減剤、膨張材を使う

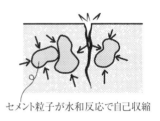

打込み直後　　表面水の蒸発

プラスチックひび割れ

（対策）
・固まる前にすぐにタンピングして均す
・直射日光が当たらないようにする

セメント粒子が水和反応で自己収縮

自己収縮ひび割れ

（対策）
・単位セメント量（単位結合材量）
　を減らす
・収縮低減剤、膨張材を使う

外側は冷
えて収縮

内側は膨張
したまま　　水和熱

温度ひび割れ

（対策）
・単位セメント量（単位結合材量）
　を減らす
・低熱性のセメントを使う

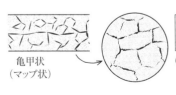

亀甲状
（マップ状）

アルカリシリカ反応
（アルカリ骨材反応）

（対策）
・コンクリートのアルカリ量
　を $3kg/m^3$ 以下とする
　（p.39、40参照）

【 亀 が 歩く 】
亀甲状　アルカリ
　　　　シリカ反応

【 ミキちゃんと歩く 】
$3kg/m^3$以下　アルカリ量

Q SD345、SR295の記号の意味は?
　構　施

A 降伏点強度345N/mm²の異形棒鋼（異形鉄筋）、
　降伏点強度が295N/mm²の丸鋼

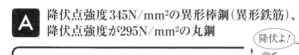

降伏よ!

ドクター（D R）の 幸福は強い!
　　　　　SD　SR　　　降伏点強さ

コンクリートとの付着を良くするための凹凸

| SD | 異形棒鋼（異形鉄筋）
Steel Deformed bar
(D10)……直径約10mmの異形棒鋼

| SR | 丸鋼
Steel Round bar
(φ9)……直径9mmの丸鋼

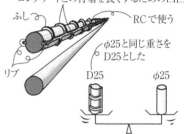

ふし　RCで使う
リブ
φ25と同じ重さを
D25とした
D25　φ25

● 鋼材の短期、長期の許容応力度は基準法では F、$\dfrac{2}{3}F$（p.27）。ただし鉄筋の材料規格では<u>SD345、SD390の短期は降伏点345、390</u>だが、<u>長期は215と</u>同じ数値となっている（RC規準）。

Q JIS規格の鉄筋で、突起が1個のマークは?
　構　施

A SD345の圧延マーク（識別記号）
　　　　あつえん

1、(2)、3、4、5
突起1個　　　SD345

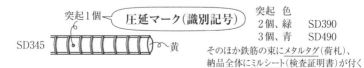

突起1個　圧延マーク（識別記号）

SD345　　　　　　　　黄

突起　色
2個、緑　SD390
3個、青　SD490
そのほか鉄筋の束に<u>メタルタグ</u>(荷札)、
納品全体に<u>ミルシート</u>(検査証明書)が付く

Q あばら筋、帯筋、どっちが梁でどっちが柱?
構 施

1

A あばら筋→梁、帯筋→柱

あばらが出るほど張り切った
　　　あばら筋　　　　　　　　梁

● あばらも帯も垂直なものに巻き付いているので、まぎらわしい。帯筋、あばら筋ともにせん断補強筋として使われる。

● 鉄筋は組み立てる前に、コンクリートとの付着を妨げる浮きさび、油、ごみ、土などを除去する。薄い赤さびは付着を良くするので除去しない。

● 鉄筋の組立てはなまし鉄線で行う。コンクリート打込み時に動かないように、堅固に組み立てる。なまし鉄線は、焼きなまし（徐々に冷やす）した鉄線で、軟らかく緊結しやすい。

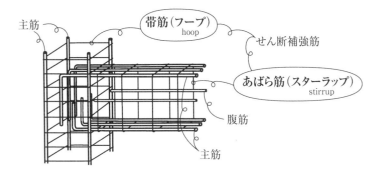

Q あばら筋のまたの名は?
構 施

A スターラップ

あばらが出るほどやせているのが
　　　あばら筋

スターの条件
　　スターラップ

Q 帯筋のまたの名は？ 構 施

A フープ

帯がしまって フープ！ 苦しい
帯筋

● 現場でもフープ、帯筋、スターラップ、あばら筋とごっちゃに使われるので、ここでしっかり覚えておこう。

Q あばら筋、帯筋、スパイラル筋の加工寸法許容差は、±（　）mm 施

A ±5mm

帯 の 誤 差
帯筋　5mm差

JASS5

Q D29以上D41以下の柱、梁主筋の場合、加工寸法の許容差は±（　）mm 施

A ±20mm

2重…

主人…主筋

デ ブ 肉 が 2重 、寸法が大きくなる
D　　29以上 20mm　　寸法許容差

● 主筋の加工誤差はD25以下では±15、D29以上D41以下では±20mm。
● 加工後の全長の誤差は±20mm。

加工寸法の許容差　（単位：mm）

項目			符号	許容差
各加工寸法	主筋	D25 以下	a、b	±15
		D29 以上 D41 以下	a、b	±20
	あばら筋、帯筋、スパイラル筋		a、b	±5
加工後の全長			ℓ	±20

JASS5

主筋

b　b　加工後の全長 ℓ

a　a　加工後の全長 ℓ

主筋 a、b
±20mm
または
±15mm

全長 ℓ
±20mm

● 異形鉄筋を用いた主筋の場合、末端、隅角部には<u>フック</u>が必要。隅角部は周囲にコンクリートが少なく、<u>付着割裂破壊</u>しやすいため。

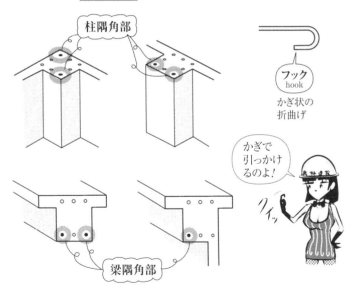

柱隅角部

フック
hook
かぎ状の
折曲げ

かぎで
引っかけ
るのよ！

梁隅角部

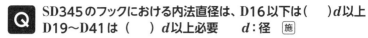

Q **SD345のフックにおける内法直径は、D16以下は(　　)d以上 D19〜D41は (　　) d以上必要　　d：径** 施

A 3*d*以上　4*d*以上

急に曲げる
のはダメ！

1、2、3、4、5
SD345
3*d*　4*d* 以上

鉄筋の折曲げ形状・寸法

図	折曲げ角度	鉄筋の種類	鉄筋の径による区分	鉄筋の折曲げ内法直径 (*D*)
180°　*D*	180° 135° 90°	SR235 SR295 SD295A SD295B SD345	16φ以下 D16以下	3*d*以上
135°　*D*			19φ D19〜D41	4*d*以上
90°　*D*				

内法直径　D19などのDとは違う　異形鉄筋のDは呼び名で径の近似値　JASS5

● 折曲げ直径が小さいと、コンクリートに部分的にかかる圧縮応力（支圧応力）が大きくなり、その部分のコンクリートが壊れやすくなる。鉄筋が太くなると大きな引張りがかかるので、折曲げ直径は大きめにする。折曲げ直径は折曲げ角度では変わらず、鉄筋の太さで変わる点に注意。折曲げ角度で変わるのは、フックの余長。

Q **帯筋、あばら筋のフックは原則として　(　　)°以上折り曲げる** 構 施

A 135°以上

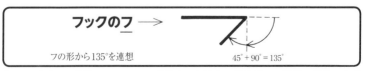

フックのフ →

フの形から135°を連想　　　　　　　　　　　45° + 90° = 135°

● グルッと巻いて主筋に135°フックで引っ掛け、余長は6*d*以上取る。輪状の帯筋、あばら筋が外れないようにする。

Q フックの余長は135°で（　　）d以上　　d：径
構 施

A 6d以上

帯筋　　スパイラル状の帯筋　　帯筋と135°フックの形から6を連想する
（スパイラル筋）

JASS5

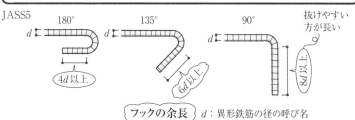

180°　　　　　135°　　　　　90°　　抜けやすい方が長い

4d以上　　　　　6d以上　　　　8d以上

フックの余長　d：異形鉄筋の径の呼び名

● 折曲げ角度を急にするほど抜けにくくなるので、余長は小さくてよい。

Q 鉄筋相互のあきの最小寸法は
径の（　　）倍以上　　かつ
粗骨材（砂利）最大寸法の（　　）倍以上
かつ（　　）mm以上　施

A 1.5倍以上、1.25倍以上、25mm以上

飽きやすいおけいこでも
あき　　　　　　径の1.5倍以上

最大の ニコ ニコ で
最大寸法　　　25mm以上
　　　　　　　1.25倍以上

JASS5

● 鉄筋の間隔が小さいと砂利（粗骨材）が通らず、コンクリートが流れなくなる。あきの最小寸法は直径dのみで決まり、鉄筋の種類に関係しない。

● たとえばD19、粗骨材最大寸法20mmの場合、19×1.5＝28.5以上、かつ20×1.25＝25以上、かつ25以上で鉄筋のあきは28.5mm以上必要。

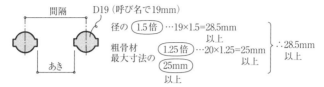

間隔　D19（呼び名で19mm）

径の （1.5倍）…19×1.5＝28.5mm
　　　　　　　　　　　以上
粗骨材 （1.25倍）…20×1.25＝25mm
最大寸法の　　　　　　　　以上
　　　 （25mm）
　　　　　以上

∴28.5mm
以上

あき

| Q |

鉄筋のかぶり厚さは?
施

| A |

鉄筋の最小かぶり厚さ（mm）部材の種類		標準、長期 ← 計画供用期間	
		非腐食環境（屋内など）	腐食環境（屋外など）
構造部材	床スラブ、屋根スラブ	20	30
	柱、梁、耐力壁	30	40
土に接する柱、梁、壁、床、布基礎立上り部		40	
基　　　礎		60	

2、3、4、6cmから覚えるのよ!

・上記の「非腐食環境」、「腐食環境」は、両者とも「一般劣化環境」内。
・基準法施行令79の規定では「腐食環境」か否かの違いはなく、JASS5では「腐食環境」＝「非腐食環境」＋10mmとされている。
・土に接する部材と基礎の数値は、「腐食環境」か否か、計画供用期間によらず、40、60mmとされている。

兄さんしぶってかぶりを振る
　2　　3　4　6cm以上

● 外壁、屋上スラブの屋内側も外皮に接するので「腐食環境」となる。また水漏れや結露が想定される部位（台所、風呂、トイレなどの床、壁、天井）は屋内でも「腐食環境」となる。「一般劣化環境」のほかに、「特殊劣化環境（海水の作用）」と「特殊劣化環境（激しい凍結融解作用）」の2つが定められている。

● かぶり厚さは帯筋、あばら筋などの、外側の鉄筋の表面からコンクリート面までの距離。鉄筋の中心からの距離や主筋からの距離ではないので注意。

● かぶりが不十分だと、鉄筋とコンクリートが一体化されず、粘り強さが発揮されない。躯体が動いた際に、コンクリートにクラックが発生しやすい。鉄筋と型枠との間に砂利が詰まり、空洞やジャンカが発生しやすくなる。また、かぶりによって鉄筋のさびを防止し、火災の熱から鉄筋を守る。鉄筋がさびると体積が膨張してコンクリートが破壊される。

● 「腐食環境」のかぶり厚さは、水がかかる分を見込んで「非腐食環境」のかぶり厚さ+10mm。ただし耐久性上有効な仕上げを施した場合はそのままでOK。設計かぶり厚さは、施工誤差を見込んで最小かぶり厚さ+10mm。プレキャストコンクリートは工場生産されるので、設計かぶり厚さは最小かぶり厚さ+5mm。

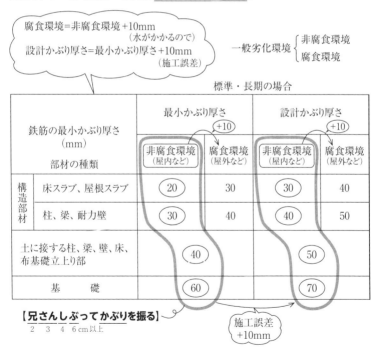

腐食環境＝非腐食環境+10mm
　　　　　　　　（水がかかるので）
設計かぶり厚さ＝最小かぶり厚さ+10mm
　　　　　　　　（施工誤差）

一般劣化環境 ｛ 非腐食環境 / 腐食環境

標準・長期の場合

鉄筋の最小かぶり厚さ (mm) 部材の種類		最小かぶり厚さ (+10)		設計かぶり厚さ (+10)	
		非腐食環境（屋内など）	腐食環境（屋外など）	非腐食環境（屋内など）	腐食環境（屋外など）
構造部材	床スラブ、屋根スラブ	20	30	30	40
	柱、梁、耐力壁	30	40	40	50
土に接する柱、梁、壁、床、布基礎立上り部		40		50	
基　礎		60		70	

【兄さんしぶってかぶりを振る】
　2　3　4　6 cm以上

施工誤差 +10mm

Q 柱や梁の主筋を D29 以上とした場合、主筋のかぶり厚さは（　　　）*d* 以上 構 施

A 1.5*d* 以上

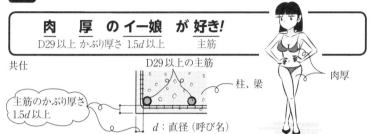

肉　厚　の　イー娘　が　好き!
D29以上　かぶり厚さ　1.5*d*以上　　主筋

共仕

D29以上の主筋
柱、梁
肉厚

主筋のかぶり厚さ
1.5*d*以上

d：直径（呼び名）

● 太い鉄筋だと大きな応力が働き、付着割裂ひび割れが起きやすい。そのため柱における太い主筋にはかぶり厚さが規定されている。普通、かぶり厚さといえば帯筋、あばら筋表面からの距離だが、この場合は主筋表面からの距離。

Q SRC造の柱梁鉄骨に対するコンクリートのかぶり厚さは（　　　）cm 以上 構 施

A 5cm 以上

鉄骨と鉄筋が　混線する　SRC造
5cm

令79の3

● 耐火性、耐久性確保のためには5cm以上とされているが、鉄骨と鉄筋の納まり、コンクリートの充填性の点から15cm程度とする。

Q 梁の配筋において、かぶり厚さを確保するためのスペーサーの間隔は（　　　）m程度 施

A 1.5m 程度

張りのある 肉厚 の イー娘
梁　　　　　かぶり厚さ　　　　1.5m
（柱：29D以上　　径の1.5倍以上）

JASS5

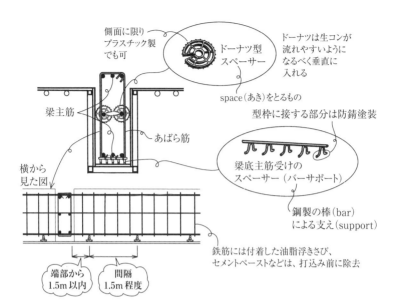

側面に限りプラスチック製でも可

ドーナツ型スペーサー

ドーナツは生コンが流れやすいようになるべく垂直に入れる

梁主筋

space（あき）をとるもの

型枠に接する部分は防錆塗装

あばら筋

梁底主筋受けのスペーサー（バーサポート）

横から見た図

鋼製の棒（bar）による支え（support）

端部から1.5m以内

間隔1.5m程度

鉄筋には付着した油脂浮きさび、セメントペーストなどは、打込み前に除去

Q スラブの配筋において、かぶり厚さを確保するためのスペーサーの間隔は（　　）m程度　施

A 0.9m程度

スペーサーを <u>置く</u> <u>間隔</u>
0.9m

JASS5

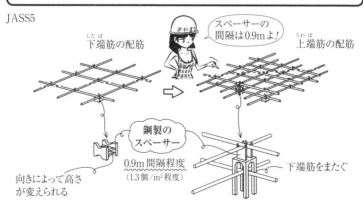

スペーサーの間隔は0.9mよ！

下端筋の配筋

上端筋の配筋

鋼製のスペーサー

0.9m間隔程度（1.3個/m²程度）

下端筋をまたぐ

向きによって高さが変えられる

● 鉄筋の継手長さ、定着長さLにはさまざまある。記号をある程度覚えておくと便利。

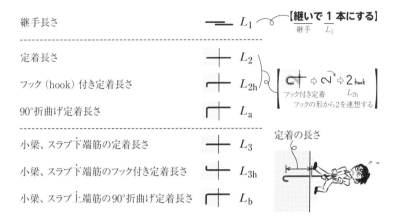

継手長さ　　　　　　　　　　　　　　　L_1　【継いで**1本にする**】
継手　L_1

定着長さ　　　　　　　　　　　　　　　L_2

フック（hook）付き定着長さ　　　　　　L_{2h}　⇒ ② ⇒ 2 **hook**
フック付き定着　L_{2h}
フックの形から2を連想する

90°折曲げ定着長さ　　　　　　　　　　L_a

小梁、スラブ下端筋の定着長さ　　　　　L_3

小梁、スラブ下端筋のフック付き定着長さ　L_{3h}

小梁、スラブ上端筋の90°折曲げ定着長さ　L_b

定着の長さ

Q 重ね継手の長さ$L_1 = (\quad) d$、
フック付き重ね継手の長さ$L_{1h} = (\quad) d$
（$F_c = 24 \sim 27\text{N/mm}^2$、SD345の場合）　構　施

A $L_1 = 40d$、$L_{1h} = 30d$

家を継いで　資　産　家　となる
継手　$40d$　$30d$

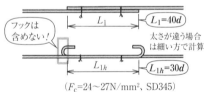

フックは
含めない！

L_1　$L_1 = 40d$

太さが違う場合
は細い方で計算

L_{1h}　$L_{1h} = 30d$

（$F_c = 24 \sim 27\text{N/mm}^2$、SD345）

● たとえば$F_c = 24$、SD345、D13、フックなしの継手長さは$40 \times 13 = 520\text{mm}$以上。

● フックは継手長さに含めない。また太さが違う場合は、細い方の径をdとして計算する。

● フックがある方が抜けにくいので、$L_1 > L_{1h}$となる。F_cが大きいと付着力も強くなり、L_1、L_{1h}は短くてよくなる。SD295BからSD345のように、降伏点強度の強い鉄筋に変えると、鉄筋に大きな応力がかかる設計になるので、L_1、L_{1h}は長くなる。JASS5の表は、そのように構成されている。

● 隣り合う継手位置をそろえると鉄筋の先端がそろい、コンクリートがその位置で割れやすくなる。継手長さ分ずらすとやはり鉄筋の先端がそろってしまうので、継手長さの0.5倍か1.5倍ずらす。

Q D35以上の重ね継手は可?
施

A 不可 (ガス圧接継手、溶接継手、機械式継手とする)

サンゴを	**重ねると**	**割れやすい**
D35以上	重ね継手	不可

JASS5

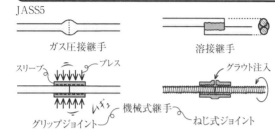

ガス圧接継手

溶接継手

スリーブ プレス グラウト注入

グリップジョイント 機械式継手 ねじ式ジョイント

● 太い鉄筋を重ねると大きな応力がかかり、コンクリートとの接面も多くなり、付着割裂破壊しやすい。そこでD35以上の継手は、ガス圧接などで行う。

Q 梁主筋の継手位置は?
施

A 上端筋は中央付近。下端筋は柱から梁せい分だけ離し、そこから梁内法寸法の1/4分の範囲で継ぐ。

品を継ぐ ⇨	
納品されたままの鉄筋は短いので、品物を継いで長くする	品の字形から連想

JASS5

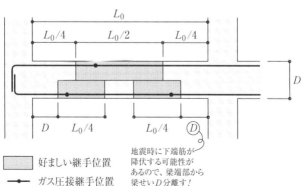

L_0

$L_0/4$ $L_0/2$ $L_0/4$

D

D $L_0/4$ $L_0/4$ D

▨ 好ましい継手位置

━● ガス圧接継手位置

地震時に下端筋が降伏する可能性があるので、梁端部から梁せいD分離す!

● 継手位置は常時圧縮の働いている部分に設ける。耐圧版からの力を下から受ける場合は、基礎梁の継手は品の字を上下逆にした位置となる。<u>柱の継手位置は応力の小さい中央部。柱、梁ともに端部には地震による応力が強く働くので、継手位置には適さない</u>。

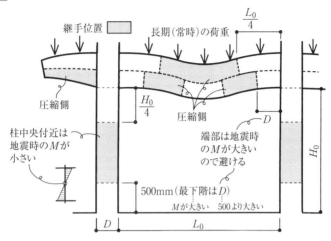

継手位置 □　　　長期（常時）の荷重

$\frac{L_0}{4}$

圧縮側

$\frac{H_0}{4}$

圧縮側

柱中央付近は
地震時のMが
小さい

D

端部は地震時
のMが大きい
ので避ける

H_0

500mm（最下階はD）

Mが大きい　500より大きい

D　　　L_0

● 引張り応力の強い部分にだけ、短い鉄筋で補強するのが<u>カットオフ筋</u>。$L_0/4$から少し伸ばした応力の小さいところでカットオフする。

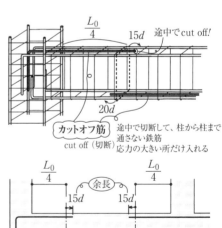

$\frac{L_0}{4}$　　15d　　途中でcut off!

20d

カットオフ筋　途中で切断して、柱から柱まで
cut off（切断）　通さない鉄筋
応力の大きい所だけ入れる

$\frac{L_0}{4}$　　　　　　$\frac{L_0}{4}$

余長

15d　　15d

20d　　余長　　20d

L_0

Q 直線定着長さ L_2 ＝（　　）d、
フック付き直線定着長さ L_{2h} ＝（　　）d
（F_c ＝ 24 〜 27N/mm²、SD345 の場合）　構 施

A $L_2 = 35d$、$L_{2h} = 25d$

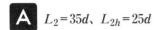

> SD345
> # 三国志 は 日本国 で定着した
> 　35d　　　　2　5d

JASS5

```
                          定着起点
        L₂=35d             ▽                              L₂ₕ=25d        ▽
直線定着 )                              135°フック )
                                      定着

                                          余長
                                          6d以上

折曲げ
開始点   L₂ₕ=25d   ▽                                      L₂ₕ=25d       ▽
90°フック )                              180°フック )
定着                                    定着

余長
8d以上

                                          余長
                                          4d以上
```

Q 梁主筋を側柱（がわばしら）に定着する場合、投影定着長さ L_a は柱幅 D の
（　　）倍以上　かつ
F_c ＝ 24〜27N/mm²、SD345 の場合は（　　）d 以上　構 施

A 0.75 倍、20d

> # 20代 の おなご だ！ 飲み 会だ！
> 　20d　　　0.75　D　飲み込み

JASS5

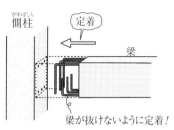

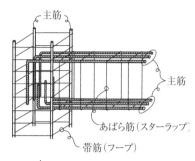

梁が抜けないように定着！

あばら筋（スターラップ）

帯筋（フープ）

● 中柱は梁主筋が柱を貫いて定着する通し配筋ができるが、側柱は定着が難しく、柱幅の0.75倍（3/4倍）以上、かつ鉄筋の太さの20倍以上飲み込ませる必要がある。

● L_aは飲み込ませる水平距離。その他にL字の長さが直線定着のL_2分必要（次頁）。

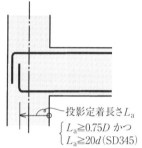

投影定着長さL_a

$$\begin{cases} L_a \geqq 0.75D \text{ かつ} \\ L_a \geqq 20d \text{ (SD345)} \end{cases}$$

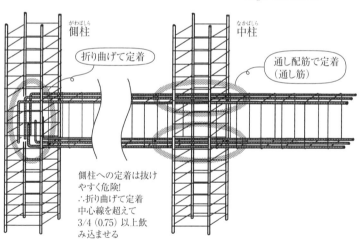

側柱への定着は抜けやすく危険！
∴折り曲げて定着
中心線を超えて
3/4（0.75）以上飲み込ませる

投影定着長さL_a $\begin{cases} \geqq 20d \\ \text{かつ} \\ 0.75D \end{cases}$ 【**20代のおなごだ！飲み会だ！**】

104

● 梁の定着は、柱幅が大きい場合はL_{2h}でフック付き直線定着。柱幅が小さくてL_{2h}の直線定着が無理な場合は90°折曲げ定着とし、全長のL_2かつ投影定着長さのL_aを確保する。通常はL_2かつL_aで定着している。

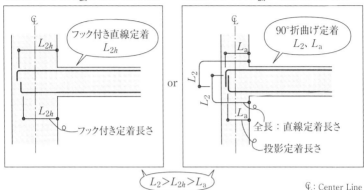

柱幅が大きくて、L_{2h}が確保できる場合　　　柱幅が小さくて、L_{2h}が確保できない場合

フック付き直線定着 L_{2h}

フック付き定着長さ

90°折曲げ定着 L_2、L_a

or

全長：直線定着長さ

投影定着長さ

$L_2 > L_{2h} > L_a$

£: Center Line

● 最上階の梁上端筋は、上に柱がないのでコンクリートが薄くて壊れやすい。そのため定着長さL_2は鉛直部分のみで測る。下端筋は他の梁主筋と同様に、L字の長さ全体でL_2を測る。

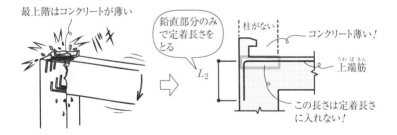

最上階はコンクリートが薄い

鉛直部分のみで定着長さをとる L_2

柱がない

コンクリート薄い！

上端筋

この長さは定着長さに入れない！

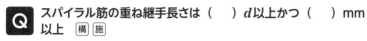

Q スパイラル筋の重ね継手長さは（　）d以上かつ（　）mm以上 [構][施]

A 50d以上かつ300mm以上

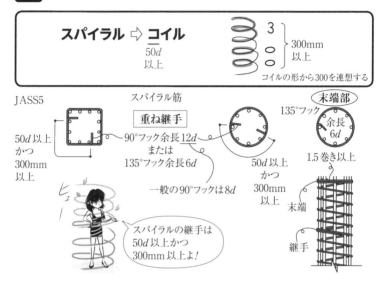

スパイラル ⇨ コイル
50d
以上

3
300mm
以上

コイルの形から300を連想する

JASS5

スパイラル筋

重ね継手

50d以上
かつ
300mm
以上

90°フック余長12d
または
135°フック余長6d

一般の90°フックは8d

50d以上
かつ
300mm
以上

末端部
135°フック
余長6d

1.5巻き以上

末端

継手

スパイラルの継手は
50d以上かつ
300mm以上よ！

● 1本1本巻く帯筋と違って、大地震時に外れにくいというメリットがあるが、立ち上がった主筋の上から落とし込むのが大変というデメリットもある。末端部は1.5巻き以上で135°フックで定着する。帯筋、あばら筋、スパイラル筋の末端は、135°フック、余長6dが基本。

Q 手動ガス圧接技量資格者の圧接作業範囲は、1種はD（　）以下、2種はD（　）以下、3種はD（　）以下 [施]

A D25以下、D32以下、D38以下

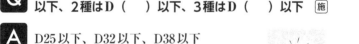

太陽 ⇨ 日光、SUNNY、さわやか
ガスで熱い
（ガス圧接）

D25
以下
（1種）

D32
以下
（2種）

D38
以下
（3種）

JASS5

Q 隣り合う主筋の継手位置は、ガス圧接継手は（　）mm以上、機械式継手は（　）mm以上かつカプラー端部間で（　）mm以上ずらす [施]

1

A 400mm以上、400mm以上、40mm以上

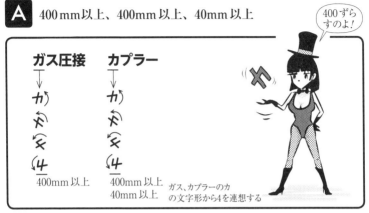

400ずらすのよ！

ガス、カプラーのカの文字形から4を連想する

JASS5

ガス圧接　400mm以上

機械式継手　400mm以上

カプラー
coupler：カップルにする、連結するもの

40mm以上

端部の位置がそろうと構造の弱点となる

Q 鉄筋の手動ガス圧接は（　）mmを超えた径の差は不可 [施]

A 7mm

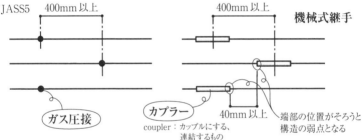

鉄筋は　斜めには　圧接しない
7mm超え

JASS5解説

● 自動圧接は径が異なると不可。

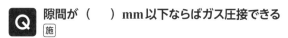

Q 隙間が（　　）mm以下ならばガス圧接できる
施

A 3mm以下

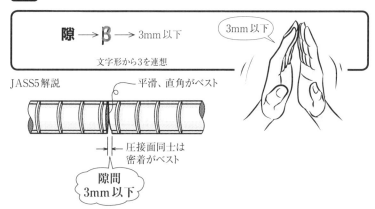

隙 → β → 3mm以下

文字形から3を連想

3mm以下

JASS5解説

平滑、直角がベスト

圧接面同士は
密着がベスト

隙間
3mm以下

Q ガス圧接の膨らみの直径は（　　）d以上、長さは（　　）d以上
施

A 1.4d以上、1.1d以上

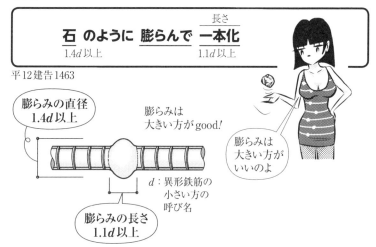

石 のように 膨らんで 一本化
1.4d以上　　　　　　長さ 1.1d以上

平12建告1463

膨らみの直径
1.4d以上

膨らみは
大きい方がgood!

膨らみは
大きい方が
いいのよ

d：異形鉄筋の
小さい方の
呼び名

膨らみの長さ
1.1d以上

● 圧接では、鉄筋径程度の縮み代を見込んで切断、加工する。

Q ガス圧接における中心軸の偏心量は（　　）d以下、圧接面の膨らみの中央からのずれは（　　）d以下 [施]

1

A 1/5d 以下、1/4d 以下

膨らみ 1.4d以上	長さ 1.1d以上
変心する恋心 偏心　5分の1d 　　　以下	**石のように膨らんで 一本化** 1/4d　　　膨らみのずれ 以下

平12建告1463

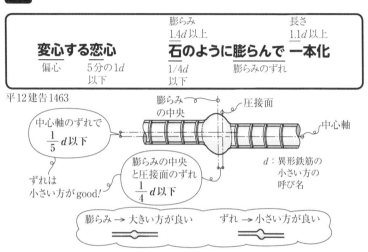

中心軸のずれで $\frac{1}{5}d$ 以下

膨らみの中央

圧接面

中心軸

ずれは小さい方がgood!

膨らみの中央と圧接面のずれ $\frac{1}{4}d$ 以下

d：異形鉄筋の小さい方の呼び名

膨らみ → 大きい方が良い　　　ずれ → 小さい方が良い

● 膨らみや長さが足りない場合や、著しい曲がりがある場合は、再加熱して修正する。中心軸、圧接面のずれが基準以上の場合は、切断して再びガス圧接する。

Q ガス圧接の外観検査、超音波探傷検査は何カ所行う？ [施]

A 外観検査は全数。超音波探傷検査は1作業班、1日当たり30カ所

音波 → 〜〜 → m → 30カ所
波の形から3を連想

外観検査　　超音波探傷試験
1作業班、1日当たり

全数　　　30カ所

膨らみの外観検査は全数！

Q RC造の柱と梁の主筋の径は（　　）mm以上、4本以上
構

A 13mm 以上

いざ　　出勤!
━━━━━━━━━━
13mm以上　主筋

RC規準

● 径13mm とは丸鋼では13φ、異形鉄筋ではD13。

Q RC造の柱の主筋量（主筋の断面積の和）はコンクリートの断面積の（　　）%以上確保する　構

A 0.8%以上

おっぱ い　　好き
━━━━━━━━━━
0.8%以上　　主筋

令77、RC規準

● 耐力壁の四周では、梁の主筋量も0.8%以上必要となる。

Q 付着割裂破壊しやすい主筋は？
構 施

A 太くて鉄筋間のかぶり厚さやあきが小さい主筋

太 い　と　痛 い
主筋太くてあき小さい　割裂

強い応力
太い主筋
コンクリートがはがれる

付着割裂破壊
（脆性破壊）

Q 帯筋比、あばら筋比（せん断補強筋比）は（　）％以上
構

A 0.2%以上

帯 を 手に 入れる

帯筋　　点2
　　　　→ 0.2%

令77、RC規準

$$せん断補強筋比 \begin{cases} 帯筋比 = \dfrac{1組の帯筋の断面積}{柱幅 \times 帯筋間隔} \\[2mm] あばら筋比 = \dfrac{1組のあばら筋の断面積}{梁幅 \times あばら筋間隔} \end{cases}$$

● SRC造の梁のあばら筋比は、H形鋼で0.1%以上、ウェブがラチスや格子形の非充腹形で0.2%以上。非充腹形はRC造と同じようなものなので、あばら筋比も同じと覚えておこう。

Q RC造のスラブにおける鉄筋の全断面積は、コンクリートの全断面積の（　）％以上　構

A 0.2%以上

スラブ筋 ── 帯筋比と同じ0.2%以上

RC規準

● スラブ各方向の幅全体について、鉄筋の断面積は0.2%以上とする。

● 帯筋、あばら筋、スラブ筋と細い鉄筋はみな0.2%以上と覚えるとよい。

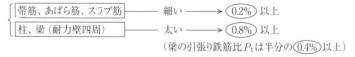

$$\begin{cases} 帯筋、あばら筋、スラブ筋 & ── 細い ── (0.2\%) 以上 \\ 柱、梁（耐力壁四周） & ── 太い ── (0.8\%) 以上 \end{cases}$$

（梁の引張り鉄筋比 P_t は半分の (0.4%) 以上）

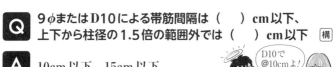

Q 9φまたはD10による帯筋間隔は（　）cm以下、上下から柱径の1.5倍の範囲外では（　）cm以下 構

A 10cm以下、15cm以下

D10で@10cmよ!

和服 の **デート** で **天まで行こう!**
帯筋　　D10　　TEN　　1.5倍
=10cm　　15cm

RC規準

● 柱の上下は密、中央と接合部は疎。

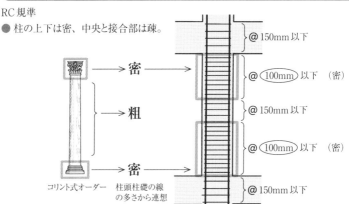

@ 150mm 以下

@ (100mm) 以下　　(密)

@ 150mm 以下

@ (100mm) 以下　　(密)

@ 150mm 以下

密 →

粗 →

密 →

コリント式オーダー　　柱頭柱礎の線の多さから連想

Q 帯筋は曲げモーメント、軸方向力、せん断力のうち、どれに抵抗する？ 構

A せん断力

帯 を **仙台** で **手に 入れる**
帯筋　　せん断力　　0.2%

● 柱の { 帯筋→せん断力に抵抗
　　　　{ 主筋→曲げモーメント、軸方向力に抵抗

● 梁の { あばら筋→せん断力に抵抗
　　　　{ 主筋→曲げモーメント、軸方向力に抵抗

● 帯筋はせん断力に抵抗するばかりでなく、主筋の座屈を防ぐ、コンクリートのはらみ出しを防ぐなどの役割もある。

もし帯筋を巻かないか疎に巻くと

帯筋を密に巻く

大地震時の軸力Nを帯筋内のコンクリートが保持

主筋の座屈

コンクリートのはらみ出し

主筋とコンクリートを締め付けて拘束

帯筋がせん断力Qに抵抗

Q 太くて短いRC造の柱は、主筋、帯筋のどちらを多く配する？ 構

A 帯筋

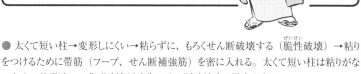

太い人 は 帯が多く 必要
太くて短い柱　帯筋を多く

● 太くて短い柱→変形しにくい→粘らずに、もろくせん断破壊する（脆性破壊）→粘りをつけるために帯筋（フープ、せん断補強筋）を密に入れる。太くて短い柱は粘りがないため、地震時に、曲げ破壊よりも先にせん断破壊する場合がある。

● 垂れ壁や腰壁の部分の柱は変形しにくいので、窓の部分の柱にだけ変形が集中する。結果的に短い柱と同じことになり、粘りがなく、もろく、脆性破壊しやすくなる。その部分の帯筋間隔を短くしたり、壁と柱の間にスリットを入れたりすることで、強い地震時にはそのスリットが壊れて、柱の窓の部分にのみ変形が集中するのを防ぐなどの対策が必要となる。

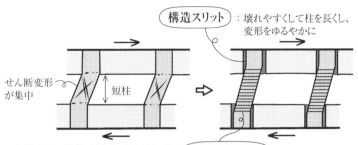

構造スリット：壊れやすくして柱を長くし、変形をゆるやかに

せん断変形が集中　短柱

短柱破壊：脆性破壊（一気に壊れる）

帯筋を多くする：せん断強度を上げる

● 柱は、圧縮力が大きくなると、変形能力が低下し、粘り（靭性）がなくなる。押さえ込まれると変形できずに、粘らずにすぐ壊れる。負担する軸方向圧縮力を小さくすることも、粘り強さを確保するうえで重要。【上司から圧迫されると人生が短くなる】

上から圧縮　　　　　　靭性　　　低下

Q 柱、梁の曲げ破壊とせん断破壊、どちらが先がよい? 構

A 曲げ破壊がせん断破壊より先がよい

文明開化の音がする

ちょんまげ ⟶ ざん切り頭
曲げ破壊　　　　せん断破壊

● せん断破壊は変形せずに一気に起きる。曲げ破壊はヒンジ化して大きく変形し、エネルギーをヒンジが吸収しながら壊れる。柱脚、梁端部がヒンジ化するように設計する。

曲げモーメントで降伏

靭性 粘り強さ ○

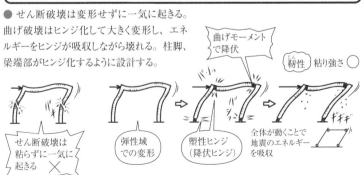

せん断破壊は粘らずに一気に起きる ✕

弾性域での変形

塑性ヒンジ（降伏ヒンジ）

全体が動くことで地震のエネルギーを吸収

Q 鉄筋コンクリート造の柱の小径は、その構造耐力上主要な支点間距離の1/（　）以上 [構]

A 1/15以上

RCの **重厚** な柱
15分の1以上

令77

● 軽量コンクリートでは1/10以上（RC規準）。

Q 鉄筋コンクリート造の梁せいは、支点間距離の1/（　）以上 [構]

A 1/10以上

遠い スパンを **架け渡す**
10分の1　　　　　　梁

建告

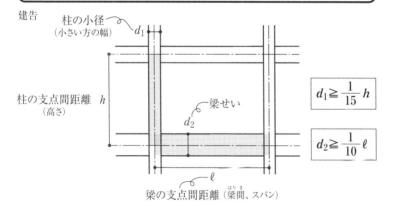

柱の小径（小さい方の幅）　d_1

柱の支点間距離　h（高さ）

梁せい　d_2

ℓ

梁の支点間距離（梁間、スパン）

$$d_1 \geqq \frac{1}{15}h$$

$$d_2 \geqq \frac{1}{10}\ell$$

Q 梁の引張り鉄筋比 P_t は（　　）％以上
[構]

A 0.4%以上

<u>**ピチピチした**</u>　<u>**おしり**</u>
P_t　　　　　　0.4%以上

$P_t \geq 0.4\%$ よ！

RC規準

● 引張り鉄筋比 P_t とは、梁の断面積に比べてどれくらい引張りの鉄筋があるかの比。分母にくるのは全体の断面積ではなく、<u>有効断面積</u>となるので注意。

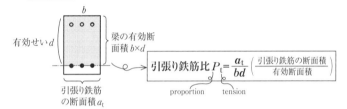

有効せい d

b

梁の有効断面積 $b \times d$

引張り鉄筋の断面積 a_t

$$\text{引張り鉄筋比 } P_t = \frac{a_t}{bd} \left(\frac{\text{引張り鉄筋の断面積}}{\text{有効断面積}} \right)$$

proportion　　tension

● 梁は曲げを受けると、圧縮側はコンクリートと鉄筋、引張り側は鉄筋だけで抵抗する。壊れるのは圧縮側のコンクリートか引張り側の鉄筋。鉄はコンクリートより約15倍も強いので、圧縮側の鉄筋が壊れることはない。<u>圧縮側コンクリートと引張り側鉄筋がほぼ同時に壊れるのが、材料として無駄がない。</u>その同時に壊れる点が、つり合い鉄筋比。

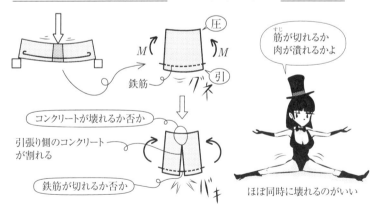

圧

M　　M

鉄筋　　グ ネ

引

筋が切れるか肉が潰れるかよ

コンクリートが壊れるか否か

引張り側のコンクリートが割れる

鉄筋が切れるか否か

バキ

ほぼ同時に壊れるのがいい

● <u>引張り鉄筋比 P_t をあまり大きくすると</u>、主筋の引張り側が多く、また太くなり、付着割裂破壊しやすくなる。そのため<u>塑性変形能力が低下</u>する。

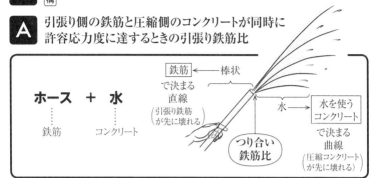

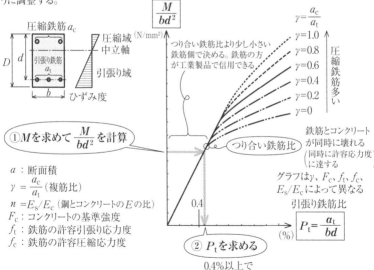

Q つり合い鉄筋比とは?
[構]

A 引張り側の鉄筋と圧縮側のコンクリートが同時に許容応力度に達するときの引張り鉄筋比

● 梁の鉄筋量を求めるグラフを、ここでまとめておく。形ごと覚えてしまおう。応力計算で梁各部の曲げ応力度を求め、断面形から $\dfrac{M}{bd^2}$ を出す。そして複筋比 γ、F_c、f_t、f_c、ヤング係数比 n などから P_t を求める。その際、0.4%≦ P_t ≦つり合い鉄筋比となるように調整する。

a：断面積
$\gamma = \dfrac{a_c}{a_t}$（複筋比）
$n = E_s/E_c$（鋼とコンクリートの E の比）
F_c：コンクリートの基準強度
f_t：鉄筋の許容引張り応力度
f_c：鉄筋の許容圧縮応力度

① M を求めて $\dfrac{M}{bd^2}$ を計算

② P_t を求める
0.4%以上で

グラフは γ、F_c、f_t、f_c、E_s/E_c によって異なる
引張り鉄筋比
$P_t = \dfrac{a_t}{bd}$

● 梁で複筋とは、引張り側だけでなく、圧縮側にも鉄筋を入れること。圧縮側と引張り側の鉄筋断面積の比が、複筋比 γ。

● P_t ≦つり合い鉄筋比とするのは、鉄筋は工業製品で強度の誤差が小さく、引張り鉄筋側で壊した方が圧縮コンクリート側で壊すよりも確実なため。

図のような梁の終局曲げモーメント M_u（降伏して塑性化するときの M）は？ 構

引張り側鉄筋の降伏点強度の合計が T

$P_t \leqq$ つり合い鉄筋比

A $T \times (0.9d)$

偶力（ぐうりょく）

$$(0.9d) \times 力$$

偶力の腕の長さ $j \fallingdotseq 0.9d$（略算式）

● 偶力とは、大きさが等しく向きは逆で、作用線のずれたペアの力のこと。

モーメント M

$M = F \times j$

同じ大きさで逆向きのずれた力はモーメント $F \times j$ を発生する

● 水道の蛇口をひねるときの力も偶力。偶力のモーメントの大きさは、どこに中心をとっても力×距離となる。

● 梁が塑性化するとき、$P_t \leqq$ つり合い鉄筋比の場合は、圧縮側コンクリートが壊れる前に、引張り側鉄筋の方が降伏する。

● 圧縮側は鉄筋とコンクリートが働き複雑だが、偶力では片方だけわかれば計算できるので、鉄筋側の応力で計算する。応力間距離は、有効せい d の 0.9 倍という略算式が使える。

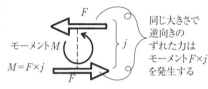

圧

M_u

引

鉄筋とコンクリート

$C_s + C_c$

$j \fallingdotseq 0.9d$（略算）

T

鉄筋だけ

$M_u = T \times j = T \times (0.9d)$

引張り鉄筋の総断面積×鉄筋の降伏強度

u ：ultimate 終局
C ：compression 圧縮
C_s ：steel 鉄筋の圧縮
C_c ：concrete コンクリートの圧縮
T ：tension 引張り
　　この場合は鉄筋のみ
j ：応力中心間距離

Q 9φまたはD10によるあばら筋間隔は
( )cm 以下、かつ梁せいの1/( )以下 [構]

A 25cm 以下、1/2 以下

（梁の上で）
あばらが出るほど日光浴! 体重半分に!
　25cm　　　　　　　　　$\frac{1}{2}$×梁せい以下
　以下

RC規準

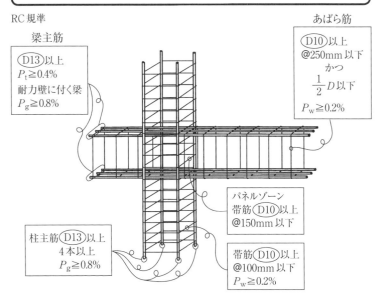

梁主筋

D13以上
$P_t \geqq 0.4\%$
耐力壁に付く梁
$P_g \geqq 0.8\%$

あばら筋

D10以上
@250mm 以下
かつ
$\frac{1}{2}D$ 以下

$P_w \geqq 0.2\%$

パネルゾーン
帯筋 D10以上
@150mm 以下

柱主筋 D13以上
4本以上
$P_g \geqq 0.8\%$

帯筋 D10以上
@100mm 以下
$P_w \geqq 0.2\%$

太さ、間隔、断面積に対する比は、スラスラ言えるようにしよう!

	主筋	せん断補強筋
柱	D13以上 4本以上 $P_g \geqq 0.8\%$	D10以上 @100mm 以下 $P_w \geqq 0.2\%$
梁	D13以上 $P_t \geqq 0.4\%$ ($P_g \geqq 0.8\%$)	D10以上 @250mm 以下 $P_w \geqq 0.2\%$

耐震壁に付く梁

P：proportion 比
t：tension 引張り
g：gross 総量
w：web 腹の部分

Q D10によるスラブ筋間隔
短辺方向 （　　）cm以下
長辺方向 （　　）cm以下、かつスラブ厚の3倍以下 　構

A 20cm以下、30cm以下

スラブの兄　さん、鬼　のような筋肉
　　　　20cm　30cm　0.2%以上　　　　　鉄筋

RC規準

● スラブの配筋は中央から所定の間隔で割り付け、端部はその1/2の間隔とする。

● スラブ筋比は、帯筋比、あばら筋比と同様に0.2%以上。ひび割れ対策のためには0.3%以上が望ましい。0.2%以上は帯筋、あばら筋と同じ。

短い方がつらいのよ！

∴短辺方向の方が密に鉄筋を入れる

Q RC造のスラブ厚さは短辺方向における有効スパンの長さの
1/（　　）以上、かつ（　　）cm以上 　構

A 1/40以上、8cm以上

スラブ人の胸の厚さは始終　　ハチ　切れんばかり
　　　　　　　　　　　　1/40以上　8cm以上

令77の2

● 通常RC造のスラブ厚さは15cm（薄くても12cm）としている。

● 片持ちスラブでは1/10以上（RC規準）。

Q RC造耐力壁の配筋でD10を使う場合、シングル配筋、ダブル配筋それぞれの間隔は（　）cm以下、千鳥配筋で（　）cm以下 構

A 30cm以下、45cm以下

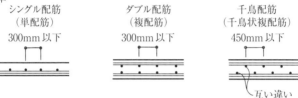

振動にさおを立てる耐力壁　横にずらした千鳥配筋
30cm以下　　45cm以下

RC規準

シングル配筋（単配筋）　ダブル配筋（複配筋）　千鳥配筋（千鳥状複配筋）
300mm以下　　300mm以下　　450mm以下

互い違い

● 壁式RCの耐力壁も、300mm以下、450mm以下は同じ。
● 千鳥配筋の場合は、片面の壁筋は450mm間隔。
● 耐震壁の開口補強筋は径12mm以上。

Q 厚さが（　）cm以上の耐力壁は壁筋をダブル配筋（複配筋）とする 構

A 20cm以上

ダブル配筋＝2重配筋
20cm

RC規準

● 耐震補強のために耐震壁を増設する場合、梁下約20cmを残してコンクリートを打つ。十分強度が出てから、膨張性のグラウトモルタルを埋める（グラウティングする）。コンクリート打込み直後にグラウティングしてはならない。また、耐震壁と既存部との取合い部分には、コンクリートが切り裂かれないように割裂補強筋を入れる。

RC造の耐力壁の壁筋比（せん断補強筋比）は、直交する各方向に対し（　　）%以上 構

 0.25%以上

> ## 壁を使って 鬼ごっこ
> 0.25%以上

RC規準

せん断補強筋比 $= \dfrac{a_t}{x \times t} \times 100$ （%）

x：鉄筋間隔
t：壁厚
a_t：$x \times t$の面積内の鉄筋の断面積

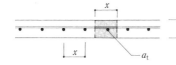

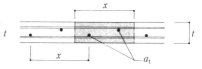

● 柱、梁の太い主筋は 0.8%以上、それに巻き付く細い帯筋、あばら筋は 0.2%以上。細くても地震に耐える耐力壁の鉄筋は少し大きくて 0.25%以上。梁の引張り鉄筋比 P_t は、主筋の 0.8%以上の半分で 0.4%以上。

鉄筋量における重要数値

柱の主筋量	0.8%以上	おっぱい好き	太い
梁の主筋量（耐力壁の四周）	0.8%以上		
引張り鉄筋比 P_t	0.4%以上	ピチピチしたおしり	
帯筋比（せん断補強筋比）	0.2%以上	帯を手に入れる	細い
あばら筋比（せん断補強筋比）	0.2%以上		
スラブの鉄筋量	0.2%以上	スラブの兄さん、鬼のような筋肉	
耐力壁の壁筋比（せん断補強筋比）	0.25%以上	壁を使って鬼ごっこ	

Q 構　RC造耐力壁の開口周比 r_0 は（　　）以下

A 0.4以下

おしり の 穴
0.4　　　　開口周比 r_0
以下

平19国住指

● 耐力壁に大きな開口をあけると、地震時にすぐに壊れてしまって、耐震の用をなさない。ラーメン全体の面積に対する開口の面積の比にルートをかけたものが<u>開口周比 r_0</u>。耐力壁の条件は $r_0 \leqq 0.4$。開口周囲には<u>D13</u>を入れて補強する。

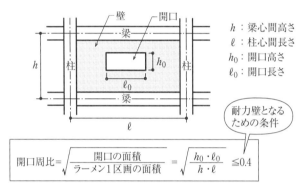

h ：梁心間高さ
ℓ ：柱心間長さ
h_0 ：開口高さ
ℓ_0 ：開口長さ

壁　開口
梁
柱　　柱
梁

耐力壁となる
ための条件

$$開口周比 = \sqrt{\frac{開口の面積}{ラーメン1区画の面積}} = \sqrt{\frac{h_0 \cdot \ell_0}{h \cdot \ell}} \leqq 0.4$$

● 開口がある耐力壁で、開口周比≦0.4の場合は剛性、耐力を減らした耐力壁とする。開口周比＞0.4の場合は非耐力壁として計算に入れない。

Q 構　RC造の耐力壁の厚さは壁の内法高さの1/（　　）以上、かつ（　　）cm以上

A 1/30以上、12cm以上

体力のある 30まで 自由に生きよう
耐力壁　　1/30以上　12cm以上

RC規準

Q RC造の梁に設ける設備用の貫通孔（スリーブ）の径は通常、梁せいの1/（　　）以下とする　構

A 1/3以下

凄　惨　な　姦通罪
梁せい 1/3以下　貫通孔

● スリーブ（sleeve）は袖（そで）が原義で、袖に腕を通すように、配管を通す孔。大きすぎると梁が壊れる。RC造ではスリーブの周囲を鉄筋で補強し、S造では鋼板（プレート）で補強する。

Q 壁式RC造の軒高は（　　）m以下　構

A 20m以下

軒高 → 車干 軒 → 20m
　　　　　　　　　軒の字の形から二十を連想

壁規準
● <u>地上階数は5以下</u>。古い公営団地を見ると、壁式RC造5階建てが多い。

Q 壁式RC造の階高は（　　）m以下　構

A 3.5m以下

階高 →  → 3.5m
　　　　　　　　　階の字の形から3.5を連想

壁規準
● 層間変形角、保有水平耐力の計算でOKならば、<u>3.5mを超えても可</u>（頻出、平13国交告）。

Q 壁式RC造におけるコンクリートの設計基準強度 F_c は
（　　）N/mm²以上　[構]

A 18N/mm²以上

岩 の 壁
18N/mm²以上　壁構造

壁規準

● 地上階数 ………… 5以下
軒高 ……………… 20m以下
階高 ……………… 3.5m以下
設計基準強度 F_c … 18N/mm²以上

Q 壁式RC造の耐力壁の実長は（　　）cm以上
[構]

A 45cm以上

壁 の 横 の 長さ
45cm以上

壁規準

● かつ同一の実長を有する部分の高さの30%以上。

Q 壁式RC造の壁梁のせいは（　　）cm以上
[構]

A 45cm以上

壁梁のせいは耐力壁の必要長さと同じ（横の長さ）
45cm以上

壁規準、平17国交告

● 壁梁の幅は、それに接する耐力壁の厚さ以上、主筋はD13以上。

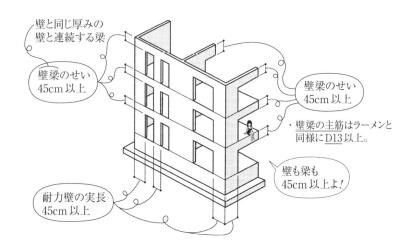

壁と同じ厚みの
壁と連続する梁

壁梁のせい
45cm以上

壁梁のせい
45cm以上

・壁梁の主筋はラーメンと
同様にD13以上。

壁も梁も
45cm以上よ*!*

耐力壁の実長
45cm以上

Q 壁式RC造の耐力壁の実長ℓは、45cm以上かつ（　　）h以上
（h：同一の実長を有する部分の高さ）　構

A 0.3h以上

$$\frac{高\quad さ}{h \times 0.3}$$

壁規準

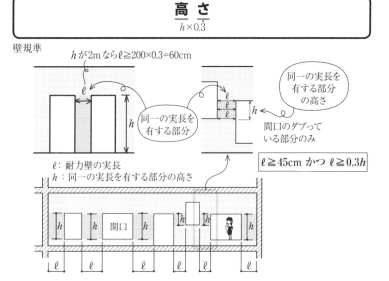

hが2mならℓ≧200×0.3=60cm

同一の実長を
有する部分
の高さ

間口のダブって
いる部分のみ

同一の実長を
有する部分

ℓ：耐力壁の実長
h：同一の実長を有する部分の高さ

ℓ≧45cm かつ ℓ≧0.3h

開口

Q 壁式RC造の耐力壁において、開口部として考慮しなくてもよい条件は、$\ell_0 + h_0 \leqq ($ $)$cm $(\ell_0:$開口の幅 $h_0:$開口の高さ$)$

A 80cm

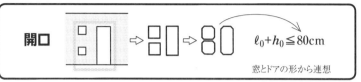

開口 $\Rightarrow$ $\Rightarrow$ 80 $\ell_0 + h_0 \leqq 80$cm

窓とドアの形から連想

壁規準

● $\ell_0 + h_0 \leqq 80$cm 以外に、両側の壁の幅$\geqq 20$cm、$0.5 \leqq \ell_0/h_0 \leqq 2.0$、$\ell_0 \leqq$両側の壁の幅という条件が付く。

Q 壁式RC造の耐力壁において、梁間方向、桁行方向の最小壁量は? 構

A 最上階から数えて3階分までは12cm/m²、下の残りの階は15cm/m²、地下は20cm/m²

イチ、ニ　の　サン　　　地下は2重壁

12cm/m²　　上から3階分まで　　（防水上）　20cm/m²

壁規準

● 壁式RC造の壁量、厚さ、せん断補強筋比は、階によって数値が変わるので、覚えるのが大変だ。本書ではさまざまな記憶術を提示してみた。
● 木造の壁量と同じで、梁間方向（短手方向）、桁行方向（長手方向）で、床面積1m²当たり何cm必要かが決められている。上から3階分までは12cm/m²、地下は20cm/m²をまず覚える。

耐力壁の壁量の最小値（cm/m²）

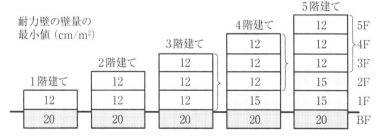

	1階建て	2階建て	3階建て	4階建て	5階建て	
					12	5F
				12	12	4F
			12	12	12	3F
		12	12	12	15	2F
	12	12	12	15	15	1F
	20	20	20	20	20	BF

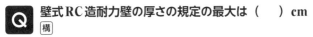

Q 壁式 RC 造耐力壁の厚さの規定の最大は（　　）cm
構

A 18cm

$$\underset{\text{18cm}}{\underline{岩\ の\ ぶ}}\ \underset{\text{厚さ}}{\underline{厚い}}\ 壁$$

壁規準

● 最上階以外はほとんど、18cm 以上かつ $h/22$ 以上。実務では 18cm + 増打ち 2cm などとすればよいが、試験ではすべて覚える必要あり。まずは 18cm から覚える。

Q 壁式 RC 造の耐力壁における壁厚の規定は?
構

A 以下の図のようになる

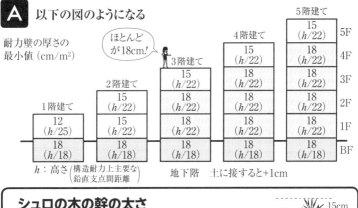

耐力壁の厚さの最小値（cm/m²）

ほとんどが 18cm！

h：高さ $\left(\begin{array}{c}\text{構造耐力上主要な}\\\text{鉛直支点間距離}\end{array}\right)$　　地下階　土に接すると +1cm

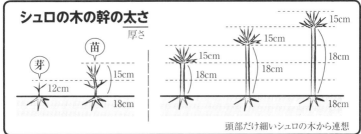

頭部だけ細いシュロの木から連想

壁規準

● 覚えるのが大変なのは壁量、壁厚のほかにせん断補強筋比がある。

Q 壁式RC造耐力壁において、せん断補強筋比の規定の最大は?
[構]

A 0.25%

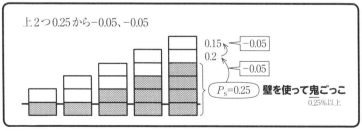

壁を使って 鬼ごっこ

0.25%　　　　　　ラーメンの耐力壁と同じ語呂

壁規準

● 縦筋、横筋の両方が0.25%以上必要。最上階は0.15%以上、その下は、0.2%以上と0.05%ずつ増え、0.25%以上が最大となる。

Q 壁式RC造耐力壁のせん断補強筋比は?
[構]

A 最上階は0.15%以上、その下は0.2%以上、最大は0.25%以上

耐力壁のせん断補強筋比 P_s の最小値

	5階建て	
	0.15	5F

4階建て		
0.15	0.2	4F

3階建て		
0.15	0.2	0.25	3F

2階建て

0.15	0.2	0.25	0.25	2F

1階建て

0.2	0.25	0.25	0.25	1F

0.25	0.25	0.25	0.25	0.25	BF

（壁量が規定値より大きい場合、P_s を低減できる　$P_s = P_s$ の規定値 × $\dfrac{\text{壁量の規定値}}{\text{設計壁量}}$）

上2つ0.25から−0.05、−0.05

0.15 ← −0.05
0.2 ← −0.05
$P_s = 0.25$ **壁を使って鬼ごっこ**
0.25%以上

壁規準

Q プレストレスト、プレテンション、ポストテンションとは?
構

A プレストレスト：建物の重さがかかる前に（pre）、応力（stress）
　　　　　　　　が与えられること
　　プレテンション：コンクリートが固まる前に（pre）、引張り（tension）
　　　　　　　　　がかけられること
　　ポストテンション：コンクリートが固まった後に（post）、引張り
　　　　　　　　　（tension）がかけられること

とんてんしゃん♪　　三味線の弦
　　　　　　tension　　　　　　　　　引張り

● ややこしいが、stressが応力でtensionが引張りを覚えておけば、区別できる。応力（ストレス stress）には引張り（tension）、圧縮（compression）、曲げ（bending）、せん断（shearing）がある。事前に（pre）、事後に（post）は建築でよく使われる。プレキャスト（precast）は事前に（pre）型に鋳込んで（cast）つくられた、コンクリートの板でPCaと略される。一方プレストレストコンクリートはPCと略される。

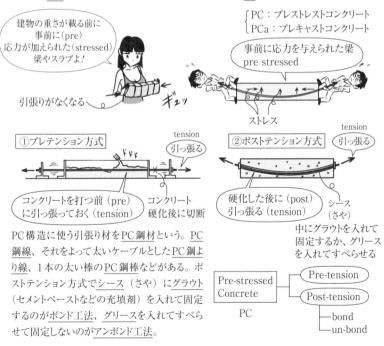

建物の重さが載る前に
事前に（pre）
応力が加えられた（stressed）
梁やスラブよ!

引張りがなくなる

ギュッ

{ PC：プレストレストコンクリート
{ PCa：プレキャストコンクリート

事前に応力を与えられた梁
pre stressed

ストレス

①プレテンション方式

tension
引っ張る

コンクリートを打つ前（pre）
に引っ張っておく（tension）

コンクリート
硬化後に切断

②ポストテンション方式

tension
引っ張る

硬化した後に（post）
引っ張る（tension）

シース
（さや）

PC構造に使う引張り材をPC鋼材という。PC鋼線、それをよって太いケーブルとしたPC鋼より線、1本の太い棒のPC鋼棒などがある。ポストテンション方式でシース（さや）にグラウト（セメントペーストなどの充填剤）を入れて固定するのがボンド工法、グリースを入れてすべらせて固定しないのがアンボンド工法。

中にグラウトを入れて
固定するか、グリース
を入れてすべらせる

Pre-stressed
Concrete
PC
├ Pre-tension
└ Post-tension
　├ bond
　└ un-bond

Q プレストレストコンクリート（PC）構造において、長期応力による
ひび割れを許容して制御するのは（　　）種？ 構

A Ⅲ種

> # ひび を 見 す ごす
> Ⅲ 種

PC 規準

● Ⅰ種、Ⅱ種はひび割れを許容していない。

● PC 梁は PC 鋼材の弾性により、RC 梁に比べて、残留変形が残りにくい。

● PC 合成梁は、圧縮側を RC、引張り側を PC と
して、両者を一体化させたもの。

● プレストレストコンクリート（PC）構造は、RC と
比べて長スパンに適す。

RC（　　　　圧縮
　PC（　　　引張り
PC 合成梁

Q プレストレス導入時のコンクリート圧縮強度は？
構 施

A プレテンション：30N/mm² かつ導入応力の 1.7 倍以上
ポストテンション：20N/mm² かつ導入応力の 1.7 倍以上

> # 20代 、30代の テンションは いーな！
> 20N/mm²　30N/mm²　　　　　　　　　1.7倍

PC 規準

● プレテンションではまだ固まっていない段階で引っ張ってコンクリートと一体化させるの
で、引っ張るときにはコンクリートに強度が必要。ポストテンションはコンクリートが固まって
からシースの中で引っ張るので、プレテンションよりもコンクリートの強度は低くて OK。

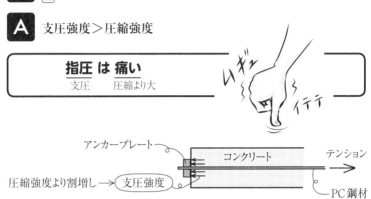

Q コンクリートの支圧強度と圧縮強度の大小は？
構

A 支圧強度＞圧縮強度

指圧 は 痛い
支圧　　圧縮より大

いぢぐ
イテテ

アンカープレート ── コンクリート ── テンション
圧縮強度より割増し → 支圧強度
PC鋼材

● 面全体を押す圧縮強度に比べ、一部分だけ押す支圧強度は周囲から拘束される分壊れにくく、割り増すことができる。PC鋼材を支えるアンカープレートの押す力に抵抗するのは、支圧強度である。鉄骨の柱を支えるコンクリートの基礎も、基礎の方がベースプレートより大きい場合は、支圧力で支えていることになる。

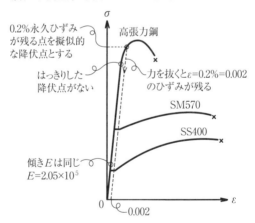

0.2%永久ひずみが残る点を擬似的な降伏点とする
はっきりした降伏点がない
力を抜くとε=0.2%=0.002のひずみが残る
高張力鋼
SM570
SS400
傾きEは同じ
$E=2.05\times10^5$
0
0.002
σ
ε

● PC鋼材に使う高張力鋼には、はっきりとした降伏点がない。そこで力を除いてもひずみが0.2%残る、0.2%永久ひずみの点を、擬似的な降伏点とする。
● RCの大スパンの部分では、梁だけPC梁を使うことがある。

Q プレキャストコンクリートPCaの鉄筋、接合金物の設計かぶり
厚さは、最小かぶり厚さ＋（　　）mm 構 施

A +5mm

プラ ゴ ミ と 金物 を 捨てる
　＋　5　mm　　　　　　　　cast

JASS10

● 最小かぶり厚さは、スラブ2cm以上、
柱、梁、耐力壁3cm以上とRCと同じ。

【兄 さん　しぶってかぶりを振る】
　2　3cm以上

● 設計かぶり厚さは、RCでは最小かぶり厚さ+10mm、プレキャストコンクリートでは最小かぶり厚さ+5mm。プレキャストの方が小さいのは、工場生産品で、施工誤差が小さいから。

● castは投げる、捨てるが原義。型に投げ入れるから、型に鋳込むなどの意味になる。cast ironは型に入れてつくる鉄、鋳鉄。

Q プレキャストPCa部材の仮置きにおける平置き積み重ね数は、
床材は（　　）枚以下、柱材は（　　）段以下 施

A 6枚以下、2段以下

　　　　　　　　　　　フリーター
（積み重なった）**浪 人 を 捨てて おく**
　　　　　　　　6枚　2段　　cast
　　　　　　　　以下　以下

JASS10

● 平積みとする場合の台木は2本。3本にすると端が沈んだ場合、亀裂が入るおそれあり。

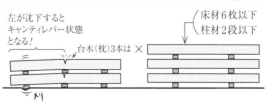

左が沈下すると
キャンティレバー状態
となる！

台木（枕）3本は ×

床材6枚以下
柱材2段以下

Q プレキャストコンクリートPCa部材の組立て精度は
±（　　）mm以下 施

A ±5mm 以下

> ## プラ ゴ ミ と 金物を 捨てる 制度
> ± 　 5 mm 　　　　　　 cast 　 精度

JASS10

● 組立て後、全数を検査する。

Q プレキャストコンクリートPCaの加熱養生において、加熱前
の前養生時間を（　　）時間、養生温度の上昇勾配を（　　）～
（　　）℃/hとする 施

A 3時間、10〜20℃/h

> 高校
> 3年間　　10代
> ## 熱くて 短い 青春 の 登り坂
> 加熱養生 3時間 10台 　　　　 温度勾配
> 　　　　　　 ℃/h
>
> 坂の上
> の雲
>
> 温度勾配

JASS10

● 温度を急上昇させると、温度低下やクラックの発生をまねく。

● 強度確認の供試体は、標準養生は不可。製造過程と同様の加熱湿潤養生（p.64）。

● PCaの脱型強度は、平らなベッドで12N/mm²程度、傾けたベッドで8〜10N/mm²
程度。 【ベッド1つに2人はハート】
　　　　　　　　　　 1 　　 2 　　 8〜10N/mm²

2 S造 鋼材・高力ボルト・溶接ほか

Q 鋼は炭素量が多いと、粘り強さ（靭性_{じんせい}）は（　）、溶接性は
（　）　構 施

A 小さい、低い

短足！　もう 伸びない　つなげない
炭素多　　　延性、粘性ない　　溶接性ない

● 炭素量　多 →
　　　強度　　大
　　　降伏点　大
　　　粘り（靭性）小
　　　溶接性　小

● 硫黄、リンも同様に、多いと粘り強さと溶接性は小さくなる。

Q シャルピー吸収エネルギーが大きいと粘り強さ（靭性）は
（　）　構

A 大きい

オシャレ な 娘に 粘り強くアタック
シャルピー大　　　　　靭性大

● ハンマーを振り下ろし試験片を割り、その後に振り上がる角度から吸収エネルギーを測るのがシャルピー衝撃試験。吸収エネルギー（シャルピー吸収エネルギー）が大きい方が、粘り強く、靭性、延性に富むことになる。衝撃後の振れ角が小さいほど、吸収エネルギーが大きく、粘り強いとわかる。

シャルピー衝撃試験

（小）運動エネルギーが破壊で吸収されると、運動エネルギーが少なくなり、振れ角が小さくなる

ハンマー

シャルピー吸収エネルギーを測る

ノッチ（切れ込み）　　粘りながら割れる（靭性に富む）

Q 絞り値が大きいと、粘り強さ（靭性）は（　　）
[構]

A 大きい

オシャレ で くびれのある 娘に 粘り強くアタック
シャルピー大　　　絞り値大　　　　　　靭性大

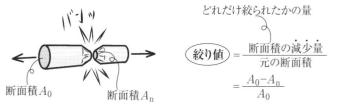

どれだけ絞られたかの量

$$絞り値 = \dfrac{断面積の減少量}{元の断面積}$$

$$= \dfrac{A_0 - A_n}{A_0}$$

断面積 A_0　　　断面積 A_n

● 絞り値は、引張り試験で断面が元の断面積に比べてどれだけ絞られたかの割合。絞り値が大きいとは、それだけ変形しやすく、粘り強いということ。

● 硫黄（S）が多いほど粘りがなくなり、シャルピー吸収エネルギー、絞り値は小さくなる。

Q 熱を帯びた鋼を急冷（焼入れ）すると、強度、硬さ、耐摩耗性、粘り強さ（靭性）はどうなる？　[構][施]

A 強度、硬さ、耐摩耗性は向上し、粘り強さ（靭性）は低下する

焼きを入れられ 心がもろく砕ける
焼入れ　　　　　　　　靭性低下
（急冷）　　　　　　　（脆性破壊しやすい）

● オレンジ色に焼いた鋼を水や油にジュッと入れて急冷するのが焼入れ。強さ、硬さ、耐摩耗性は向上するが、伸びにくく、粘りがなくなり、もろくなる（脆性）。粘りを得るために再度焼くことを焼戻しといい、焼入れ、焼戻しを繰り返して硬く粘りのあるものにすることを調質という。焼いた後に徐々に冷やすことを焼きなましといい、軟らかくなる。鉄筋の組立てに使う細い番線（なまし鉄線）は、焼きなましてつくったもの。

鋼の強度は（　　）℃付近で最大となる
構 施

 300℃

> # 山　頂
> 300℃

一旦上がってから下がるのよ！

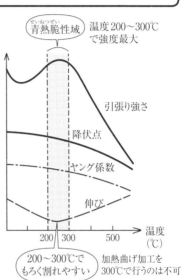

青熱脆性域（せいねつぜい）　温度200〜300℃で強度最大

引張り強さ

降伏点

ヤング係数

伸び

温度（℃）

200　300　　500

200〜300℃でもろく割れやすい

加熱曲げ加工を300℃で行うのは不可

● 鋼の強度は、200〜300℃で一旦上がるが、それ以降は低下する。200〜300℃は青熱脆性域と呼ばれ、強度は高いが粘りがなくなる。加熱曲げ加工ではそこを避け、850〜900℃の赤熱状態で行う。

● 鋼は500℃で強度が半分程度になるので、構造では耐火被覆が必要となる。

 温度を上げると鋼のヤング係数、降伏点はどうなる?
構 施

 下がる

> # 熱が出る　と　元気も幸福度も下がる
> 温度 大　　　ヤング係数、降伏点 小

● ヤング係数と降伏点は、右肩下がりのグラフ。

● SN400をSN490にしても、ヤング係数は同じ2.05×10^5　【鋼】
5乗

Q 鋼の硬さの指標に（　　）硬さがある
構 施

A ビッカース硬さ

> # 美化すべき! と硬い 意見
> ビッカース

● ビッカース硬さとは、ピラミッド形のダイヤモンドを押し付け、そのくぼみの大きさから測った硬さの指標。ほかにロックウェル硬さ、ブリネル硬さなどがある。

● 鋼材の強度と硬さには相関関係があり、硬さから強度を計算できる。

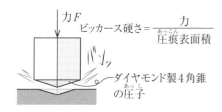

力 F

$$ビッカース硬さ = \frac{力}{圧痕表面積}$$

ダイヤモンド製4角錐の圧子

● 強度は壊れるときの最大の応力度で、壊れにくさの指標。硬さは傷付きにくさ、へこみにくさの指標。傷、へこみの段階では、まだ壊れていない。

 Q SNとは?
構 施

A 建築構造用圧延鋼材

> # 新　建　築
> SN　建築構造用

● 圧延とは、溶けた鉄をロールの中に圧して延ばし、板、棒、H形鋼などをつくること。

┌─ SN **建築構造用圧延鋼材** SS材、SM材を建築用に改良した新規格
│　Steel New

├─ SS **一般構造用圧延鋼材**
│　Steel Structure

└─ SM **溶接構造用圧延鋼材** Marineは海の、船という意味で、造船用に開発された
　　Steel Marine　　　　　　溶接しやすい鋼。**【SMプレーはローソクを溶かす】**

ホンコンピークに建つ予定だった
ザハ・ハディドの建物（1983）

Q SN400の400とは?
[構] [施]

A 引張り強度の下限値が400N/mm²

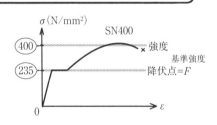

山 上 の 新 建築
（最大）強度　　　　SN

● 強度とは最大の応力度。$\sigma - \varepsilon$ グラフの頂点、山頂の位置。鋼は引張りも圧縮も、$\sigma - \varepsilon$グラフは同じ。試験を引張りで行うのは、圧縮だと試験片が座屈する（折れ曲がる）から。SN400の400とは、その強度が400N/mm²以上ということ。破断が少し下がった点となるのは、材が絞られて（くびれて）、見かけの力が下がるため。断面積当たりの力は下がっていない。

● 下限値が付くのは、メーカーが製造誤差を含めて、その強度を保証しているということ。

Q SN400の降伏点は?
[構] [施]

A 235N/mm²以上

トラック1周、兄さんGO*!*
400N/mm²以上　　235N/mm²以上

● 塑性化する点が降伏点。

● 基準強度Fは、降伏点か引張り強度の70%のうちの小さい方。SN400の降伏点は235N/mm²、強度の70％は280N/mm²なので、Fは235N/mm²。普通Fは降伏点。板厚が40mmを超えるとFは215N/mm²となる。

Q 同じSN400で、厚さ40mm以下と40mmを超える材では、どちらが降伏点が大きい? [構] [施]

A 40mm以下（薄い方）

薄いほど押されて高密化　⇨　降伏点　大

● 強度はどちらも400N/mm²で同じで、降伏点は薄い方が大きい。

σ(N/mm²)　SN400
(400) ×強度
基準強度
(235)　降伏点＝F
0　　　　　ε

Q SN材のB種は何に優れる？
　　構 施

A 塑性変形能力（粘り強さ）と溶接性

> ## ボインは 柔らかくて とろけるよう
> 　　　　B種　　　変形能力○　　　溶接性○

● 変形能力、溶接性に優れるので、B種はラーメンの柱梁に使われる。
● A種は溶接に不適。弾性範囲の小梁に使われる。
● SN400A、SN400B、SN400Cと、強度の後にA、B、Cを付ける。

Q SN材のC種は何に優れて、どこに使われる？
　　構 施

A 板厚方向の引張りで割れにくく、ダイアフラムに使われる

指輪 ⟶ C種 → **ダイヤ**
　　　　　　　　　ダイアフラム

● 圧延方向に不純物が引き延ばされるため、圧延材は板厚方向の引張りで割れやすい。その弱点を補ったのがSN材のC種。柱梁接合部のダイアフラムには、板厚方向に引張りがかかるので、C種が適する。

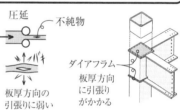

圧延　　　不純物

ダイアフラム
板厚方向
に引張り
がかかる

板厚方向の
引張りに弱い

Q SN材のA種、B種、C種のうち、シャルピー吸収エネルギーの規定値がないのは？　構 施

A A種

> ## オシャレ 不要！　A級の娘
> 　　シャルピー不要　　A種

● シャルピー吸収エネルギーが大きいと、粘り強い。
A種は粘りのない鋼種のため、シャルピー吸収エネルギーの規定値がない。B、C種は粘りが必要なため、規定値がある。

【オシャレな娘に粘り強くアタック】
シャルピー 大　　靭性 大

SN材のA種、B種、C種のうち、降伏点の上限値を規定されていないのは? 構 施

A A種

A級の娘には　粘っても無駄!
A種　　　　　　　粘らない→降伏点が高くてもよい

● 粘り強く（靭性）するためには、降伏点を超えてから最大強度までが大きい方がよい。すなわち降伏比（降伏点／強度）は小さい方がよい。降伏点が高くなると、塑性域での余裕が小さくなり、靭性が低下する。A種は粘らない材として、降伏点の上限は規定されていない。B種、C種は355N/mm²以下などと規定されている。

【人生の幸福は細長く小さく】
降伏比

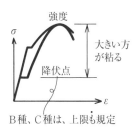

B種、C種は、上限も規定

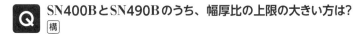 **SN400BとSN490Bのうち、幅厚比の上限の大きい方は?** 構

A SN400B

低い山　は　平べったい
最大強度 小　　　幅厚比 大

● 幅厚比は、その順に幅÷厚（幅／厚）。小さい方がぶ厚く、局部座屈しにくく、降伏点（基準強度）に達して押しつぶされるまで粘る可能性が高い。
● 強度の大きい鋼材には大きい応力をかけるので、幅厚比は小さくする。SN400Bの方がSN490Bよりも応力は小さめに設計するので、幅厚比は大きくても可能となる（頻出）。SN400BとSN490Bはヤング係数Eが同じなので、同じ断面なら弾性範囲でのたわみは同じ。

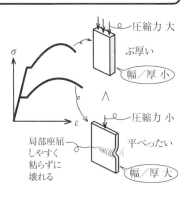

Q 板要素の幅厚比が制限値を超えた部分はどうする? 構

A 無効（ないもの）として断面を検討する

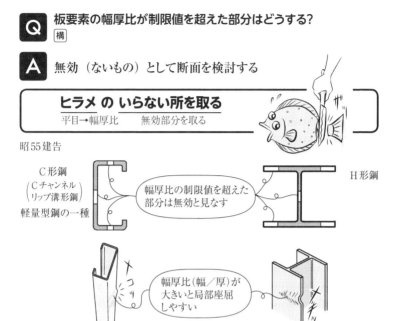

ヒラメ の いらない所を取る
平目→幅厚比　　無効部分を取る

昭55建告

C形鋼
（Cチャンネル
リップ溝形鋼）
軽量型鋼の一種

幅厚比の制限値を超えた
部分は無効と見なす

H形鋼

幅厚比（幅／厚）が
大きいと局部座屈
しやすい

Q 山形鋼（アングル）、溝形鋼（チャンネル）を筋かいとして、片側をガセットプレートに高力ボルト接合する場合、有効断面積は? 構

A 突出脚の無効部分を引いて有効断面積とする

ヒールの高さを引いて、脚の有効長さを出す
無効部分を引く

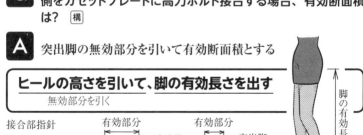

接合部指針
● 高力ボルト本数
が多いほど有効部
分は大きくできる。
●山形鋼（アング
ル）、溝形鋼（チャ

有効部分
突出脚
無効部分

山形鋼（アングル）

有効部分
突出脚
無効部分

溝形鋼

脚の有効長さ

突出した脚

ンネル）を用いた筋かい（ブレース）をガセットプレートに高力ボルト摩擦接合する場合、筋かいの有効断面積は材の断面積から無効部分とボルト孔部分を除いた値とする。

Q 梁としてSN400B、SN490Bを使う場合、横補剛が多く必要なのは？ 構

A SN490B（強度の大きい方）

山が高いと 横から支えないと崩れる
強度 大　　　　横補剛多く（強く）

● 梁に使うH形鋼は、縦の曲げには強いが、横の曲げには弱い。そのため横座屈しやすい。それを防ぐために、横補剛材というつっかい棒を入れる。

横補剛が多くいるのか

● 強度が大きい鋼材を使う場合、応力も大きく設計する。そのため横補剛材にかかる横力も大きくなり、横補剛材も多く必要となる。

● 横補剛材の間隔などにより、許容曲げ応力度を低く、厳しくする。箱形断面材は横座屈しないのでその必要はない。

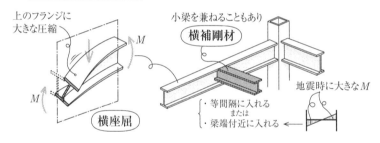

上のフランジに大きな圧縮

M

M

横座屈

小梁を兼ねることもあり

横補剛材

地震時に大きなM

・等間隔に入れる
または
・梁端付近に入れる ←

Q 圧縮材の中間に横補剛材を付ける場合、圧縮力の（　　）%以上の集中横力が横補剛材にかかる 構

A 2%以上

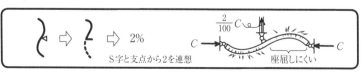

$\frac{2}{100}C$

2%

S字と支点から2を連想

C　　　座屈しにくい　　C

● 梁の横補剛材にも、圧縮力の2%以上がかかるとして計算する。変形も一定以下にするため、横補剛材には強度とともに剛性（変形しにくさ）も必要。

Q 建築構造用高性能鋼材 **SA440** の基準強度 F（降伏点または耐力）、最大強度は？ 構 施

A 440N/mm²、590N/mm²

A 級で 高級 な ス ティール
590N/mm²　S

● SA（Steel Alloy、alloyは合金）はリン（P）、イオウ（S）の不純物をできるだけ少なくし、バナジウムなどを少量添加し、さらに溶接性を重視した建築構造用高性能鋼材。従来の590N/mm²級鋼材では降伏比が0.85以上と高くなっていたものが、SAでは0.8と低く抑えられ、塑性変形能力に優れ、粘り強い。またSNは板厚が40mmを超えると F は小さくなるが、SAは厚くなっても一定。

Q **TMCP鋼**の特長は？ 構 施

A 粘り強く、溶接性に優れる

トム 失 敗 しても粘り強く、人に優しく接する
T M C P　　　　　　　　　　　　　溶接性に優れる

● TMCPはThermo Mechanical Control Process の略で、熱加工制御という製造法による鋼。SA同様に降伏比が0.8以下と小さく、塑性変形能力に優れ、粘り強い。また板厚が40mmを超えても F は一定。溶接性も良い。

Q 構造用低降伏点鋼 **LY225、LY100** の特長は？ 構 施

A 降伏点が低い、塑性変形性能、伸び性能に優れる

低い　　降伏点
Low　Yield

● 降伏点が225N/mm²、100N/mm²と低く、最大強度までの余裕があり（降伏比が0.8、0.6と小さい）、破断まで大きく変形してエネルギーを吸収する。そのためダンパーに適する。
● ダンパー（damper）とは、地震のエネルギーを吸収し、力を鈍らせる（damp）制震装置。ダクトに付ける、熱で自動的に閉まる防火ダンパーとは別のもの。
● SA440、TMCP325、LY100の数字は最大強度ではなく降伏点。降伏比が小さく、粘

り強さを表すため。

 Q 構 施

BCRとは?

 A 建築構造用冷間ロール成形鋼管

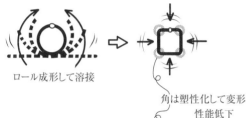

> ## ビッ クリ 整形
> B　C R　成形鋼管

BCR
Box Column Roll
建築構造用冷間
ロール成形角形鋼管

ロール成形して溶接

角は塑性化して変形
性能低下

BCP
Box Column Press
建築構造用冷間
プレス成形角形鋼管

プレス成形して溶接

● BCR、BCPはSN規格に準拠した鋼管。

 Q 構 施

BCR295の295とは?

A 降伏点が295N/mm²

> ## ビックリ 整形 で 幸福をつかむ!
> B C R　成形鋼管　降伏点

● 正確には降伏点または耐力の下限値。耐力とは擬似的降伏点。降伏点がはっきりしない場合、一定のひずみが残る点を塑性の始まりとしたもの。BCRは曲げられた部分が塑性化している。鉄筋のSD、SRの後ろにくる数字も、降伏点を意味する。

【ドクター（ D R ）の幸福は強い!】(p.90)
　　　　　SD SR　　　降伏点

Q S10T、F10Tとは?
構 施

A 引張り強さが10t/cm²以上あるトルシア形高力ボルト、高力六角ボルト（JIS形高力ボルト）

> # 10T→10トン　SF映画はラストを引っ張る
> 引張り強さ

● Tはtensionだが、トンと連想しよう。

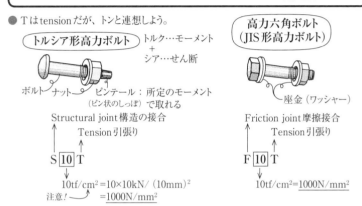

トルシア形高力ボルト
トルク…モーメント
＋
シア…せん断

ボルト　ナット　ピンテール：所定のモーメント
（ピン状のしっぽ）で取れる

Structural joint構造の接合

Tension引張り

S [10] T

10tf/cm²=10×10kN/（10mm)²
注意! =1000N/mm²

高力六角ボルト
（JIS形高力ボルト）

座金（ワッシャー）

Friction joint摩擦接合

Tension引張り

F [10] T

10tf/cm²=1000N/mm²

● 高力ボルトは強い引張り力（High Tension：HT）で鋼材同士を引き付け、その両面に生じる摩擦力で接合する。ハイテンションボルト（ハイテンボルト、HTB）とも呼ばれる。鋼材がずれてボルト軸に当たり、鋼材の支圧力、ボルト軸のせん断力で支えるのは、普通ボルト。

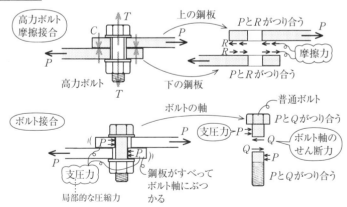

高力ボルト
摩擦接合

上の鋼板

C

P

PとRがつり合う P

R

R

摩擦力

P

高力ボルト

下の鋼板

PとRがつり合う

T

ボルト接合

ボルトの軸

普通ボルト

P

PとQがつり合う

支圧力 P

P

Q

P

P

ボルト軸の
せん断力

支圧力

鋼板がすべって
ボルト軸にぶつかる

Q

Q

P

PとQがつり合う

局部的な圧縮力

● S10T、F10Tのほかに、S14T、F14T、S8T、F8Tがある。

構材規格記号まとめ

SN — 建築構造用圧延鋼材 SS材、SM材を建築用に改良した新規格 **【新建築】**
Steel New
SN

    SN-A 溶接×、弾性範囲内のみ→小梁 **【オシャレ不要! A級の娘】**

    SN-B 塑性変形能力、溶接 ○→ 柱、梁 **【ボインは柔らかくてとろけるよう】**

    SN-C 板厚方向の引張り○→ダイアフラム **【指輪 → ダイヤ】**

SS 一般構造用圧延鋼材
Steel Structure

SM 溶接構造用圧延鋼材 Marineは海の、船のという意味で造船用に開発された溶接しやすい鋼。
Steel Marine
【SMプレーはローソクを溶かす】

SA 建築構造用高性能鋼材 **【A級で高級なスティール】**
Steel A

TMCP 熱加工制御で製造された鋼材 **【トム失敗しても粘り強く、**
Thermo Mechanical Control Process
人に優しく接する】

LY 構造用低降伏点鋼
Low Yield

数字は降伏点
（基準強度 F）
降伏比が小さく、
粘り強さを表す

FR 建築構造用耐火鋼材 SN400B-FRなど
Fire Resistant

BCR 建築構造用冷間ロール成形角形鋼管
Box Column Roll
【ビックリ整形】
ロール成形

BCP 建築構造用冷間プレス成形角形鋼管
Box Column Press
プレス成形

STKN 一般構造用円形鋼管 **【捨て缶】**
Steel Tube "Kozo" New
円形
STKN

STKR 一般構造用角形鋼管
Steel Tube "Kozo" Rectangular

SD 異形棒鋼（異形鉄筋） **【ドクター(DR) の幸福は強い!】**
Steel Deformed bar

SD 異形鉄筋
SR 丸鋼

SR 丸鋼
Steel Round bar

SNR 建築構造用圧延棒鋼 SN規格の棒鋼
Steel New Round bar

S10T トルシア形高力ボルト **【10T→10トン SF映画は**
Structural joint ( ) Tension
ラストを引っ張る】

トルシア形高力ボルト

F10T 高力六角ボルト（JIS形高力ボルト）
Friction joint ( ) Tension

高力六角ボルト

2

建築構造用ステンレス鋼SÚS304Aの基準強度Fは? 構 施

 0.1%オフセット耐力

> （塑性変形した）
> **少し右にずれた所の強さ** ⇨ 擬似的な降伏点
>   offset

● SUS：Steel Use Stainless ステンレス鋼。耐食性、耐火性に優れる。

● SUS304Aにははっきりとした降伏点がないので、0.1%右にひずんだ（offsetした）0.1%オフセット耐力を仮の降伏点とする。0.1%＝0.001のひずみ度は元に戻らず、そこから塑性が始まるとする。高張力鋼や折り曲げられた鉄筋、鋼板などの降伏点が不明確な場合は、0.2%オフセット耐力を使う。

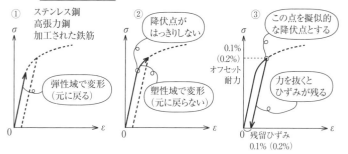

● SUSの次にくる304、430の数字は、強度や降伏点ではなく、規格の番号。クロム、ニッケルなどの配合量、組織の種類などで分類されている。

 終局強度の計算時、JIS規格鋼材の基準強度Fは、規格の（　　）倍にできる。 構

1.1倍

平12建告

● 終局強度とは、梁端部などが塑性化してヒンジになって崩壊するときの強度。保有水平耐力の計算も終局強度計算。実験によって1.1Fとしてよいとされているが、せん断で壊れるせん断耐力計算時のせん断補強筋は、1.1Fとできずにで計算する。

Q **H形鋼、I形鋼において、フランジとウェブはどの部分?**
構 施

A 中央の部材（腹材）がウェブ、両端の部材がフランジ

> ### <u>ウェ**！**ブ</u>は <u>おなか</u>が 出ている
> ウェブ　　　　中央

● 梁ではフランジが主に曲げモーメントに抵抗し、ウェブが主にせん断に抵抗する。

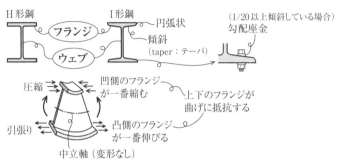

H形鋼　　　　I形鋼
フランジ
ウェブ
円弧状
傾斜（taper：テーパ）

（1/20以上傾斜している場合）
勾配座金

圧縮　凹側のフランジが一番縮む
上下のフランジが曲げに抵抗する
引張り　凸側のフランジが一番伸びる
中立軸（変形なし）

● つば状、耳状に出ている部分を、一般にフランジ（flange）という。

Q **フランジとウェブ、幅厚比の上限値が大きいのは?**
構

A ウェブ

> ## <u>Web</u>→<u>Wide</u> → 幅厚比 大

● 曲げによって圧縮がかかるのはフランジなので、フランジの幅厚比は小さくして靭性を
確保する。**【<u>人生</u>の<u>幸福</u>は<u>細長く小さく</u>！】**
靭性　　　幅厚比

フランジ幅／厚 小　　○　　　フランジ幅／厚 大　　×
ウェブ幅／厚 大　　　　　　　ウェブ幅／厚 小

曲げによる圧縮で
フランジが座屈せず、
塑性変形して粘る

曲げによる圧縮で
フランジがすぐに局部座屈し、
粘らずに壊れる

Q スプライスプレート（splice plate）とは?
構 施

A 継手部を補強するための添え板。母材を挟んで使うことが多い

> ## <u>スープ</u> と <u>ライス</u>で おかずを <u>挟む</u>
> スプ　　　ライス

Q フィラープレート（filler plate）とは?
構 施

A 板厚の差を埋めるために入れる板

> ## <u>fill</u> するもの → **filler**
> 詰める

● 板と板との隙間、<u>肌すきが1mmを超えるとフィラープレートを入れる</u>。1mm以下ならばそのまま締め付ける。

Q ガセットプレート（gusset plate）とは?
構 施

A 梁や筋かいなどを留めるために持ち出す板

> ## <u>ガシッと</u> 小梁を留める
> ガセット

● 同じ鉄板（プレート）でもさまざまな名称があるので、頭に入れておこう!

プレートPlate（記号：PL、℔）の名称　2PL-9：9mm厚の鋼板2枚

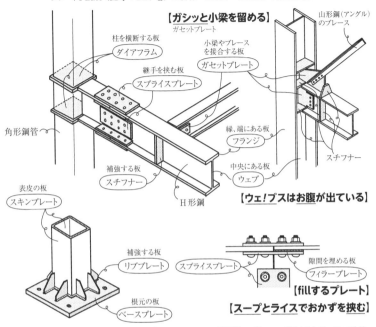

【ガシッと小梁を留める】
ガセットプレート

柱を横断する板
ダイアフラム

継手を挟む板
スプライスプレート

小梁やブレース
を接合する板
ガセットプレート

山形鋼（アングル）
のブレース

角形鋼管

縁、端にある板
フランジ

補強する板
スチフナー

中央にある板
ウェブ

スチフナー

H形鋼

【ウェ!ブスはお腹が出ている】

表皮の板
スキンプレート

補強する板
リブプレート

スプライスプレート

隙間を埋める板
フィラープレート

【fillするプレート】

根元の板
ベースプレート

【スープとライスでおかずを挟む】

plate：板、splice：継ぎ、gusset：補強の板、diaphragm：横隔膜、stiffener：硬くするもの、rib：肋骨

Q せいの高いH形鋼を梁に使う場合、ウェブのせん断座屈に対するスチフナー（補剛材）はどのように入れる?　[構]

A 軸に直交して入れる

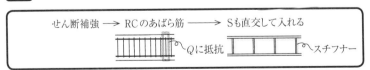

せん断補強 ⟶ RCのあばら筋 ⟶ Sも直交して入れる

Qに抵抗　　　スチフナー

Q せいの高い H 形鋼を梁に使う場合、ウェブの曲げ座屈に対する スチフナー（補剛材）はどのように入れる？ 構

A 軸に平行に入れる

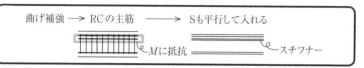

曲げ補強 ⟶ RCの主筋 ⟶ Sも平行して入れる

M に抵抗 ——— スチフナー

● スチフナーとは、stiffen は硬くする、stiffener は硬くするもので補強材、補剛材のこと。せいの高い H 形鋼ではウェブの局部座屈を防ぐため、スチフナーを入れる。入れる方向は、RC 梁の帯筋（せん断補強筋）と主筋の向きを参考にするとわかる。

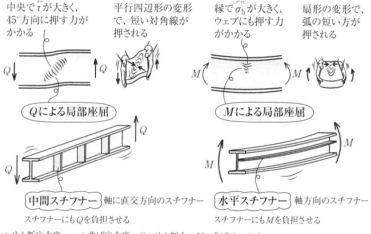

中央で τ が大きく、45° 方向に押す力がかかる

平行四辺形の変形で、短い対角線が押される

縁で σ_b が大きく、ウェブにも押す力がかかる

扇形の変形で、弧の短い方が押される

Q による局部座屈

M による局部座屈

中間スチフナー }軸に直交方向のスチフナー

スチフナーにも Q を負担させる

水平スチフナー }軸方向のスチフナー

スチフナーにも M を負担させる

τ：せん断応力度　σ_b：曲げ応力度　Q：せん断力　M：曲げモーメント

Q 露出形式柱脚におけるベースプレートの厚みは（　　）d 以上 構 施
（d：ボルト径）

A 1.3d 以上

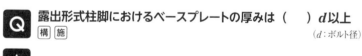

Base plate ⇨ 13 ⇨ 13
1.3倍

Bの形から1.3を連想

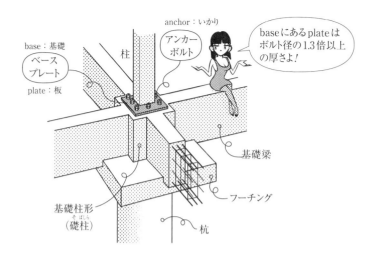

anchor：いかり

base：基礎

plate：板

アンカーボルト

柱

ベースプレート

baseにあるplateはボルト径の1.3倍以上の厚さよ！

基礎梁

フーチング

基礎柱形（礎柱）（そばしら）

杭

Q 露出形式柱脚において、
アンカーボルトの定着長さ＝（　　）d以上、
アンカーボルトの全断面積＝柱の断面積×（　　）%以上　構

A 20d 以上、20% 以上　　　　　　　　　　　　　　　（d：ボルト径）

> ## アンカーボルトは **2重** ナット
> ゆるみにくい
> 20d 以上
> 20% 以上

平19国交告

● アンカーボルトには、引張りに対する抵抗の仕方で、支圧抵抗型と付着抵抗型がある。

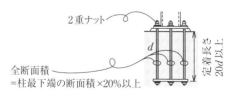

2重ナット

d

定着長さ 20d以上

全断面積
＝柱最下端の断面積×20%以上

Q 鉄骨建方の際、アンカーボルトの位置を修正するため、台直しはできる？　できない？ [施]

A できない

> ## アカン！　台なしだ！
> アンカーボルト → 台直しできない

● 台直しとは、コンクリートに打ち込んだ鉄筋やボルトの位置を、曲げて修正すること。原則不可だが、やむをえない場合は急に曲げずに、コンクリートをはつってゆるやかに曲げる。アンカーボルトの台直しは不可。正しい位置に修正する。

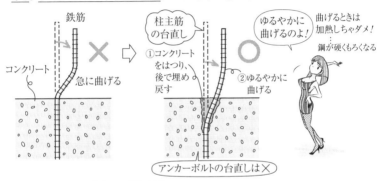

鉄筋　柱主筋の台直し

コンクリート　急に曲げる

×

①コンクリートをはつり、後で埋め戻す
②ゆるやかに曲げる

○

ゆるやかに曲げるのよ！

曲げるときは加熱しちゃダメ！
鋼が硬くもろくなる

アンカーボルトの台直しは×

● アンカーボルトの芯出しは型板を用いる。
● アンカーボルトは、ビニールテープを巻いて養生する。

Q アンカーボルトの先端は、ねじ山をナットの外に、（　　）山以上出す [施]

A 3山以上

> ## ねじ山の「山」は「さん」とも読む
> 3山以上

JASS6
● アンカーボルトは二重ナット、座金を用いる。ボルトの先端は、ねじが3山以上出るようにする。ナットから出た部分を余長という。
● 高力ボルトのねじ山は、1～6山以上出す。【**イチ ロー、強烈に突出している！**】（p.202）
1～6山　高力ボルト　余長

Q ベースモルタルのモルタルまんじゅう（中心塗りモルタル）の大きさは？ [施]

A 20cm角以上　または　直径20cm以上

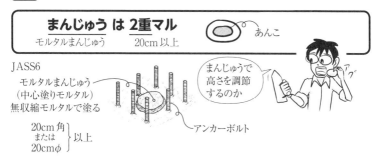

まんじゅう は 2重マル
モルタルまんじゅう　　20cm以上

あんこ

JASS6

モルタルまんじゅう
（中心塗りモルタル）
無収縮モルタルで塗る

20cm角
または　｝以上
20cmφ

まんじゅうで
高さを調節
するのか

アンカーボルト

Q ベースモルタルの養生期間は（　　）日以上 [施]

A 3日以上

桃の節句
3月3日、まんじゅう を食う
モルタルまんじゅう

JASS6

Q ベースモルタルの厚さは？ [施]

A 3cm以上5cm以下

桃　　　　　端午の節句
3月3日 から 5月5日まで まんじゅう を食う
3cm　　　～　　5cm　　　　モルタルまんじゅう

JASS6

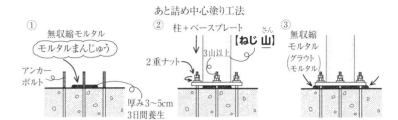

あと詰め中心塗り工法

① 無収縮モルタル
モルタルまんじゅう
アンカーボルト
厚み3～5cm 3日間養生

② 柱＋ベースプレート
【ねじ山】
3山以上
2重ナット

③ 無収縮モルタル（グラウトモルタル）

● 露出形式柱脚に水平力が働く場合、摩擦が効いている間はすべらず、摩擦の限界以上の力ですべってベースプレートがずれ、ボルト軸が孔にぶつかる。今度はボルト軸のせん断で耐える。よって最大せん断耐力は、摩擦によるせん断耐力とアンカーボルトのせん断耐力の大きい方で決まる。

Q 根巻き形式柱脚において、根巻き部分の高さ＝（　　）×柱幅
構

A 2.5×柱幅

> ## 腰巻き 姿に ニッコ ニコ
> 根巻き　　　　　2.5倍

寝巻き　　　　　　　　腰巻き

平19国交告

Q 埋込み形式柱脚において、埋込み深さ＝（　　）×柱幅
構

A 2×柱幅

> ## 生き埋めして、バイ バイ!
> 埋込み　　　　倍

平19国交告

● 固定度、拘束度：露出＜根巻き＜埋込み

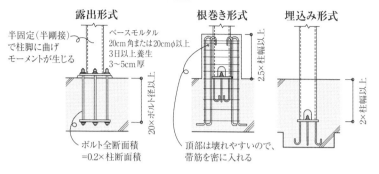

露出形式　　　　　根巻き形式　　　埋込み形式

半固定（半剛接）
で柱脚に曲げ
モーメントが生じる

ベースモルタル
20cm角または20cmφ以上
3日以上養生
3〜5cm厚

2.5×柱幅以上

2×柱幅以上

ボルト全断面積
＝0.2×柱断面積

20×ボルト径以上

頂部は壊れやすいので、
帯筋を密に入れる

Q 埋込み形式の柱支点位置は?
[構]

A コンクリート上端から1.5×柱幅だけ下がった位置で計算する

> ## 生き埋めして、イチコロ で バイバイ!
> 埋込み形式　　　　　1.5倍　　　　　2倍
> 　　　　　　　　　支点深さ　　　埋込み深さ

S規準　接合部指針

Q 根巻き形式鉄骨柱の曲げモーメントはどこで最大?
[構]

A 根巻きコンクリート表面で最大

> ## 腰巻き ⇨ 腰の位置が一番出る
> 根巻き

● 柱の曲げモーメント図（M図）は、
根巻き上端が最大で、最下部で0。そ
の部分を補うのは3角形状の、根巻きコ
ンクリートのM図。

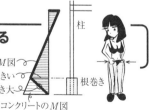

柱

SのM図
一番大きい
Mの傾き大

根巻き

コンクリートのM図
せん断力はMの傾きなので、コンクリート内の
柱のせん断力は大きくなる

Q 埋込み形式の柱の応力は、何で支える?
構

A コンクリートの支圧力による反力で支える

生き埋めにされたら、死力を尽くして脱出する
埋込み形式　　　　　支圧力

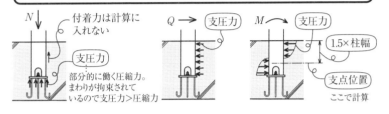

N　付着力は計算に入れない

支圧力
部分的に働く圧縮力。まわりが拘束されているので支圧力>圧縮力

$Q \rightarrow$　支圧力

M　支圧力
1.5×柱幅
支点位置
ここで計算

Q 下図の断面2次モーメントIは?
構

A $I = \dfrac{bh^3}{12}$

中心軸

2次 会 に 自由に 参上!
断面2次モーメント　12分の　3乗

● Iは断面形で決まる曲げにくさの係数。高さhが3乗で、幅bよりも影響が格段に大きい点に注意。H形、コの字形、ロの字形などは4角に分解してIを計算できる。

$\dfrac{bh^3}{12}$は高さhの中心に中立軸があるときだけ。軸からy離れた面積Aの長方形では

$I = \dfrac{bh^3}{12} + Ay^2$

となって、計算が面倒になる。

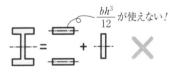

$\dfrac{bh^3}{12}$が使えない!

$\dfrac{bh^3}{12}$が使える

$$\centerdot\!-\!\centerdot = \boxed{}\,H - \boxed{}\,h \qquad I = \frac{BH^3}{12} - \frac{Bh^3}{12}$$

$$\centerdot\!-\!\centerdot = \boxed{}\,H - \boxed{}\,h \qquad I = \frac{BH^3}{12} - \frac{bh^3}{12}$$

$$\centerdot\!-\!\centerdot = \boxed{}\,H - \boxed{}\,h \qquad I = \frac{BH^3}{12} - \left(\frac{\left(\frac{b}{2}\right)h^3}{12} + \frac{\left(\frac{b}{2}\right)h^3}{12}\right)$$
$$= \frac{BH^3}{12} - \frac{bh^3}{12}$$

$$\centerdot\!-\!\centerdot = \boxed{}\,H - \boxed{}\,h \qquad I = \frac{BH^3}{12} - \frac{bh^3}{12}$$

$$\centerdot\!-\!\centerdot = \boxed{}\,H - \boxed{}\,h \qquad I = \frac{BH^3}{12} - \frac{bh^3}{12}$$

> 面積の中央に軸がくるように分解するのよ！

Q 下図の断面2次モーメント I は？ 構

A $I = \dfrac{bh^3}{36}$

$$\dot{3}角 \longrightarrow \dot{\underline{3}} \overset{倍}{\longrightarrow} \underline{6}$$

Q 下図の断面2次モーメント I は？ 構

A $I = \dfrac{\pi d^4}{64}$

中立軸

丸太 を **虫** がよじ登る
 64   4乗

● 分母の12、36、64をしっかり覚えること。d^4はbh^3と同様に長さの4乗。

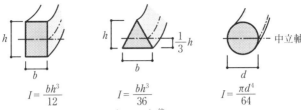

$$I = \frac{bh^3}{12}$$

$$I = \frac{bh^3}{36}$$

$$I = \frac{\pi d^4}{64}$$

【2次 会 に 自由に 参上！】 【3角 → 3 → 6】 【丸太 を 虫 がよじ登る】
断面2次モーメント　12分の　3乗　　　　　　　　　　　　　　　64　　4乗

● 上下に重なった2つの梁で、接触面に摩擦が
ない場合、別々に曲がるので上下のIを足し算す
ればよい。

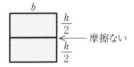

摩擦ない

$$I = \frac{b\left(\frac{h}{2}\right)^3}{12} + \frac{b\left(\frac{h}{2}\right)^3}{12} = \frac{bh^3}{48}$$

● RCはスラブと一体化するので、梁だけよりも曲がりにくく、Iは大きくなる。片側スラブ
では$\frac{bh^3}{12}$の1.5倍、両側スラブで2倍と略算される。1.5、2は剛性増大率という。

Q 材が曲がるのは強軸まわり？　それとも弱軸まわり？
構

A 弱軸（Iが最小の軸）まわりに曲がる

愛が小さいと　人生は曲がる
　　　I　　小

● 断面形にはIが最大となる強軸と、Iが最小となる弱軸がある。弱軸まわりに曲がり、
座屈しやすい。H形鋼の梁が横座屈しやすいのはそのため。

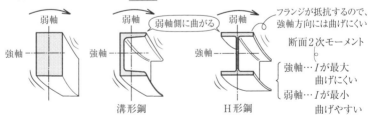

Q 曲げ剛性＝（　　）
構

A EI（ヤング係数×断面2次モーメント）

> # イー 愛 があると人生は 曲がらない
> $\underset{E}{ } \times \underset{I}{ }$　　　　　　　　曲げ剛性

● 曲げ剛性EIとは、曲げにくさを表す係数。Eは材料から、Iは断面形から決まる。座屈、たわみ、たわみ角などの式で登場する。

Q 断面2次半径i＝（　　）
構

A $\sqrt{\dfrac{I}{A}}$

> # 愛 を 割 ると 小さな愛 となる
> $\underset{I}{ }$　$\underset{/A}{ }$　ルート $=$　$\underset{i}{ }$

● 構造的な太さ。

Q たわみδ＝定数×$\dfrac{\text{力} \times \ell^{(\ )}}{EI}$

たわみ角θ＝定数×$\dfrac{\text{力} \times \ell^{(\ )}}{EI}$　　ℓ：部材の長さ
構

A δ＝定数×$\dfrac{\text{力} \times \ell^3}{EI}$　θ＝定数×$\dfrac{\text{力} \times \ell^2}{EI}$

> たわみ $\overset{\text{デルタ}}{\delta} \rightarrow \Delta \rightarrow \overset{.}{3}$角形 $\rightarrow$ 3乗 $\rightarrow \delta = \square \times \dfrac{\text{力} \times \ell^{③}}{EI}$
>
> たわみ角 $\overset{\text{シータ}}{\theta} \rightarrow \angle\theta \rightarrow \overset{.}{2}$辺の角度 $\rightarrow$ 2乗 $\rightarrow \theta = \bigcirc \times \dfrac{\text{力} \times \ell^{②}}{EI}$

● δ、θの式はまず分母のEI（曲げ剛性）と分子のℓ^3、ℓ^2を覚える。等分布荷重wも $\underline{w\ell = W}$と力の単位に直して覚えると、ℓの次数がそろう。曲げ剛性EIが大きいと、δ、θ は小さくなる。【イー愛があると人生は曲がらない 】
　　　　　$\underset{EI大}{ } \longrightarrow \underset{分母(\delta、\theta小さくなる)}{ }$

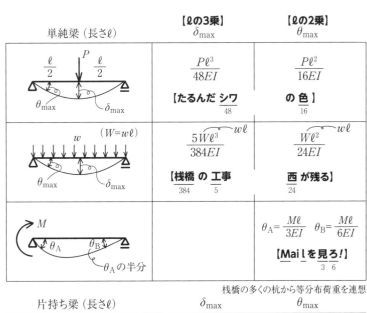

単純梁（長さℓ）	【ℓの3乗】$\delta_{\max}$	【ℓの2乗】$\theta_{\max}$
P が中央 $\frac{\ell}{2}$, $\frac{\ell}{2}$ $\theta_{\max}$ $\delta_{\max}$	$\dfrac{P\ell^3}{48EI}$ 【たるんだ シワ】 48	$\dfrac{P\ell^2}{16EI}$ の 色】 16
w（$W=w\ell$） $\theta_{\max}$ $\delta_{\max}$	$\dfrac{5W\ell^3}{384EI}$ $w\ell$ 【桟橋 の 工事】 384 5	$\dfrac{W\ell^2}{24EI}$ $w\ell$ 西 が残る】 24
M θ_A θ_B θ_A の半分		$\theta_A = \dfrac{M\ell}{3EI}$ $\quad \theta_B = \dfrac{M\ell}{6EI}$ 【Mailを見ろ!】 3 6

桟橋の多くの杭から等分布荷重を連想

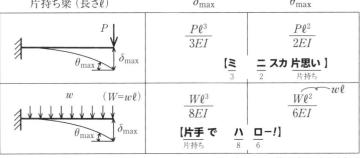

片持ち梁（長さℓ）	$\delta_{\max}$	$\theta_{\max}$
P $\theta_{\max}$ $\delta_{\max}$	$\dfrac{P\ell^3}{3EI}$ 【ミ ニ スカ 片思い 】 3 2 片持ち	$\dfrac{P\ell^2}{2EI}$
w（$W=w\ell$） $\theta_{\max}$ $\delta_{\max}$	$\dfrac{W\ell^3}{8EI}$ 【片手 で ハ ロ−!】 片持ち 8 6	$\dfrac{W\ell^2}{6EI}$ $w\ell$

手の指の多さから、等分布荷重を連想

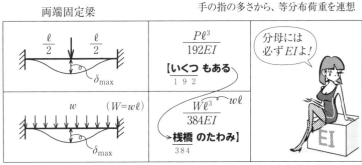

両端固定梁		
P が中央 $\frac{\ell}{2}$, $\frac{\ell}{2}$ $\delta_{\max}$	$\dfrac{P\ell^3}{192EI}$ 【いくつ もある】 1 9 2	分母には必ずEIよ!
w（$W=w\ell$） $\delta_{\max}$	$\dfrac{W\ell^3}{384EI}$ $w\ell$ 桟橋 のたわみ】 384	

桟橋の多くの杭から等分布荷重を連想

Q 同じ断面のH形鋼の梁において、SN400BとSN490Bではたわみは違う？　同じ？　構

A 同じ

$$同断面 \longrightarrow I同じ \atop 鋼のE=2.05×10^5で同じ \Bigg\} \overset{（曲げ剛性）}{\longrightarrow} EI同じ \longrightarrow たわみ同じ$$

● SN400BとSN490Bでは、最大強度と降伏点は異なるが、$\overset{シグマ}{\sigma} - \overset{イプシロン}{\varepsilon}$ グラフの最初の傾きEは同じ。よって弾性範囲ではたわみは同じ。

● 梁せいを小さくするとIが小さくなり、たわみが大きくなり、曲げ応力度σ_b（$=My/I$）も大きくなる。

SN490Bの方が降伏点が高く、梁せいを小さくするためには安全側の設計になる。

Q 下図の場合、それぞれの水平力Pは$P=$（　　）$\overset{デルタ}{\delta}$　δ：水平変位　構

A $P = \dfrac{3EI}{\ell^3} \delta$　　　　$P = \dfrac{12EI}{\ell^3} \delta$

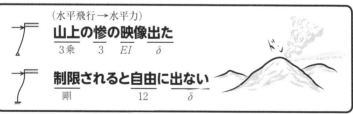

（水平飛行→水平力）

山上の惨の映像出た
　3乗　　3　 EI　 δ

制限されると自由に出ない
　剛　　　　　12　　　δ

● 分母が長さの3乗、分子に曲げ剛性EI（ヤング係数×断面2次モーメント）であることをまず覚える。柱が長いほどPは小さく、曲げにくいほどPは大きくなる。δ（デルタ、Δ）だから3乗はここでも同じ。

● 2つの式とも、片持ち梁のたわみの式から導ける。

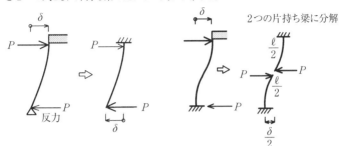

2つの片持ち梁に分解

$$\delta = \frac{P\ell^3}{3EI} \rightarrow P = \frac{3EI}{\ell^3}\delta \qquad \frac{1}{2}\delta = \frac{P\left(\frac{\ell}{2}\right)^3}{3EI} \rightarrow P = \frac{12EI}{\ell^3}\delta$$

【ミニ スカ片思い】
$\underset{3\ 2}{}\quad\underset{片持ち}{}$

● 座屈荷重P_k、梁のたわみδ、柱の水平力Pの式には、曲げ剛性EIが入っている!

● たわみを計算する際に使う仮想荷重がM/EI(モールの定理)とEIを含むので、たわみ関係の式はみなEIを含むことになる。

$$P_k = \frac{\pi^2 EI}{\ell_k^2}$$

$$\delta = \frac{P\ell^3}{3EI}$$

$$P = \frac{3EI}{\ell^3}\delta$$

曲げ剛性EI

ヤング係数:材料で決まる

断面2次モーメント:断面形で決まる

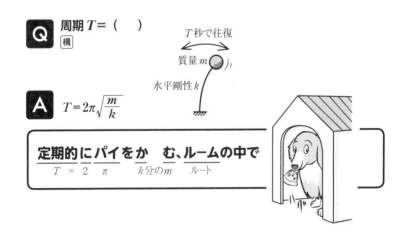

Q 周期 $T = ($ $)$
〔構〕

T秒で往復

質量 m

水平剛性 k

A $T = 2\pi\sqrt{\dfrac{m}{k}}$

定期的にパイをか　む、ルームの中で
$\underset{T}{}\ \underset{=}{}\ \underset{2}{}\ \underset{\pi}{}\quad \underset{k分のm}{}\quad \underset{ルート}{}$

● フックの法則が成り立つ力と変位の関係で振動した場合は、その周期は $T=2\pi\sqrt{m/k}$ となる。力が柱にかかる水平力の場合、kは柱の<u>水平剛性</u>という。

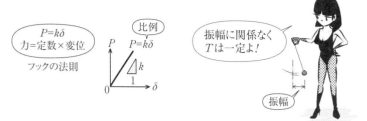

$P=k\delta$
力＝定数×変位
フックの法則

比例
$P=k\delta$

振幅に関係なく
Tは一定よ!

振幅

● バネが強いと剛性（変形しにくさ）が大→kが大→Tが小となり、ガタガタと速く振動する。建物の横揺れだけでなく、床の振動でも同じ。

● $P=\square\delta$という式をつくり、$T=2\pi\sqrt{m/\square}$ とすれば周期が求まる。

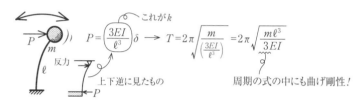

$P=\left(\dfrac{3EI}{\ell^3}\right)\delta$ これがk $\longrightarrow$ $T=2\pi\sqrt{\dfrac{m}{\left(\frac{3EI}{\ell^3}\right)}}=2\pi\sqrt{\dfrac{m\ell^3}{3EI}}$

反力

上下逆に見たもの

周期の式の中にも曲げ剛性！

● ラーメンの場合、床を完全に剛（<ruby>剛床<rt>ごうしょう</rt></ruby>仮定）とすると柱ごとに $P=\bigcirc\times\delta$ の式ができ、それを足し算すればラーメン全体の $P=\square\times\delta$ の式ができる。
その $\square$ を $T=2\pi\sqrt{m/\square}$ に入れると周期が求まる。

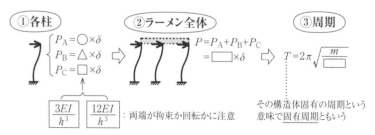

①各柱

$\begin{cases} P_A=\bigcirc\times\delta \\ P_B=\triangle\times\delta \\ P_C=\square\times\delta \end{cases}$

$\dfrac{3EI}{h^3}$ $\dfrac{12EI}{h^3}$ ：両端が拘束か回転かに注意

②ラーメン全体

$P=P_A+P_B+P_C$
$=\square\times\delta$

③周期

$T=2\pi\sqrt{\dfrac{m}{\square}}$

その構造体固有の周期という
意味で<u>固有周期</u>ともいう

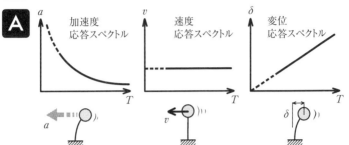

Q 周期の異なる棒に振動を与えたとき、加速度の最大a、速度の最大v、変位の最大δのグラフの形は? 構

A

a	v	δ
加速度応答スペクトル	速度応答スペクトル	変位応答スペクトル

アダルト ビデオ
$\underset{a}{\underline{A}}$ $\underset{v}{\underline{V}}$ 出た! の順に ↘→↗ [船底形]
δ

● 周期の違う棒を並べて同時に揺らすと反応が異なる。それをグラフにしたのが応答スペクトル。光をプリズムで波長ごとに分解するものが有名だが、振動のスペクトルは、周期Tごとに分解する。

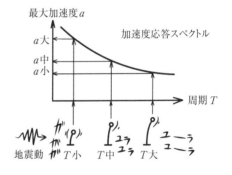

● 周期Tの短い振動に対しては、加速度aは大きく応答、Tが大きくなるとaは小さくなる。同様に速度v、変位δもTを変えた場合の応答を記録してスペクトルとする。a、v、δは振動の際には常に変化するので、最大値をプロットしてグラフにする。a、v、δのスペクトルグラフの形は、大まかに覚えてしまうと便利。

● 加速度aのグラフはより正確には、原点に近い所では急勾配の右上がり、その後水平になってから上記のような右下がりとなる左側の裾野の短い「富士山」形である。限界耐力計算では、このa－Tグラフのモデルを使う。

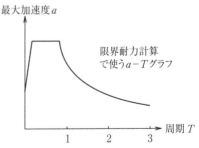

166

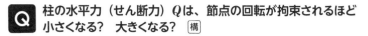

Q 柱の水平力（せん断力）Qは、節点の回転が拘束されるほど
小さくなる？　大きくなる？ 構

A 大きくなる

2

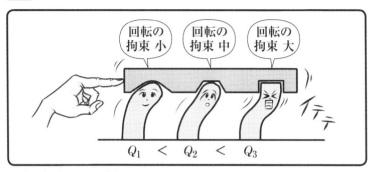

● 水平力が加わると、各柱に分配されるが、回転が拘束されている柱ほど大きな力が分配される。そして柱内部には、分配された水平力と等しいせん断力Qが発生する。

● 等質、等断面の2スパンの右図のラーメンを考える。中央の柱の柱頭は、左右2本の梁で回転が拘束されているので、両側の柱よりも分配される水平力が大きくなり、それへの抵抗として働くせん断力も大きくなる。

● 水平力の分担や周期を出すときに床を完全な剛と仮定する設問は多い（剛床仮定）。正確な値は、各節点のたわみ角を仮定して解くたわみ角法で出す。

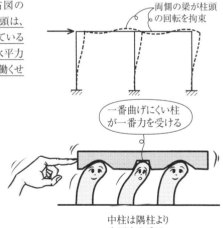

両側の梁が柱頭の回転を拘束

一番曲げにくい柱が一番力を受ける

中柱は隅柱より
水平力を受け、
せん断力も大きい

Q 座屈応力度 σ_k は、有効細長比 λ が大きくなるとどうなる？
構

A 小さくなる（座屈しやすくなる）

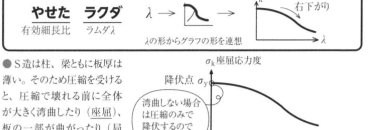

やせた **ラクダ** $\lambda \rightarrow$ ⟋⟍ $\rightarrow$ σ_k 右下がり λ

有効細長比　ラムダ λ

λ の形からグラフの形を連想

● S造は柱、梁ともに板厚は薄い。そのため圧縮を受けると、圧縮で壊れる前に全体が大きく湾曲したり（座屈）、板の一部が曲がったり（局部座屈）してしまう。全体の座屈の際の圧縮応力度を、座屈応力度 σ_k という。

σ_k 座屈応力度

降伏点 σ_y

湾曲しない場合は圧縮のみで降伏するので $\sigma_k = \sigma_y$

λ 有効細長比

鋼では $\sigma_y = F$
（y：yield 降伏）

● 座屈長さは両端の拘束の仕方で、下図のようになる。1つの湾曲の長さを座屈長さとする。湾曲の形で 0.5ℓ、0.7ℓ、2ℓ などを覚えてしまうとよい。

上端の横移動	拘　　　　束			自　　　　由	
両端の回転	両端ピン	両端固定	一端固定 他端ピン	両端固定	一端固定 他端ピン
座屈形	ℓ				
座屈の長さ ℓ_k	ℓ	0.5ℓ	0.7ℓ	ℓ	2ℓ

回転　ℓ　回転

曲げやすい！

回転拘束

0.5ℓ

曲げにくい

回転を拘束されるほど曲げにくい

回転拘束

0.7ℓ

回転

ちょっと曲げにくい

(弾性)座屈荷重P_kの式は?
構

 $P_k = \dfrac{\pi^2 EI}{\ell_k{}^2}$

ℓ_k：座屈長さ、E：ヤング係数、I：断面2次モーメント

2

長い痔の後に パイ で 栄 養を取る
長さの自乗　　　π　自乗　EI　　　で(de)をぢ(di)に読み替え

● 圧縮で壊れるのではなく、湾曲して壊れるときの荷重が座屈荷重P_k。ℓ_k が分母、EI（曲げ剛性）が分子であることに注意。

鋼：$E_s = 2.05 \times 10^5$

σ　$\sigma = E\varepsilon$　コンクリート：$E_c = 2 \times 10^4$

傾きがE

【鋼　RC 】
5乗　　4乗

$P_k = \dfrac{\pi^2 E\ I}{\ell_k{}^2}$

> ヤング率E
> 材料で決まる
> 変形しにくさの
> 係数

EI：曲げ剛性
曲がりにくさを表す

> 断面2次モーメントI
> 断面形で決まる
> 曲げにくさの係数

I小　　I中　　I大

同じ断面積

 座屈長さℓ_kが長いと、座屈荷重P_kは?
構

 小さくなる（座屈しやすくなる）

長いと 湾曲 しやすい
ℓ_k大　　座屈

● 分母のℓ_kが大きいと、P_kは小さく、座屈しやすくなる。両端ピンで$\ell_k = \ell$、一端自由他端固定は$\ell_k = 2\ell$なのでP_kは小さくなる。
● 押しつぶされて壊れる柱を短柱、折れ曲がって座屈で壊れる柱を長柱という。

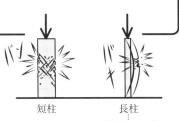

短柱　　　　　長柱

鉄骨の細長い柱
で起きやすい

Q 細長比 $\overset{\text{ラムダ}}{\lambda} = ($ 　　$)$
構

A $\lambda = \dfrac{\ell_k}{i} \left(\dfrac{座屈長さ}{断面2次半径} \right)$

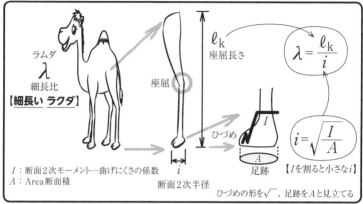

ラムダ
λ
細長比
【**細長い** **ラクダ**】

ℓ_k
座屈長さ

座屈

$\lambda = \dfrac{\ell_k}{i}$

ひづめ

$i = \sqrt{\dfrac{I}{A}}$

【Iを割ると小さなi】

足跡

I：断面2次モーメント…曲げにくさの係数
A：Area断面積

断面2次半径

ひづめの形を$\sqrt{}$、足跡をAと見立てる

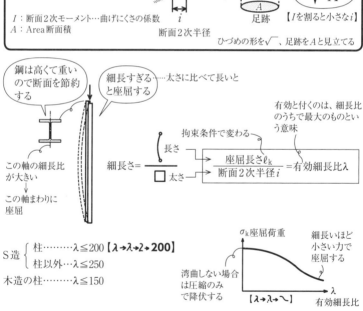

鋼は高くて重い
ので断面を節約
する

細長すぎる…太さに比べて長いと
と座屈する

有効と付くのは、細長比
のうちで最大のものとい
う意味

この軸の細長比
が大きい

この軸まわりに
座屈

拘束条件で変わる

細長さ＝ $\dfrac{\text{長さ}}{\square \text{太さ}}$ → $\dfrac{座屈長さ\ell_k}{断面2次半径 i}$ ＝有効細長比λ

σ_k座屈荷重

細長いほど
小さい力で
座屈する

S造 $\begin{cases} 柱………\lambda \leqq 200 【\lambda → \lambda → 2 → \mathbf{200}】 \\ 柱以外…\lambda \leqq 250 \end{cases}$

木造の柱………$\lambda \leqq 150$

湾曲しない場合
は圧縮のみ
で降伏する

【$\lambda → \lambda → \frown$】

λ
有効細長比

● 有効細長比と有効が付くのは、断面の軸のうち折れ曲がりやすい弱軸側の大きい方の細長比で座屈荷重を計算するため。長方形断面なら、長辺と平行な軸での細長比が有効細長比。

● 座屈荷重P_kを断面積Aで割って座屈応力度σ_kにすると、式の中に有効細長比λが出てくる。

$$\sigma_k = \frac{P_k}{A} = \frac{\pi^2 EI}{A\ell_k^2} = \pi^2 \frac{I}{A} \cdot \frac{E}{\ell_k^2} = \pi^2 \left(\sqrt{\frac{I}{A}}\right)^2 \cdot \left(\frac{1}{\ell_k^2}\right) \cdot E = \pi^2 \left(\frac{i}{\ell_k}\right)^2 \cdot E = \pi^2 \frac{E}{\lambda^2}$$

$\lambda = \dfrac{\ell_k}{i}$ だけで決まる式

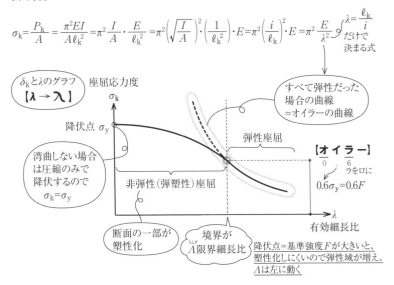

δ_kとλのグラフ
【λ → 入】

座屈応力度
σ_k

降伏点 σ_y

すべて弾性だった場合の曲線
＝オイラーの曲線

弾性座屈

湾曲しない場合は圧縮のみで降伏するので$\sigma_k = \sigma_y$

【オイラー】
$\dfrac{0}{\text{ラをロに}}^{6}$
$0.6\sigma_y = 0.6F$

非弾性(弾塑性)座屈

断面の一部が塑性化

境界が
Λ限界細長比

λ
有効細長比

降伏点＝基準強度Fが大きいと、塑性化しにくいので弾性域が増え、Λは左に動く

Q 限界細長比Λは、$\sigma_k - \lambda$のグラフのどの点？ [構]

A 変曲点（弾性部分と非弾性部分の境界）

細長比 λ ⇨ ココ Λ

λの背をグラフ、左下の線を矢印に連想

● Λから右が弾性で湾曲したときのσ_kとλの関係。Λから左が一部塑性化した非弾性（弾塑性）で湾曲したときのσ_kとλの関係。右の弾性側は座屈荷重の式から変形した$\sigma_k = \dfrac{\pi^2 E}{\lambda^2}$という$\lambda$の2乗に反比例するグラフ。左の非弾性側は、実験データから強引につくった式。

● 限界細長比 $\Lambda = \sqrt{\dfrac{\pi^2 E}{0.6F}}$（F：基準強度）は弾性と非弾性の境界の細長比 λ。F（基準強度＝降伏点）が大きいと弾性範囲が増え、グラフの境界 Λ は小さくなって左へずれる。すなわち限界細長比 Λ は、基準強度 F が大きいほど小さくなる（頻出）。また $\lambda = \Lambda$ のとき $\sigma_k = 0.6\sigma_y = 0.6F$ となり、変曲点（凸から凹に変わる点）の位置は、F が大きくなると上にずれる。

Q 限界細長比 Λ の右と左で、$\sigma_k - \lambda$ グラフは何を表す？ 構

A Λ の右は弾性座屈、Λ の左は塑性座屈

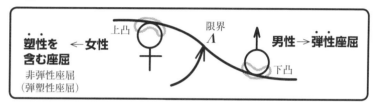

● 細長い（有効細長比 λ 大）と弾性状態で湾曲しやすい。太くて短い（有効細長比 λ 小）と、部材の位置によっては降伏点を超えて粘るところも出てくる。太くて短いが極端になる（λ が0に近い）と、まったく湾曲せずに圧縮で壊れることになる。

Q 許容圧縮応力度は、有効細長比 λ が大きくなると小さくなる？ 大きくなる？ 構

A 小さくなる（厳しくなる）

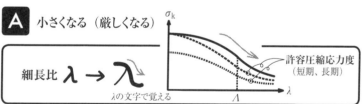

● 圧縮だけで壊れる場合は、鋼の短期許容応力度＝降伏点 σ_y、長期許容応力度＝ $2/3 \times \sigma_y$ となる。しかし材が細長くなる（λ が大）となると、小さな圧縮力でも湾曲して壊れるようになる。許容圧縮応力度は、座屈荷重 σ_k と同様に、λ が大きくなると小さくなる（厳しくなる）ように設定されている。頻出するので、λ のグラフ形をそのまま頭に入れてしまおう！

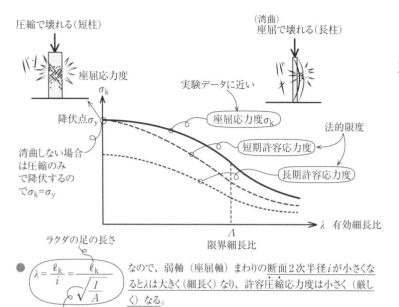

圧縮で壊れる（短柱）

座屈応力度

σ_k

（湾曲）
座屈で壊れる（長柱）

降伏点σ_y

湾曲しない場合
は圧縮のみ
で降伏するの
で$\sigma_k = \sigma_y$

実験データに近い

座屈応力度σ_k

法的限度

短期許容応力度

長期許容応力度

λ 有効細長比

Λ
限界細長比

ラクダの足の長さ

$$\lambda = \frac{\ell_k}{i} = \frac{\ell_k}{\sqrt{\dfrac{I}{A}}}$$

なので、弱軸（座屈軸）まわりの断面2次半径iが小さくなるとλは大きく（細長く）なり、許容圧縮応力度は小さく（厳しく）なる。

ラクダのひずめ

Q 曲げモーメントMを受ける材における、中立軸からyの地点での曲げ応力度$\sigma_b =$（　　） 構

A $\sigma_b = \dfrac{My}{I}$　b：bending 曲げ

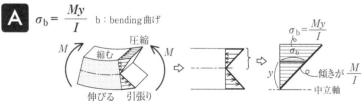

M　圧縮　縮む　M
伸びる　引張り

$\sigma_b = \dfrac{My}{I}$
σ_b
y　傾きが$\dfrac{M}{I}$
中立軸

シロクマ は 私の 愛！
σ_b ＝ My ／ I

ステキ

● 曲げモーメントMは、断面に垂直な曲げ応力度σ_bに分解できる。M／断面積ではない点に注意。変形のない中立軸から離れるほどσ_bは大きくなり、縁で最大となる。

Q σ_bをMと断面係数Zで表すと? 構

 A $\sigma_b = \dfrac{M}{Z}$

> ## シロクマ は 私の 愛！ マジ で！
> $\underline{\sigma_b}$ $=$ $\underline{My}$ / $\underline{I}$ $\underline{M}$ / $\underline{Z}$

● $\sigma_b = \dfrac{My}{I} = \dfrac{M}{\frac{I}{y}}$で$Z = \dfrac{I}{y}$とおくと$\sigma_b = \dfrac{M}{Z}$となる。この場合の$Z$は、$y$が最大$y_{\max}$

のとき、すなわち縁でのZとするのが普通。幅b、高さhの長方形では$y_{\max} = \dfrac{h}{2}$なの

で、その地点での$Z = \dfrac{I}{y_{\max}} = \dfrac{\frac{bh^3}{12}}{\frac{h}{2}} = \dfrac{bh^3}{12} \cdot \dfrac{2}{h} = \boxed{\dfrac{bh^2}{6}}$

となる。縁での最大σ_bはM/Zで出るが、$\dfrac{My_{\max}}{I}$でも同

じ値となる。

$I = \dfrac{bh^3}{12}$ 【2次 会に自由に 参上！】
断面2次モーメント 12 bh^3

● スラブと一体化した梁は、T形断面（スラブ端の梁はL形断面）
の梁としてIを計算する。略算では断面2次モーメントは、T形は$2 \times I$、L形は$1.5 \times I$
（$I = \dfrac{bh^3}{12}$）。

 Q 下図のせん断応力度の最大値$\tau_{\max}$は平均せん断応力度$\dfrac{Q}{A}$の
それぞれ何倍？ 構

Q：せん断力、A：断面積

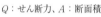

A $\tau_{\max} = \dfrac{3}{2} \times \dfrac{Q}{A}$ $\tau_{\max} = \dfrac{4}{3} \times \dfrac{Q}{A}$

> ## A級の 兄 さん 三 振する
> A分のQ 2分の3 3分の4

174

● せん断応力度τは、曲げ応力度とは逆に、<u>中央部が最大</u>となる。

● <u>すべての応力は、断面に垂直な応力度σと平行な応力度τに分解される。</u>

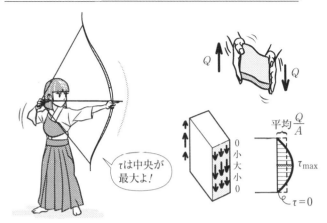

● 曲げ応力度σ_bは試験に頻出する。グラフは、バタフライ形と斜め線形の2通りの書き方がある。

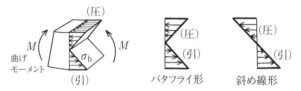

● H形鋼の分布。縁でσ_bが最大となる。

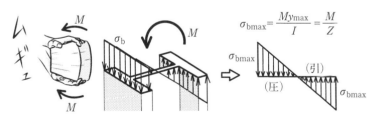

$$\sigma_{bmax} = \frac{My_{max}}{I} = \frac{M}{Z}$$

● 鋼材の柱などで、曲げ応力度 σ_b と圧縮応力度 σ_c の両方がかかるときは、両者を足し算して σ を出す。

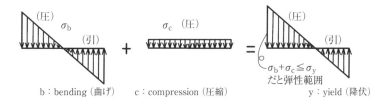

b：bending（曲げ）　　c：compression（圧縮）

$\sigma_b + \sigma_c \leqq \sigma_y$ だと弾性範囲

y：yield（降伏）

● 曲げモーメント M が大きくなると、縁から塑性化し、ついに全断面が塑性化する。そのときの曲げモーメントが全塑性モーメント M_p。　　　　　　　p：plasticity（塑性）

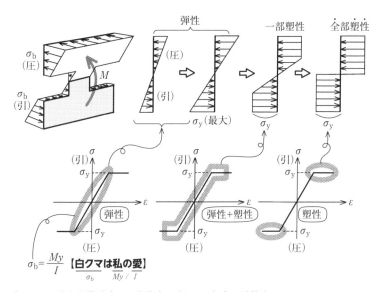

弾性　　　　　　　　　　　一部塑性　　全部塑性

σ_b（圧）　M　σ_b（引）

（圧）　　（引）　　σ_y（最大）　　σ_y　　σ_y

（引）σ　σ_y　弾性　（圧）σ_y

（引）σ　σ_y　弾性＋塑性　（圧）σ_y

（引）σ　σ_y　塑性　（圧）σ_y

$\sigma_b = \dfrac{My}{I}$ 【白クマは私の愛】
$\underset{\sigma_b}{} \quad \underset{My \ / \ I}{}$

● M_p は圧縮も引張りもすべて降伏点 σ_y として、偶力で計算する。

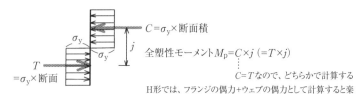

σ_y　σ_y

T
$=\sigma_y \times$ 断面

j

$C = \sigma_y \times$ 断面積

全塑性モーメント $M_p = C \times j \ (= T \times j)$

$C = T$ なので、どちらかで計算する
H形では、フランジの偶力＋ウェブの偶力として計算すると楽

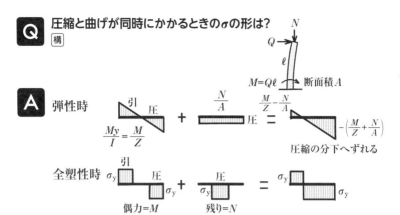

Q 圧縮と曲げが同時にかかるときのσの形は？
[構]

A 弾性時

全塑性時

水道のハンドルと蛇口で塑性時のσを覚える

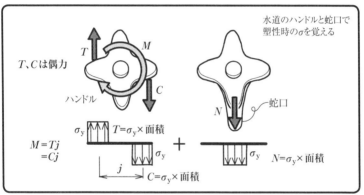

T、Cは偶力

ハンドル

蛇口

$M = T_j$
$\quad = C_j$

$T = \sigma_y \times$面積

$C = \sigma_y \times$面積

$N = \sigma_y \times$面積

● 弾性時、全塑性時のσは、どちらも頻出！

● $M = T \times j = C \times j$。$T = C$なのでどちらで計算してもよい。RC梁の場合はコンクリートが一部壊れ、どれくらい有効かわからないので、引張り側鉄筋のTで計算する。<u>jは引張り鉄筋の中心から梁上端までの距離（有効せい）dの0.9倍</u>【**偶 力**】(p.118)という略算が使える。
$\underset{(0.\overset{.}{9}d)\times 力}{}$

● <u>引張り側のσ_yのブロックと同量の圧縮側のσ_yのブロックを、まず分けて偶力＝モーメントに当てる。残ったσ_yのブロックが圧縮力になる。</u>両脇の力は柱を曲げようとするMに抵抗するために使われ、残った中央の力でNに抵抗する。頻出するので、過去問で練習しておくこと。

● $\sigma_y \times$面積の計算では、断面形がロの字形、H形もあるので、面積の計算には注意する。

● 全塑性状態でのM、Nについては、拙著『ゼロからはじめる［構造力学］演習』p.226 〜 p.255を参照のこと。

Q 応力度σ_c、σ_t、σ_bと許容応力度f_c、f_t、f_bの関係は? 構

A 単独で働く場合 $\dfrac{\sigma_c}{f_c} \leqq 1$ $\dfrac{\sigma_t}{f_t} \leqq 1$ $\dfrac{\sigma_b}{f_b} \leqq 1$

圧縮と曲げが同時に働く場合 $\dfrac{_c\sigma_b}{f_b} + \dfrac{\sigma_c}{f_c} \leqq 1$ かつ $\dfrac{_t\sigma_b - \sigma_c}{f_t} \leqq 1$

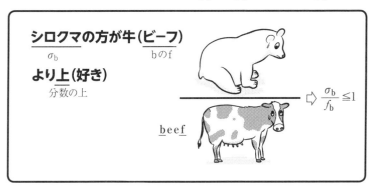

シロクマの方が牛(ビーフ)
σ_b　　　　　　　　b の f

より上(好き)
分数の上

$\Rightarrow \dfrac{\sigma_b}{f_b} \leqq 1$

beef

S規準

● 曲げモーメントMによる応力度σ_cのうち、圧縮側が$_c\sigma_b$、引張り側が$_t\sigma_b$。

● 応力度≦許容応力度の$\sigma_c \leqq f_c$から、$\dfrac{\sigma_c}{f_c} \leqq 1$となる。ただし$_c\sigma_b$と$\sigma_c$が同時に働く場合、$_c\sigma_b + \sigma_c \leqq f_c$とはならない。ややこしいのは圧縮の場合、<u>座屈のおそれがあるのでf_cが小さくなること</u>。$\lambda > \Lambda$のとき$f_c = \dfrac{0.277F}{\left(\frac{\lambda}{\Lambda}\right)^2}$ などの式でf_cを求める。許容曲げ応力度f_bは別の式が用意されている。そのため組合せ応力の式は$_c\sigma_b + \sigma_c \leqq f_c \rightarrow \dfrac{_c\sigma_b + \sigma_c}{f_c} \leqq 1$と単純にはならず、それぞれ$f_b$、$f_c$で割った$\dfrac{_c\sigma_b}{f_b} + \dfrac{\sigma_c}{f_c} \leqq 1$という式となる。<u>引張り側は座屈による$f$の低減(義務化)がないので</u>、$_t\sigma_b - \overset{\text{圧縮なので引く}}{\sigma_c} \leqq f_t \rightarrow \dfrac{_t\sigma_b - \sigma_c}{f_t} \leqq 1$と単純な式となっている。$\dfrac{_c\sigma_b}{f_b} + \dfrac{\sigma_c}{f_c} \leqq 1$の式は出題されているので、暗記しておこう!

Q 断面係数Z、塑性断面係数Z_pの式は？ 構

A $Z = \dfrac{bh^2}{6}$ 、 $Z_p = \dfrac{bh^2}{4}$

絶対 に、無 視 は ダメ!

Z　2乗　6　4　　断面係数

● $\boxed{\sigma_b = \dfrac{M}{Z}} \longrightarrow$ 全断面塑性時 $\sigma_y = \boxed{\sigma_y = \dfrac{M_p}{Z_p}}$

【2次会に自由に参上!】
12　　3乗

$\sigma_b = \dfrac{My}{I} = \dfrac{M}{\dfrac{I}{y}}$ で $\dfrac{I}{y} = Z$ とした式、長方形では $Z = \dfrac{I}{y} = \dfrac{\dfrac{bh^3}{12}}{\dfrac{h}{2}} = \dfrac{bh^2}{6}$

● $I = \dfrac{bh^3}{12}$ を足し引きして全体のIを出す場合は、中心に中立軸がくるように長方形に分割する。そのIから$Z = \dfrac{I}{y}$ が求まる。一方Z_pの場合は、全断面でσ_yと同じ値になっているため、軸を気にせずにZ_pの足し引きができる。

①長方形に分割してIを出す $\Rightarrow Z = \dfrac{I}{y}$

②Z_pは足し引きで出せる

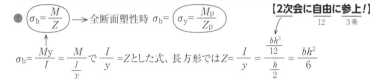

$I = I_1 - 2 \times I_2$

$Z_p = Z_{p1} - 2 \times Z_{p2}$

Q RCのヒンジ化は（M_p、M_u）のとき、
Sのヒンジ化は（M_p、M_u）のとき 構

A RC：M_u（終局曲げモーメント）、S：M_p（全塑性モーメント）
u：ultimate 終局　　　　　　p：plasticity 塑性

RC梁は U 形に裂ける

$\underline{M_u}$

鉄筋

M_u 〜 M_u

コンクリート

● RCが壊れるときは、全断面塑性ではなく、一部は割れて働いていない。そのためM_pではなくM_u（壊れるときのモーメント）。

● ultimate：終局【ある血見っと 終局 悟る】
ultimate

有効せいd

σ_{max}　C

略算【偶 力】
$\overline{0.9 \times T}$

$j \fallingdotseq 0.9d$

T

$M_u = T \times (0.9d)$

鉄筋がσ_y時とする

2

2 S造 鋼材・高力ボルト・溶接ほか 179

Q 崩壊メカニズム形の理想は？
[構]

A 全体崩壊形で、多くの降伏ヒンジが地震エネルギーを吸収する

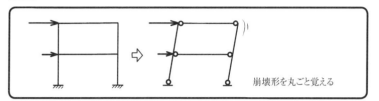

崩壊形を丸ごと覚える

● 下図のように部分崩壊すると、エネルギーを吸収する降伏ヒンジが少なく、粘らずにすぐに倒壊して危険。

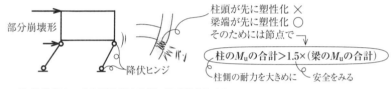

部分崩壊形

降伏ヒンジ

柱頭が先に塑性化 ✕
梁端が先に塑性化 ○
そのためには節点で

$$柱のM_uの合計 > 1.5 \times (梁のM_uの合計)$$

柱側の耐力を大きめに　安全をみる

● 梁端部は、せん断破壊する前に曲げ降伏させる。

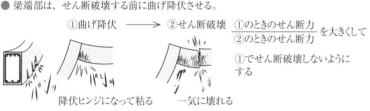

①曲げ降伏 ⟶ ②せん断破壊

$$\frac{①のときのせん断力}{②のときのせん断力}$$ を大きくして

①でせん断破壊しないようにする

降伏ヒンジになって粘る　　一気に壊れる

Q S造柱梁接合部の保有耐力接合とは？
[構]

A 接合部の耐力>柱梁の耐力 となるような、
最後まで降伏しない接合部

関節 に 包帯 を巻く
柱梁接合部　　保有耐力接合

● 柱梁が降伏しても、最後まで降伏しない接合部で、構造体が粘り強くなる。

● 接合部が梁端より先に降伏すると、一気に倒壊する。そのため接合部は最後まで<u>耐力を保有する保有耐力接合とする</u>。<u>接合部の破断耐力>柱、梁の降伏耐力</u>とすれば、先に柱梁の方が降伏する。

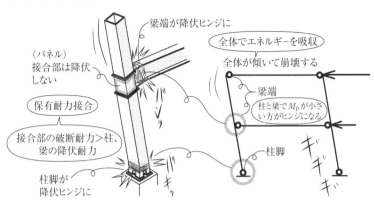

● 筋かい接合部も同様に、ブレースの伸縮が最後まで効くように、接合部を保有耐力接合とする。

接合部の耐力>ブレースの降伏耐力

保有耐力接合

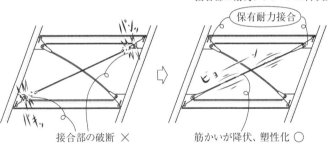

接合部の破断 ✕   筋かいが降伏、塑性化 ○

● 細長比の小さい太くて短いブレースは、座屈しないで伸縮するエネルギー吸収型。細長比が大きい細くて長いブレースは、圧縮側がすぐに座屈し、引張り側だけ強度と伸びで抵抗する強度抵抗型。

● H形鋼の柱の接合部で、梁のフランジと柱側の水平スチフナーに心ずれがあると、力がうまく伝わらずに梁より先に接合部が壊れるおそれがある。保有耐力接合とするためには、<u>水平スチフナーとフランジの心を合わせる必要がある</u>。

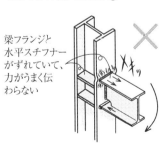

梁フランジと水平スチフナーがずれていて、力がうまく伝わらない

Q 下図の曲げモーメント図は？ 構

A

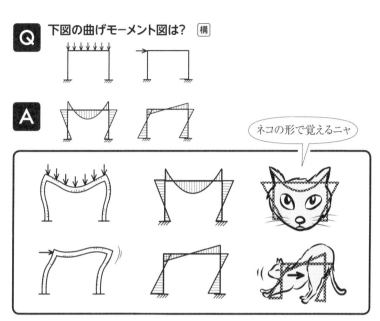

ネコの形で覚えるニャ

● M図の大まかな形は覚えておく。柱のMの合計＝梁のMで、柱のMから梁のMが求められる。

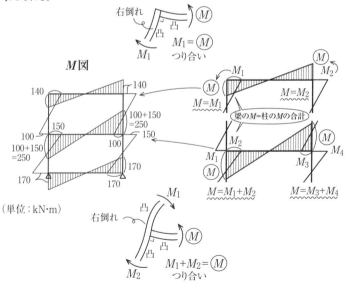

M図

（単位：kN·m）

Q 曲げモーメントの傾き＝（　　）
[構]

A せん断力　$\left(\dfrac{\Delta M}{\Delta x} = Q、\dfrac{dM}{dx} = Q \right)$

2

木綿の割合が ちぎれにくさを決める
（曲げ）モーメント　　せん断力

● M図の傾きからQを求める問題は頻出。弾性時のMや全塑性時のM_pから柱梁のQを出し、Qを合計して水平力を出すなどの問題でも使える。

● ラーメンの梁で、両端のMを足して長さで割り、Mの傾きからせん断力Qを求める。

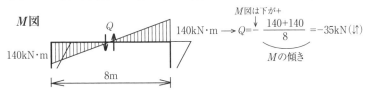

M図

M図は下が＋

140kN·m $\rightarrow$ $Q = -\dfrac{140+140}{8} = -35$kN(↓↑)

Mの傾き

● 崩壊メカニズム時に、各柱の材端モーメントがわかれば、そこから各柱のQがMの傾きから求まる。その総和が水平力となる。

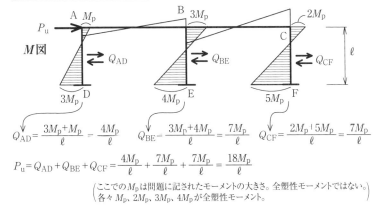

M図

$Q_{AD} = \dfrac{3M_p + M_p}{\ell} = \dfrac{4M_p}{\ell}$　　$Q_{BE} = \dfrac{3M_p + 4M_p}{\ell} = \dfrac{7M_p}{\ell}$　　$Q_{CF} = \dfrac{2M_p + 5M_p}{\ell} = \dfrac{7M_p}{\ell}$

$P_u = Q_{AD} + Q_{BE} + Q_{CF} = \dfrac{4M_p}{\ell} + \dfrac{7M_p}{\ell} + \dfrac{7M_p}{\ell} = \dfrac{18M_p}{\ell}$

$\left(\begin{array}{l} \text{ここでの}M_p\text{は問題に記されたモーメントの大きさ。全塑性モーメントではない。} \\ \text{各々}M_p、2M_p、3M_p、4M_p\text{が全塑性モーメント。} \end{array} \right)$

Q **安定、不安定、静定、不静定の判別式は?**
[構]

A 判別式＝反力数＋部材数＋剛節接合数－2×節点数
$$m = n + s + r - 2k$$

$m>0$：安定、不静定　　$m=0$：安定、静定　　$m<0$：不安定

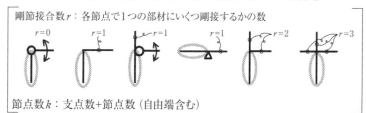

剛節接合数 r：各節点で1つの部材にいくつ剛接するかの数

節点数 k：支点数＋節点数（自由端含む）

半　　分　　固い　　ひき肉
反力数＋部材数＋剛節接合数　　－　　$2k$

● 静定とは安定構造物の中で、反力、応力がつり合いだけで解ける構造物。静定では支点、節点の1つの拘束を1段階落とすと不安定となる、ギリギリの状態。不静定とは反力数が多くてつり合いでは解けず、変形などを使って解く構造物。一般的な構造物は、ほとんどが不静定。不静定は余裕（リダンダンシー）のある安定構造だが、用語がわかりにくく、うまくない翻訳の1つと思われる。

安定 $m≧0$ ○				不安定 $m<0$ ✕
不静定 $m>0$			静定 $m=0$	
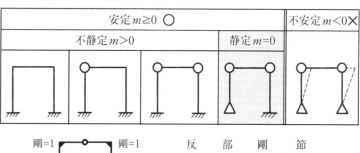				

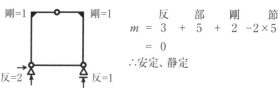

剛＝1　　剛＝1

　　　　反　　部　　剛　　節
$$m = 3 + 5 + 2 - 2 \times 5$$
$$= 0$$
∴安定、静定

反＝2　　反＝1

Q ①力＝質量×（　　）
②仕事＝力×（　　）
③モーメントのする仕事
　＝モーメント×（　　）

④弧度＝$\dfrac{（\quad）}{（\quad）}$

⑤θが小さいとき $\tan\theta \fallingdotseq$（　　）

A ①力＝質量×加速度 ($F=ma$)
②仕事＝力×距離 ($W=P\delta$)
③モーメントのする仕事
　＝モーメント×角度 ($W=M\theta$　θは弧度)

④弧度＝$\dfrac{弧の長さ}{半径}$ $\left(\theta=\dfrac{\ell}{r}\right)$

⑤$\tan\theta \fallingdotseq \theta$

力を しっかり かける 孤独 も あり える
力 ＝ 質量×加速度　　　弧度 ＝ r分 の ℓ

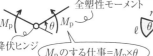

弧度＝$\dfrac{弧の長さ}{半径}$

$\theta=\dfrac{\ell}{r}$

全塑性モーメント

M_p　M_p

降伏ヒンジ

M_pのする仕事＝$M_\mathrm{p}×\theta$

$\ell=r\theta$
$\tan\theta\fallingdotseq\theta$
はよく出て
くるわよ！

$\tan\theta=\dfrac{y}{x}$

θが小さいとき
$\tan\theta\fallingdotseq\theta$

● 降伏ヒンジを回すには、全塑性モーメントM_pの力が必要。θ回すには$M_\mathrm{p}×\theta$のエネルギー（仕事）が必要となる。降伏ヒンジはさびついたヒンジのようなもので、エネルギーを吸収する。

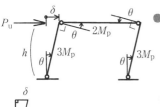

P_u　$2M_\mathrm{p}$

h　$3M_\mathrm{p}$　$3M_\mathrm{p}$

$\delta=h×\tan\theta$
$\fallingdotseq h\theta$ $\left(\begin{array}{l}\theta が小さいので\\ \tan\theta\fallingdotseq\theta\end{array}\right)$

または半径hの円弧と近似して、
$\theta=\dfrac{\delta}{h} \rightarrow \delta=h\theta$

● 左の崩壊システムのラーメンでは
P_uのした仕事＝$P_\mathrm{u}×\delta$
　　　　　　　　＝$P_\mathrm{u}×(h\theta)$←仮定したδが消える
　　　　　　　　＝$P_\mathrm{u}h\theta$
Mのした仕事＝柱のMの仕事＋梁のMの仕事
$\left(\begin{array}{l}ヒンジの吸収する\\ エネルギー\end{array}\right)$＝$(3M_\mathrm{p}×\theta)×2+(2M_\mathrm{p}×\theta)×2$
　　　　　　　＝$10M_\mathrm{p}\theta$

$\underline{P_\mathrm{u}のした仕事＝Mのした仕事}$ なので
　　　$P_\mathrm{u}h\theta=10M_\mathrm{p}\theta$←仮定した$\theta$が消える

　　∴$P_\mathrm{u}=10\dfrac{M_\mathrm{p}}{h}$

Q せん断切断、せん断孔あけする鋼材の板厚は（　　）mm以下
施

A 13mm

13日の金曜に　首を切られる
13mm　　　鋼　　　　せん断

JASS6

● 13mmを超えると、ばり、たれが大きくなり、修正が難しいため。

● せん断孔あけすると、ばり、たれができて、摩擦面として不適のため、高力ボルト用孔はすべて工場でのドリルあけとする（頻出）。ドリルあけの後にブラスト処理（ザラザラにすること）をする。ブラスト処理後にドリルあけは不可。現場での孔あけも不可。

Q ハンチの常温曲げ加工における曲げ内半径は、板厚の（　　）倍以上（柱、梁などの塑性変形能力を要求される部材の場合）
施

A 8倍以上（t：tickness 厚み）

ハ ン チ
8　　　t 以上

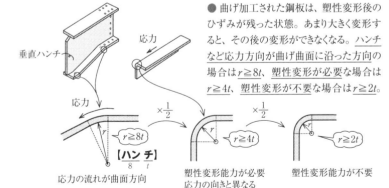

● 曲げ加工された鋼板は、塑性変形後のひずみが残った状態。あまり大きく変形すると、その後の変形ができなくなる。ハンチなど応力方向が曲げ曲面に沿った方向の場合は $r \geqq 8t$、塑性変形が必要な場合は $r \geqq 4t$、塑性変形が不要な場合は $r \geqq 2t$。

垂直ハンチ

応力

応力

$\times \frac{1}{2}$

$\times \frac{1}{2}$

$r \geqq 8t$

【ハ ン チ】
8　　t

応力の流れが曲面方向

$r \geqq 4t$

塑性変形能力が必要
応力の向きと異なる

$r \geqq 2t$

塑性変形能力が不要

Q フラックス粒にワイヤを潜らせて行う下向き専用の工場自動溶接は、（　　）溶接 施

 A サブマージアーク溶接

> <ruby>潜水艦<rt></rt></ruby>
> # サブマリーン は 潜る
> サブマージ

● アーク溶接とは、電極間にアーク放電を起こして、その熱を利用して溶接する方法。サブマージは潜り込ませるという意味で、ガスシールドアーク溶接のシールド、被覆アーク溶接の被覆と同様、空気から遮断するという役割をもつ。空気と接すると、ブローホール（気孔）、鉄の酸化などの溶接欠陥が起こるので、それを避けるためのもの。サブマージアーク溶接は、下向き専用の工場自動溶接。工場自動溶接は、ビルトH（板を合わせてH形鋼をつくる）などの長い溶接に適する。細かい溶接には適さない。

- ● 被覆アーク溶接：溶接棒が溶着金属、フラックスで空気と遮断、手で溶接
- ● ガスシールドアーク溶接：ワイヤの送り出しだけ自動（半自動溶接）、二酸化炭素ガスで空気と遮断、手で溶接。建築ではもっとも多く使われている
- ● セルフシールドアーク溶接：フラックス付きワイヤの送り出しだけ自動（半自動溶接）、フラックスで空気と遮断、手で溶接
- ● サブマージアーク溶接：ワイヤが溶着金属、フラックスで空気と遮断、自動溶接

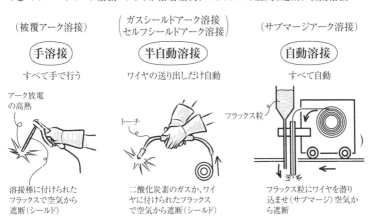

（被覆アーク溶接）　　（ガスシールドアーク溶接／セルフシールドアーク溶接）　　（サブマージアーク溶接）

手溶接　　　　　**半自動溶接**　　　　　**自動溶接**

すべて手で行う　　ワイヤの送り出しだけ自動　　すべて自動

アーク放電の高熱

トーチ

フラックス粒

溶接棒に付けられたフラックスで空気から遮断（シールド）

二酸化炭素のガスか、ワイヤに付けられたフラックスで空気から遮断（シールド）

フラックス粒にワイヤを潜り込ませて（サブマージ）空気から遮断

● フラックスとはケイ素、チタン、アルミニウム、石灰石などを成分とし、空気から遮断する、アークを安定させる、ビード（bead：じゅず、ビーズ）の形を整える、酸化鉄から酸素を取るなど、多くの役を担う。

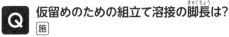

Q 仮留めのための組立て溶接の脚長は?
施

A 4mm 以上

→ ∨ → 脚長 4mm 以上
↓
ビード長さ 40mm 以上（$t>6$）

脚の形から4を連想

脚の長さ

JASS6

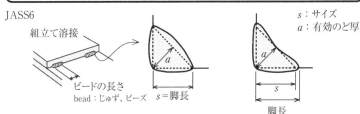

組立て溶接

ビードの長さ
bead：じゅず、ビーズ s＝脚長

s：サイズ
a：有効のど厚

脚長

● サイズ s は隅肉溶接で、2等辺3角形を内包した場合の辺の長さ。脚長は、単純に溶接部の辺の長さ。凹んでいる場合は、脚長に比べてサイズ s は小さくなる。
● 組立て溶接は、昔は仮溶接と呼んだ。仮留めのための溶接でも、脚長とビード長さは一定以上必要。

Q 組立て溶接のビード長さは?
施

A $t≦6$ で 30mm 以上、$t>6$ で 40mm 以上　t：厚さ thickness（mm）

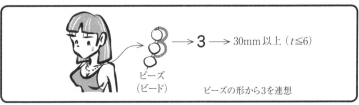

→ **3** → 30mm 以上（$t≦6$）

ビーズ
（ビード）
ビーズの形から3を連想

● ショートビードになると急に冷えるので、焼入れと同じになり、変形性能が劣ったもろい部分となってしまう。6mm 以下の薄い板で30mm 以上、6mm 超えの厚い板では40mm 以上必要。

Q 溶接時、パス間温度はどうする?
構 施

 A 冷やして強度を出す　→　一定（350℃など）以下にする
低温割れ、急冷を防ぐ　→　予熱して温度を一定（50℃など）以上にする

2

> ## バスケのパス
> パス間温度
>
> ### 低めが良い が ゴロはダメ
> 一定以下　　50℃未満✕

● パス（pass）とは、始点から終点まで動かす1回の溶接作業。冷えないと固まらないが、急冷するともろくなるので、パス間温度の上下限が鋼材によって決められている。溶接を始めるときはウォームアップ（余熱）が必要となる。

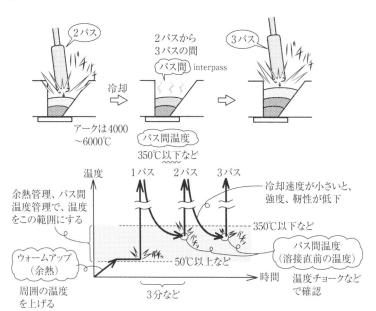

2パス

冷却

アークは4000〜6000℃

2パスから3パスの間
パス間 interpass

パス間温度
350℃以下など

3パス

温度

1パス　　2パス　　3パス

余熱管理、パス間温度管理で、温度をこの範囲にする

冷却速度が小さいと、強度、靭性が低下

350℃以下など

パス間温度（溶接直前の温度）

ウォームアップ（余熱）

周囲の温度を上げる

50℃以上など

3分など

時間　温度チョークなどで確認

気温が−5℃以上5℃以下の場合、溶接前に溶接線の両側約（　　）cmの範囲をウォームアップ（余熱）する 施

 約10cm

> 0℃前後
> ## 凍 死 しないよう ウォームアップ
> 10 cm

建築工事監理指針

● パス間の温度勾配をゆるやかにし、溶接金属中の水素が放出しやすくなって低温割れを防ぎ、急冷による焼入れ効果での変形能力の低下も防ぐ。

溶接はしないどすえ

● −5℃未満では溶接を中止する。**【舞子 は 溶接しない!】**
　　　　　　　　　　　　　　　　　　−5℃未満

 低水素系溶接棒を使う場合とは? 施

 厚い板や高強度の鋼材の場合

> ## H は控えめに! ⇨ 冷えて仲が割れるのを防ぐ
> 水素　　低め　　　　　　　　　　　低温割れを防ぐ

● 400N/mm²級、厚さ25mm以上、490N/mm²級以上の高張力鋼の溶接では低水素系溶接棒を使う。水素が多いと、<u>低温割れ</u>のほかに、施工後しばらくしてから割れる<u>遅れ割れ</u>が発生しやすい。

 ショートビードにするとどうなる? 施

 低温割れ、脆性化（ぜいせい）を起こしやすい

> ## ビードが短い ⇨ 急冷 ⇨ 焼入れと同じ ⇨ 脆性化（もろくなる）

● ビードが極端に短いと、一気に冷えて焼入れと同じように鋼の延性がなくなり、もろくなる。また冷えすぎると、200〜300℃での低温割れを起こしやすくなる。組立て溶接などはちょっとだけの溶接なので、ショートビードになりやすい。そのため脚長4mm以上、ビード長30mm以上などと決められている。

Q 溶接ののど断面に対する許容応力度は? 施

	長期許容応力度				短期許容応力度			せん断だけ $\frac{1}{\sqrt{3}}$ が付く
	圧縮	引張り	曲げ	せん断	圧縮	引張り	曲げ	せん断
突合わせ溶接	$\frac{2}{3}F$	$\frac{2}{3}F$	$\frac{2}{3}F$	$\frac{2}{3\sqrt{3}}F$	F	F	F	$\frac{1}{\sqrt{3}}F$
隅肉溶接	$\frac{2}{3\sqrt{3}}F$	$\frac{2}{3\sqrt{3}}F$	$\frac{2}{3\sqrt{3}}F$	$\frac{2}{3\sqrt{3}}F$	$\frac{1}{\sqrt{3}}F$	$\frac{1}{\sqrt{3}}F$	$\frac{1}{\sqrt{3}}F$	$\frac{1}{\sqrt{3}}F$

すべて $\frac{1}{\sqrt{3}}$ が付く　　　　せん断だけ同じ値　　F：基準強度

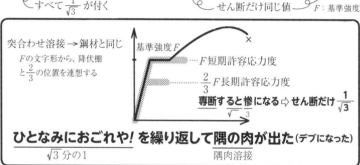

突合わせ溶接→鋼材と同じ
Fの文字形から、降伏棚と $\frac{2}{3}$ の位置を連想する

基準強度F

F短期許容応力度

$\frac{2}{3}F$長期許容応力度

専断すると惨になる⇨ せん断だけ $\frac{1}{\sqrt{3}}$
$\sqrt{3}$

ひとなみにおごれや! を繰り返して隅の肉が出た(デブになった)
$\sqrt{3}$ 分の1　　　　　　　　隅肉溶接

令92

● 政令の表では、隅肉溶接は突合わせ溶接以外のものとなっている。突合わせ溶接は突き合わせた切断面(小口)同士を溶接するもの。突合わせ溶接のうち、開先(グルーブ、溝)をつくって断面全体を溶け込ませたのが完全溶込み溶接。

● 溶接部のFの値は、鋼材同様に国交省告示にある。突合わせ溶接の許容応力度は、母材に応じた適切な溶接材料を使えば、母材と同じにできる。短期、長期でF、2/3Fとなるのは、鋼材、高力ボルト、鉄筋と同じ。

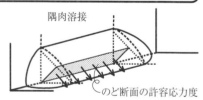

隅肉溶接

のど断面の許容応力度

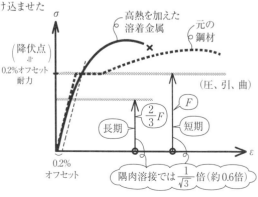

σ

高熱を加えた溶着金属

元の鋼材

(降伏点)
0.2%オフセット
耐力

(圧、引、曲)

$\frac{2}{3}F$ 長期

F 短期

0.2%オフセット

隅肉溶接では $\frac{1}{\sqrt{3}}$ 倍(約0.6倍)

ε

Q 基準疲労強度は、高力ボルト摩擦接合部と完全溶込み溶接接合部では、どちらが小さい？ 構

A 完全溶込み溶接接合部

疲 労 で 汗 が 溶け出す
疲労強度 　　　　　 溶接劣る

● 強度以下の応力でも、繰返しで破壊にいたることがある。その場合の繰返し応力が疲労強度。
● <u>高力ボルト接合部の高力ボルトや摩擦面には、耐力以下の繰返し応力では変化は起こらない。</u>

Q さび止め塗装をしない部分は？ 施

A ①溶接部、②高力ボルト摩擦接合部、③コンクリート埋込み部、④耐火被覆部

養 母 の 梅 干し、 着色なし
溶接 ボルト 　 埋込み 耐火被覆 塗装しない

● <u>溶接部</u>の両側100mm程度は、さび止めをしない。溶接に不純物が混じるため。また摩擦がなくなる、コンクリートとの付着が悪くなる、耐火被覆下ではさびにくいので、摩擦面、コンクリート埋込み部、耐火被覆部にはさび止め塗装をしない。

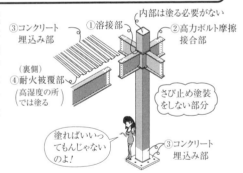

Q さび止め塗装は、（　　）℃＜気温、鋼材表面温度 ＜（　　）℃で可能 施

A 5℃＜気温、鋼材表面温度＜50℃

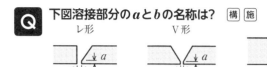

高温 の 鋼材に さび止めはダメ
5℃超え　　50℃未満

Q 下図溶接部分の *a* と *b* の名称は？ 構 施

レ形　　　　　　V形　　　　　　K形

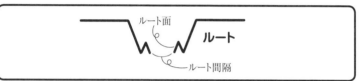

A *a*：ルート面、*b*：ルート間隔

ルート面

ルート

ルート間隔

● ルート（root）の原義は根、付け根で、溶接の付け根、底の部分を指す。ルート面は付け根の面、ルート間隔は付け根のあき間隔。ルート間隔が狭いと、溶着金属が溶け込まずに欠陥ができる。

bevel：斜角

【バベルの塔の斜角】

開先角度

ベベル角度

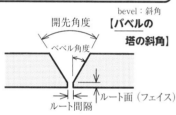

ルート面（フェイス）

ルート間隔

● 荷重が偏心することによって生じる曲げモーメントを、付加曲げモーメント（付加曲げ）という。曲げモーメント、付加曲げモーメントによって、溶接のされていないルート面に引張り力がかかると、下図のようにはがれて壊れる危険がある。

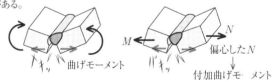

曲げモーメント

M　　　*N*

偏心した *N*

付加曲げモーメント

● 繰返し応力のかかる部分は壊れやすいので、部分溶込み溶接は使えず、完全溶込み溶接を使う。ボルト接合では高力ボルトを使う。

繰返し応力 ⇨ 部分溶込み溶接 ✕→ 完全溶込み溶接 ○

普通ボルト ✕→ 高力ボルト ○

● 繰返し応力に対する疲労強さは、完全溶込み溶接＜高力ボルト。すべり耐力以下の応力が繰り返しかかっても、ボルト軸力、摩擦面は変化しないため。

Q 梁フランジとダイアフラムの突合わせ継手の完全溶込み溶接では、フランジとダイアフラムで厚いのはどっち? 構

A ダイアフラム

> ## ダイヤ の方が まわりより 大きい!
> ダイアフラム

● フランジは<u>ダイアフラムの厚みの内部</u>で溶接する。

ブラケット (梁の端部)

完全溶込み溶接　　ダイアフラム

梁のフランジ

薄い　　厚い フランジ

ウェブ

● 仕口や継手の<u>ずれや食違い</u>には許容値があり、それを超えた場合は適切な補強を行う。

● 鉄骨製作工場のグレードは、J<R<M<H<S。【 **J R 南橋本** 　 】
リニア駅のとなり
M　HS

Q 突合わせ継手の完全溶込み溶接では、薄い方の板厚の 1/ (　) 以下、かつ (　) cm以下の板厚の差による段違いでは、溶接表面を薄い方から厚い方へなめらかに溶接すればよい 施

A (板厚の) 1/4以下かつ1cm以下

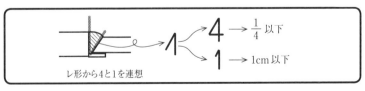

$\dfrac{1}{4}$ 以下

1cm以下

レ形から4と1を連想

JASS6

Q エンドタブは取らなくてよい?
[構] [施]

 A 一定の条件下で取らなくてよい

取らなくていいのか

耳 たぶ は取らなくてよい
エンドタブ

鉄骨工事技術指針

● 継手端部ちょうどで溶接を終わらせると、端部に溶接不良が出やすい。そのため溶接を端部よりも先に延ばす。溝を延ばすために裏当て金を延長し、開先と同角度のエンドタブを付ける。側面を隅肉溶接する場合に、角ピッタリに止めずに回し溶接するのも、端部に溶接不良が出やすいため。鋼製エンドタブは、終局時に塑性化しない、または梁材が400N/mm²級などの条件下で、取らなくてよい。

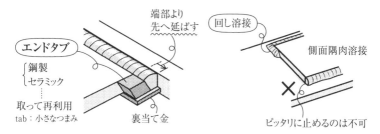

端部より先へ延ばす

回し溶接

エンドタブ
┌鋼製
└セラミック
取って再利用
tab：小さなつまみ

側面隅肉溶接

裏当て金

× ピッタリに止めるのは不可

 Q エンドタブ組立て溶接は母材にしてよい?
[構] [施]

 A 母材との溶接はなるべく避ける

母 には くっつくな!
母材 （マザコンはやめよ）

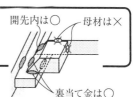
開先内は○　　母材は×
裏当て金は○

JASS6

● 溶接不良や急熱急冷などによる母材への影響を避ける。やむをえず溶接する場合は、後で溶けて一体化する開先内で行う。

Q 構 施 スカラップを梁ウェブに設けるのはなぜ？

A 溶接線の交差を防ぎ、裏当て金を挿入するため

スカ で ラップ を防ぐ
（あき）　（重なり）

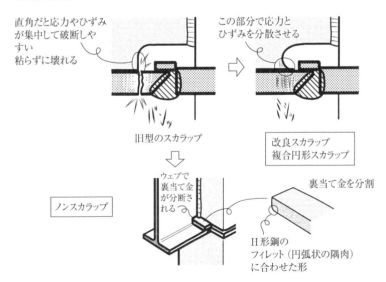

スカラップ　scallop：ホタテ貝

隅肉溶接

ウェブ

裏当て金

フランジ

ダイアフラム

完全溶込み溶接

鉄工所では下向きで溶接

● 旧型のスカラップでは、フランジが破断しやすかった。そこで複合円形の改良スカラップを用いたり、スカラップを使わないノンスカラップとしたりして、塑性変形性能を向上させるようになった。

直角だと応力やひずみが集中して破断しやすい
粘らずに壊れる

この部分で応力とひずみを分散させる

バンッッ

旧型のスカラップ

ミシッッ

改良スカラップ
複合円形スカラップ

ノンスカラップ

ウェブで裏当て金が分断される

裏当て金を分割

H形鋼のフィレット（円弧状の隅肉）に合わせた形

Q 有効のど厚 a（エー）は？
[構] [施]

A 完全溶込み溶接：有効のど厚 a＝薄い方の板厚
部分溶込み溶接：有効のど厚 a＝開先深さ－α（アルファ）
隅肉溶接（直角接合）：有効のど厚 a＝0.7S

（α：3mmなど）
（S：サイズ）

厚み のある 女 の サイズ
　のど厚、隅内　0.7 × S

● 許容応力度×（有効のど厚×有効長さ）で最大の応力度を出す。

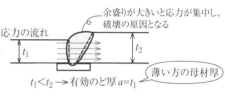

余盛りが大きいと応力が集中し、破壊の原因となる
応力の流れ
t_1　t_2
薄い方の母材厚

完全溶込み溶接

● 完全溶込み溶接は収縮が大きいので、隅肉溶接より先に行う。
【隅の肉は後で食べる】

$t_1 < t_2 \rightarrow$ 有効のど厚 $a = t_1$

部分溶込み溶接

● 開先深さ全部が溶け込んでいるとは限らないので－αとする。

開先の深さ
有効のど厚 a＝開先深さ－α
開先底まで十分に溶け込まない

隅肉溶接

● 直角2等辺3角形の比
1：1：$\sqrt{2}$ を使えば、有効のど厚
a＝0.7Sはすぐに計算できる。

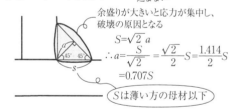

余盛りが大きいと応力が集中し、破壊の原因となる

$S = \sqrt{2}\,a$
$\therefore a = \dfrac{S}{\sqrt{2}} = \dfrac{\sqrt{2}}{2}S = \dfrac{1.414}{2}S$
$= 0.707S$

Sは薄い方の母材以下

Q 隅肉溶接の溶接の長さは？
[構] [施]

A 有効長さ＋2S

おなかの 両隅に肉がついて サイズアップ！
　　　　隅肉　　　2×　　　　　　S

有効長さ S
S
溶接の長さ

Q 溶接欠陥にはどんなものがある？
構 施

A ①ブローホール　②ラメラティア　③ピット　④アンダーカット
⎣_____内部欠陥_____⎦
⑤オーバーラップ

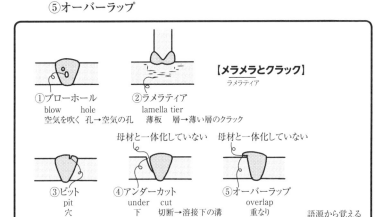

①ブローホール
blow　hole
空気を吹く　孔→空気の孔

②ラメラティア
lamella tier
薄板　層→薄い層のクラック

【メラメラとクラック】
ラメラティア

母材と一体化していない　　母材と一体化していない

③ピット
pit
穴

④アンダーカット
under　cut
下　切断→溶接下の溝

⑤オーバーラップ
overlap
重なり

語源から覚える

● 内部欠陥の検出 ⟶ 放射線透過試験、超音波探傷試験
　表面の傷の検出 ⟶ 磁粉探傷試験、浸透探傷試験
　　　　　　　　　　⌐内部欠陥検出に使うのは✕（頻出）

● 欠陥はエアアークガウジング（アークの熱で溶かしエアで吹き飛ばす）で船底状にはつり、再溶接する。

Q 切断面のノッチ深さは（　　）mm以下
施

A 1mm 以下

ノッチ →イッチ→イチ→1mm以下

JASS6

● ノッチ（notch）は、V字形の溝、キズのこと。

● 開先内でも一般の端部でも同様に、ノッチ深さは1mm以下。開先は溶着金属を満たすための溝のこと。

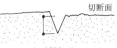

切断面

ノッチ深さ≦1mm

溶接欠陥を船底形にはつる場合の補修範囲は？
構 施

A 表面割れは両端より50mm以上、内部不良は両端より20mm
程度

船底
フ ナ ゾ コ
20mm　　　　50mm　　　　船は表面
程度　　　　以上　　　　　の方が広い
（内部）　　　（表面）

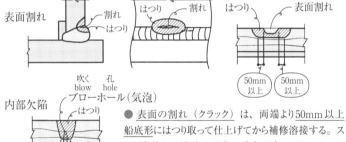

表面割れ　　割れ　　はつり　　割れ　　はつり　　表面割れ
　　　　　　はつり

50mm　50mm
以上　　以上

内部欠陥

吹く　　孔
blow　hole
ブローホール（気泡）
はつり

20mm 程度

● 表面の割れ（クラック）は、両端より50mm以上
船底形にはつり取って仕上げてから補修溶接する。ス
ラグ巻込み、溶込み不良、融合不良、ブローホール
などの内部欠陥は、欠陥端部より20mm程度はつり
取って船底形に仕上げてから補修溶接する。50mm
と20mmは逆にして出題されるので注意。

arch　air　gouging　gouge：えぐる
アークエアガウジング

圧縮空気

炭素電極

アークの熱で溶かして
圧縮空気で吹き飛ば
してはつる

外人？

ガウジング

はつる

ザ゛゛

Q スタッド溶接の仕上り精度は、
仕上り高さ± ( ) mm、傾き ( ) ° 以内 施

A ±2mm、5°以内

頭付きスタッドの頭の形から2を連想

studのsの形から5を連想

JASS6

stud：鋲（びょう）、間柱

● デッキプレートは梁に焼抜き栓溶接で留めるが、頭付きスタッドを付ける場合は水平力をスタッドが受けるので、デッキはアークスポット溶接（点溶接）や隅肉溶接で可能。

● 頭付きスタッドを梁の上に溶接すると、梁とRCスラブが一体化され、梁が曲がりにくくなる（剛性が大きくなる）。合成梁といわれる。ずらそうとするせん断（シア）に抵抗してつなぐ（コネクト）ので、シアコネクタとも呼ばれる。

Q スタッド溶接打撃試験の角度は?
施

A 施工前 30°、施工後 15°（そのまま使用）

stud → 5 → 5° → 15° ×2 30°
Sを5と連想　精度　施工後試験　施工前試験

鉄骨工事技術指針

● 施工後に頭付きスタッドをハンマーで叩き、15°まで曲げても壊れないものはそのまま使う。施工前の試験は試験専用なので角度は倍の30°。

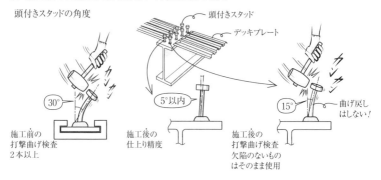

頭付きスタッドの角度

頭付きスタッド
デッキプレート

30°

5°以内

15° 曲げ戻しはしない!

施工前の
打撃曲げ検査
2本以上

施工後の
仕上り精度

施工後の
打撃曲げ検査
欠陥のないもの
はそのまま使用

● スタッド溶接技能はA級（基本級）、B級（専門級）があり、横向き、上向きができるのはB級。【**逆　立ち できるのはビックリ**】
上・横　スタッド（スタンド）　　　B　級

2

ボルト孔の余裕は？
構 施

高力ボルト、ボルト、アンカーボルトの孔径（あなけい）(mm)

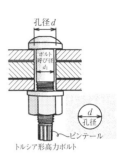

	孔径d	ねじの呼び径d_1
高力ボルト	$d_1+2.0$ $d_1+3.0$	$d_1<27$ $d_1\geqq27$
アンカーボルト	$d_1+5.0$	
（普通）ボルト	$d_1+0.5$	

トルシア形高力ボルト

JASS6

呼び径＝公称軸径、ボルトの軸径、ねじの外径
令68では普通ボルトは$d_1+1(d_1<20)$、$d_1+1.5(d_1\geqq20)$
d：diameter（ダイアメター）、直径

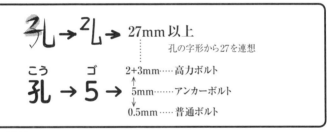

令68、JASS6

● 普通ボルトは板がずれてボルト軸に当たってずれが止まるので、孔の余裕は最小の0.5mmと小さくされている。一方高力ボルトは高張力で板を締め付けて摩擦接合するので、板はずれず、孔の余裕は2mm、3mmと大き目。またアンカーボルトはベースプレートとモルタルとの摩擦、ボルト軸によるずれへの抵抗と両者を考慮するうえに、ボルト軸が太くて事前に埋め込むので、孔の余裕は5mmと大きい。

● 高力ボルトの孔径は、F8TかF10Tか（引張り強さの高低）、溶接亜鉛めっきか否かには関係せず、ボルト軸の径のみで決まる。

● 高力ボルト用の孔あけ加工は、必ずドリル孔あけ、普通ボルトは原則ドリル孔あけで、板厚13mm以下ではせん断孔あけが可能。【**13日の金曜に首を切られる**】

● 孔あけ後にブラスト加工（ザラザラさせる）を行う。ブラスト加工後に孔あけすると、孔周囲にバリやごみが残ってしまう。

 鋼材のガス孔あけが可能なのは（　　）mm以上

A 30mm以上

☀ **SUN は ガス の 球**
3cm以上　　　　　径

JASS6

● 設備用スリーブの孔など。

Q ボルト孔食違いが（　　）mm以下の場合は、リーマがけで補修 [施]

A 2mm以下

2枚のプレートの孔の食違い
2mm以下

リーマ
（錐）

刃が多い

ドリルのように
とがっていない

JASS6

● （reamer）：孔が一致していないときに使う錐。

Q トルシア形高力ボルト、高力六角ボルト（JIS形高力ボルト）の締付け後の余長は？ [構][施]

A 1〜6山

イチ ロー、強烈 に 突出している!
1 〜 6 山　高力ボルト　　　余長

JASS6

● アンカーボルトの余長は3山以上。【ねじ山の「山」は「さん」とも読む】

Q 1次締め後に合格とする回転角度は
トルシア形高力ボルト ……………… 平均回転角度±（　　）°
高力六角ボルト（JIS形高力ボルト）… 120°±（　　）°　　施

A 平均回転角度±30°、120°±30°

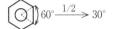
$60° \xrightarrow{1/2} 30°$　　辺の中心角×$\frac{1}{2}$

JASS6

Q トルシア形高力ボルトM20、M22の1次締めトルク値（モーメント値）は？　施

A 約150N·m

1次会の締め は イチ ゴ オーレ
　　　　　　　　　　　1　5　　0 N·m

JASS6

● M16では約100N·m。

● 本締めでは専用締付け機で、ピンテール（しっぽのとがった部分）が破断するまで締めると所定のトルクとなる。

● 仮ボルトは中ボルト（普通ボルト）を使い、1群に対し1/3程度かつ2本以上。
柱継手のエレクションピースでは、高力ボルトで全数締付け。

● 高力ボルト締付け手順
①同軸径の中ボルト（普通ボルト）で、ボルト群の1/3以上、2本以上を仮締め
②高力ボルトに替えて1次締め　③マーキング　④本締め

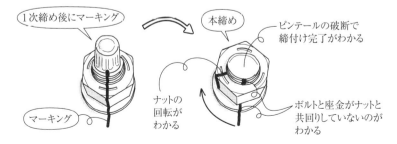

Q 高力ボルトの許容せん断応力度は
長期：(　　) T_0　　短期：(　　) T_0　構

 A $0.3T_0$、$0.45T_0$

(　T_0は高力ボルトの基準張力)

> ## オシッコ で すべる！
> 　　　　0.45　　すべり係数

令92の2

● 摩擦力＝摩擦係数×垂直反力の式で垂直反力＝張力となる。0.45は摩擦係数（すべ
り係数）で、すべり出す瞬間の最大のせん断力が短期許容応力度＝$0.45T_0$。長期＝
2/3×短期＝$0.3T_0$。短期の2/3が長期なのは、鋼材と同じ。

● 溶融亜鉛めっき摩擦面のすべり係数は0.4以上とする。溶融亜鉛めっき面はすべりや
すいので、0.4と小さめとなる。

● F10TをF14Tにすると張力が増大し、摩擦力が増え、許容せん断力が増す。
そのため高力ボルトの本数を減らすことができ、スプライスプレートを小さくできる。

 Q 高力ボルトの摩擦接合で、摩擦力の強い接合面の順は？
構

A 赤さび ＞ ブラスト処理面 ＞ ミルスケール ＞ 塗装面
　　　　　　（ザラザラにする処理）　　　（黒さび、黒皮）

> ## 赤い　ブラが　見えるっす！
> 　赤さび ＞ ブラスト　＞ ミルスケール

● 浮きさび、ミルスケール、じんあい（ほこり）、油、塗料は取り除き、赤さびが一様に
出た状態とする。外（製品ヤード）に置くと1～2週間で赤さびが出る。その時間がな
い場合は、鉄の粒をぶつけて粗面とするブラスト処理を行う。溶融亜鉛めっき面はすべ
るので、ブラスト処理かリン酸塩処理をしてすべり係数を0.4以上とする。

● ボルト孔周辺にまくれやたれがあると接合面が密着できなくなるので、グラインダー（や
すりの円盤を回す研削機）などで削り取る。

● ブラスト処理の場合、表面の粗さを50μm RZ（マイクロメーターアールゼット）以上
とする。RZは粗さの単位。μは10^6分の1。【ブラ 、高齢者用あるぜ！】
　　　　　　　　　　　　　　　　　　　　　　ブラスト　50μm　　RZ

Q 摩擦面、高力ボルトの数と許容せん断力の関係は?
[構]

A 短期許容せん断力＝摩擦面の数×高力ボルトの数×$0.45T_0$

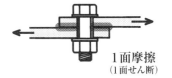

1面摩擦
(1面せん断)

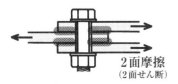

2面摩擦
(2面せん断)

1面摩擦　ボルト1本……1×1＝1倍
1面摩擦　ボルト4本……1×4＝4倍
2面摩擦　ボルト1本……2×1＝2倍
2面摩擦　ボルト4本……2×4＝8倍

かけ算

Q フィラープレートは、肌すきが（　　）mmを超えると入れる
[構] [施]

A 1mm超

板 1 枚 入れる 肌すき
1mm超え

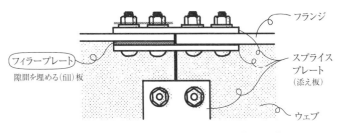

フランジ

フィラープレート
隙間を埋める(fill)板

スプライス
プレート
(添え板)

ウェブ

【スープとライスでおかずを挟む】
スプ　　ライス

Q 高力ボルトの最小縁端距離と切断法の関係は?
構 施

A

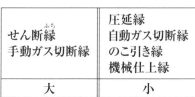

せん断縁 手動ガス切断縁	圧延縁 自動ガス切断縁 のこ引き縁 機械仕上縁
大	小

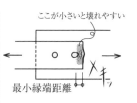

ここが小さいと壊れやすい

最小縁端距離

切り口が粗いと信用低い ⇨ せん断、手動ガス切断は大きめ

平12建告 (ボルト径によって数値が決まっている)

● 高力ボルト相互の中心間距離は2.5d以上。【**ボルト2個の距離**】(令68)

● 2種類の接合
(頻出)

高力ボルト + 溶接 ⟶ 2.5d　高力ボルト の応力 + 溶接 の応力

高力ボルト締め → 溶接 という順に限り、両方の 許容耐力を合計でき、 応力を分担させることが できる。溶接を先にする と板が変形して密着せず、 摩擦が効かない。

厚い板 + 薄い板 ⟶ 薄い板厚 がのど厚

厚い　薄い

薄い方の厚み分しか応力が 流れないので、有効のど厚 は薄い方の厚みとする。

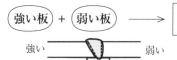

強い板 + 弱い板 ⟶ 弱い板 の耐力

強い　弱い

母材の許容応力度が違う 場合は、弱い方で溶接継 目の耐力を計算する。安全 側の計算となる。

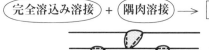

完全溶込み溶接 + 隅肉溶接 ⟶ 応力を分担

各許容耐力に応じて、応 力を分担する。

Q **S造建方精度における建物、柱の倒れの管理許容差 e は？**
施

A 建物の倒れ $\quad e \leqq \dfrac{H}{4000} + 7\,mm\,$ かつ $e \leqq 30$

柱の倒れ $\quad e \leqq \dfrac{H}{1000}\,$ かつ $e \leqq 10$

よせ 斜め！	**惨事になる！**	**柱→線→1000→10**
$H/4000+7$ 以下	30以下	$H/1000$　10以下

JASS6

● 1節だと建物と柱の倒れ e は同じ。2節で継ぐと、それぞれの柱の倒れ e の合計が建物の倒れとなる。木造の建方精度は $H/1000$ 以下で柱と一緒（p.230）。

【日本の木造は線的で高精度】

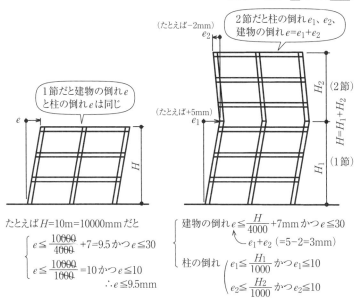

（2節だと柱の倒れ e_1、e_2、建物の倒れ $e=e_1+e_2$）

（たとえば−2mm）e_2

1節だと建物の倒れ e と柱の倒れ e は同じ

（たとえば+5mm）e_1

H_2（2節）

$H=H_1+H_2$

H_1（1節）

たとえば $H=10m=10000mm$ だと

$$\begin{cases} e \leqq \dfrac{10000}{4000} + 7 = 9.5\,かつ\,e \leqq 30 \\ e \leqq \dfrac{10000}{1000} = 10\,かつ\,e \leqq 10 \end{cases}$$
$$\therefore e \leqq 9.5mm$$

建物の倒れ $e \leqq \dfrac{H}{4000} + 7\,mm\,$ かつ $e \leqq 30$
　　　　　$e_1 + e_2$（$=5-2=3mm$）

柱の倒れ $\begin{cases} e_1 \leqq \dfrac{H_1}{1000}\,かつ\,e_1 \leqq 10 \\ e_2 \leqq \dfrac{H_2}{1000}\,かつ\,e_2 \leqq 10 \end{cases}$

● 風速10m/s以上では建方は行わない。

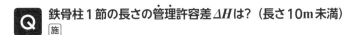

Q 鉄骨柱1節の長さの管理許容差ΔHは？（長さ10m未満）
[施]

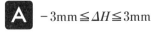

A −3mm ≦ ΔH ≦ 3mm

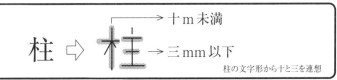

柱 ⇨ 柱 → 十m未満
　　　　　→ 三mm以下

柱の文字形から十と三を連想

JASS6

● 柱とブラケット（梁の仕口となる腕木）を最上階までつくると、トレーラーに載らないので、2階分とか3階分に切って運び、現場で継ぐ。その1本分の高さを節と呼ぶ。1節の長さの管理許容差ΔHは、−3mm≦ΔH≦3mmとされている（JASS6）。

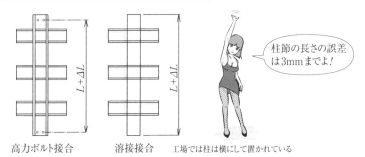

高力ボルト接合　　溶接接合　工場では柱は横にして置かれている

柱節の長さの誤差は3mmまでよ！

● ベースモルタル仕上げ面高さの管理許容差ΔHも−3mm≦ΔH≦3mm。

Q ベースモルタル仕上げ高さの管理許容差ΔHは？
[施]

A −3mm ≦ ΔH ≦ 3mm

柱 ⇨ 柱 ⇨ 三mm以下

JASS6

● ベースモルタル面は柱のベースプレートを置く面なので、誤差が大きいと建物がゆがんでしまう。

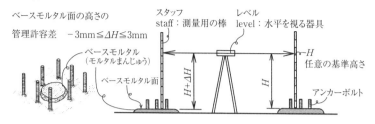

ベースモルタル面の高さの

管理許容差　$-3\text{mm} \leqq \Delta H \leqq 3\text{mm}$

ベースモルタル（モルタルまんじゅう）

ベースモルタル面

スタッフ
staff：測量用の棒

レベル
level：水平を視る器具

H 任意の基準高さ

$H+\Delta H$

H

アンカーボルト

Q 柱の階高の管理許容差 Δh は？
施

A $-3\text{mm} \leqq \Delta h \leqq 3\text{mm}$

階高 ⇨ ß ⇨ 3mm

辺の形から3を連想

JASS6

● 1節の長さ全体の ΔH と、各階高の Δh は、両方とも -3mm 以上、3mm 以下。

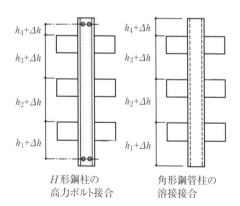

$h_4+\Delta h$

$h_3+\Delta h$

$h_2+\Delta h$

$h_1+\Delta h$

$h_4+\Delta h$

$h_3+\Delta h$

$h_2+\Delta h$

$h_1+\Delta h$

H形鋼柱の
高力ボルト接合

角形鋼管柱の
溶接接合

3 構造設計

Q 荷重によって分類された応力の種類は?
[構]

A G(固定)、P(積載)、S(積雪)、W(風)、K(地震)

( ) 内の荷重による応力

散歩
G P S で Walk

令82

● たとえばGとは、固定荷重(建物本体の重さ)によって生じるN、M、Qのこと。荷重のことではない点に注意。

Q 多雪地域でW、Kが短期でかかるときの荷重は?
[構]

A $G+P+0.35S+W$、$G+P+0.35S+K$

Sを低減

おおさむこさむ 雪 の上に 風 が吹く
0 . 3 5 S +W

令82

力の種類	荷重および外力について想定する状態	一般の場合	多雪地域の場合
長期に生じる力	常時	$G+P$	$G+P$
	積雪時		$G+P+0.7S$
短期に生じる力	積雪時	$G+P+S$	$G+P+S$
	暴風時	$G+P+W$	$G+P+W$
			$G+P+0.35S+W$
	地震時	$G+P+K$	$G+P+0.35S+K$

雪が積もっていない場合も検討

Sではなく0.35S

KとWは同時にかからない

おおさむこさむ

積載荷重
固定荷重

210

● 積雪の初終間日数の平均が<u>30日以上</u>が多雪地域。積雪量が1m未満でも多雪地域となる。

● <u>雪の比重＝0.2</u>。0.2tf/m³＝200kgf/m³＝2000N/m³。1cmの高さだとその1/100なので20N/m²。積雪荷重は高さ1cm当たり20N/m²。

【雪だるま、ニンジン差して完成】
20N/m²

● 大スパン緩勾配屋根では、屋根版の構造種別によっては<u>降雨による割増し係数</u>を乗じる。

● 積雪量が1mを超える場合、<u>雪下ろしの実況に応じて1mまで減らして計算</u>する。

Q 積載荷重の構造部位別大小関係は？　構

A 床用＞骨組み（大梁、柱、基礎）用＞地震用

スラブ人 は 骨格 に 自信 あり！
床用　＞　骨組み用＞地震用

令85

● 集中するおそれの大きい方を、安全のため多めに見積もる。床は重さがかたよるおそれがあるので、一番大きい。地震力は層全体に重さをかけるので、荷重は一番小さい。

● 住宅、寝室、病室の床用積載荷重は<u>1800N/m²</u>（180kgf/m²）。

● 床用積載荷重は　店舗、事務室（2900）＞教室（2300）＞住宅（1800）。

【住宅のモジュールは1800（1間）】【教室にいる兄さん】【肉を買って オフィスに戻る】
2300　　2900　店舗　事務室

Q 学校の屋上と教室、百貨店の屋上広場と売場、それぞれの積載荷重の大小は？　構

A 学校の屋上＞教室　百貨店の屋上広場＝売場

学校の屋上 で 全校集会！
集中するおそれあり

令85

● 学校、百貨店の屋上は人が集まるので2900N/m²と高め。他の屋上は1800N/m²。

3 ｜ 構造設計 ｜ 211

Q 学校、百貨店、劇場の廊下の積載荷重と教室、売場、客席の積載荷重、それぞれの大小は？ 構

A 廊下＞教室　　廊下＞売場　　廊下＞客席

避難で 全員廊下に出る！

廊下の方が集中するおそれあり

令85

● 廊下、階段では一斉に人が出る可能性があるので、3500N/m²と高め。

Q 地震層せん断力係数 C_i＝（　　）×（　　）×（　　）×（　　） 構

A $C_i = Z \times R_t \times A_i \times C_0$

i ：i層
Z ：地震地域係数
R_t ：振動特性係数。建物の固有周期tと地盤で決まる
A_i ：高さ方向の分布係数。むち振り効果で上ほど大きい
C_0 ：標準せん断係数。0.2、0.3、1など

地震 は 絶対 ある、あし たにも

$\underline{C_i}$ ＝ $\underline{Z}$ × $\underline{R_t}$ × $\underline{A_i \times C_0}$

令88

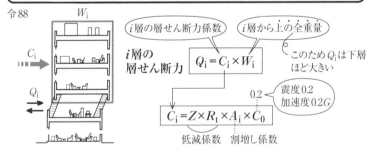

W_i

i層の層せん断力係数　　i層から上の全重量

i層の層せん断力　$Q_i = C_i \times W_i$　　このためQ_iは下層ほど大きい

$C_i = Z \times R_t \times A_i \times C_0$

0.2　震度0.2 加速度0.2G

低減係数　割増し係数

● 地震の横方向の加速度が何GあるかがC_i。　C_iが0.2ならば0.2Gの加速度が働き、考えている層から上の重さ×0.2だけ横力がかかるとする。Z、R_tはその0.2を低減する係数、A_iは割増しする係数。

● Zは地域から決まる係数で、東京、大阪などの確率の高い所は1、確率の低い沖縄などは0.7と低減係数となる。

高さ h（m）の建物の1次固有周期 T は？
構

A RC造：$T=0.02h$　　S、W造：$T=0.03h$
RC造＋S造：$T=(0.02+0.01\alpha)h$ （α：Sの全体 h に対する比）

> **琵琶湖 一周 近江 の 大津 から**
> 　　　周期 T　おおみ　　おおつ
> 　　　　　　　0.03h　　0.02h

近江
大津

3

平19国交告

● RC造は硬いので、周期 T はS造、W造に比べて短い。

● 同じ方向に揺れた場合が1次、S字の揺れ方が2次、右左右とクネッた揺れ方が3次。固有とは建物に本来備わった、物理的条件で一義的に決まっているということ。固有周期は1次＞2次＞3次。

 $R_t - T$ のグラフはどのような形？
構

A

振動特性係数 R_t

低減大

- 第3種地盤（軟弱）地震力大
- 第2種地盤（普通）
- 第1種地盤（硬質）地震力小

T が長いほど小さい

T（秒）固有周期

$T=0.4$秒以下は $R_t=1$　低減なし

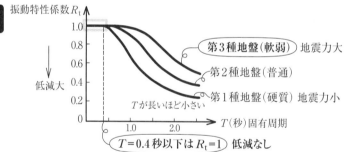

$R_t \rightarrow$ 　R字形から＼を連想　　軟弱　3　→ 3種地盤
Rの字形から＼を連想　　　　　　　低減少ない
　　　　　　　　　　　　柔らかくて大きな振動の形から3を連想

Tバックの おしり より下（足）は よく動く
　　T　　　0.4秒　　以下　　　　低減なし $R_t=1$

平19国交告

● T が長いと R_t は小さくなる。建物の周期 T が長いと、地面の振れに共振しにくくなるため。R_t の値は3種＞2種＞1種。地盤が軟らかいと、揺れは大きくなる。$T \leqq 0.4$秒では $R_t=1$ で C_i の低減なし。たとえば高さ $h=10$m の建物の場合、RC造では $0.02 \times 10 = 0.2$秒、S造では $0.03 \times 10 = 0.3$秒。どちらも 0.4秒以下となり $R_t=1$ と低減はなくなる。

Q 高さ方向の分布係数 A_i は上層ほど大きい？　小さい？

構

A 大きい

> ## $\underset{A_i}{\text{AI}}$ は 人間に $\underset{\text{むち振り}\rightarrow\text{上層ほど大きい}}{\text{むちを振る}}$

● むち振り、さお振りの効果で、高さ方向の分布係数 A_i は上層ほど大きくなる。Z と R_t は地面でほぼ決まり、A_i は建物で決まる。建物の周期 T は、R_t と A_i を決めるときに必要。A_i が上層ほど大きいため、C_i も上層ほど大きくなる。

Q $A_i - \alpha_i$ のグラフはどのような形？　構

A

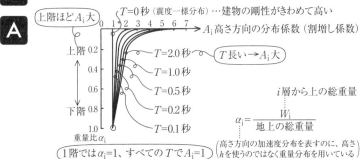

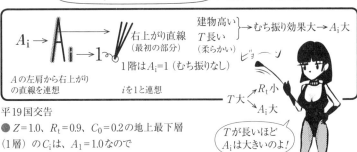

平19国交告

● $Z=1.0$、$R_t=0.9$、$C_0=0.2$ の地上最下層 (1層) の C_i は、$A_1=1.0$ なので $C_1=1.0 \times 0.9 \times \underline{1.0} \times 0.2 = 0.18$ となる。

● 1層 (1階) は $A_i=1$ で最小値なので、C_1 は最小となる。しかし1層にかかる層せん断力 Q_1 は、$Q_1=C_1 \times W_1$ と1層より上の総重量 W_1 をかけるので、Q_1 は最大となる。C_i の大きさの違いよりも、その層より上の重さの違いの方が大きいため。

A：Amplification 増幅
「アンプ」で覚えておく

Q 標準せん断力係数 C_0 は $C_0 \geq$ （　　）
[構]

A $C_0 \geq 0.2$

$$C_0 \rightarrow \bigcirc \, {}_0 \rightarrow \overset{\text{横線}}{\mathcal{C}} \, {}_0 \curvearrowright 0.2$$

Cに横線を加えて2と連想

令88

● 中地震のための1次設計では $C_0 \geq 0.2$、大地震のための2次設計の保有水平耐力計算では $C_0 \geq 1$。

Q W造で軟弱地盤の場合は $C_0 \geq$ （　　）
[構]

A $C_0 \geq 0.3$

<u>軟弱</u>	**大工**	の	**オッサン**
	木造		0.3以上

令88

Q S造でルート1（2次設計）の場合は $C_0 \geq$ （　　）
[構]

A $C_0 \geq 0.3$

<u>国道1号</u>	の	**車**	は	**オッサン**ばっか
ルート1		鉄骨造		0.3以上

構造関係技術基準

● 2次設計はきわめてまれに来る大地震で、損傷させるが倒壊させずに、人命を確保する。1次設計は弾性範囲内、2次設計は主に降伏点を超えた範囲を扱う。S造のルート1は C_0 を0.3としてブレースを多くして、強度、固さでもたせようとするもの。

Q 保有水平耐力計算（2次設計）の場合は $C_0 \geq$（　　）
構

A $C_0 \geq 1$

> ### きわめてまれに来る大地震　1G以上が 横からかかる
> $C_0 = 1$ 以上

令88

● 1次設計：$C_0 \geq 0.2$【CO → **0.2**】
　　1次設計・軟弱地盤木造：$C_0 \geq 0.3$【**軟弱**大工の**オッサン**】
　　2次設計・鉄骨造ルート1：$C_0 \geq 0.3$【**国道1号**の車は**オッサン**ばっか】
　　2次設計・保有水平耐力：$C_0 \geq 1$　【**1G以上**】

　C_0の0.2、0.3、1は確実に覚える。0.2G、0.3G、Gの加速度が横から働くという意味（G：重力加速度9.8m/s²）。

Q 地下の水平震度 k は（　　）mを超えると0.05Zで一定
構

A 20m 超え

> ### 地下ピット は 2重 スラブ、その下 は土
> 　　　　　　　　20m　　　　　　超え

令88

● 地震波は地盤面でエネルギーが放出されて一番大きく揺れる。また地下は地上のようにむち振り、さお振りの効果はなく、割増し係数 A_i も不要。

Q 地下1層の層せん断力の合計は?
構

A $\underset{\text{B1の層せん断力}}{k_{B1} \times W_{B1}}$ ＋ $\underset{\text{1Fの層せん断力}}{C_1 W_1}$ $\left(\begin{array}{l}k_{B1}：地下1層の震度\\W_{B1}：地下1層の重量\end{array}\right)$

下ほど苦しい
横力は足される!

（下ほど苦しい！）

$C_1 W_1$

$k_{B1} W_{B1}$

$k_{B2} W_{B2}$

● 地下の各層にかかる水平力 P_{Bi} は、その層の震度 k_{B1} とその層の重さ W_{B1} の積

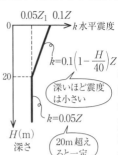

$P_{Bi} = k_{B1} W_{B1}$ で求められる。

※地上部の層 せん断力も足す

$B1 \cdots P_{B1} = k_{B1} \ W_{B1} \rightarrow Q_{B1} = P_{B1} + C_1 W_1$

$B2 \cdots P_{B2} = k_{B2} \ W_{B2} \rightarrow Q_{B2} = P_{B2} + P_{B1} + C_1 W_1$

$B3 \cdots P_{B3} = k_{B3} \ W_{B3} \rightarrow Q_{B3} = P_{B3} + P_{B2} + P_{B1} + C_1 W_1$

● 震度 k をかけるのは各層の重さ W_{B1} で、P_{Bi} は B_i 層だけにかかる力。

● C_i にかけるのは i 層よりも上の総重量 W_i で、$Q_i = C_i W_i$ は i 層にかかる層せん断力、i 層より上の力の合計。以前は地上も震度で各層に働く力を出したが、層せん断力を直接出すようになり、地下はそのままなのでややこしい。

0.05Z_1　0.1Z

0 ─── k 水平震度

$k = 0.1\left(1 - \dfrac{H}{40}\right)Z$

20 ───

深いほど震度は小さい

$k = 0.05Z$

H(m) 深さ

20m 超えると一定

3

Q 風圧力 = (　　) × (　　)
構

A 風圧力 = 速度圧 q × 風力係数 C_f

風圧は車の速度と形が影響する

風圧力　=　速度圧 q × 風力係数 C_f ← form

q　C_f

● 風力係数 C_f は、建物の形（form）と風向きで決まる係数。

Q 風力係数 C_f = (　　) 係数 − (　　) 係数
構

A C_f = 外圧係数 C_{pe} − 内圧係数 C_{pi}

f : form　p : pressure　e : exterior
i : interior

日本の風力 ＝ (アメリカからの) 外圧 − (国内からの) 内圧

令87

● 一部が開放されたガレージのような建物だと、風向きによっては内圧係数がマイナスになることがある。

● 風圧力 = 速度圧 q × 風力係数 C_f = $(0.6EV_0^2) \times C_f$

● 下図のA点の場合、外圧係数－内圧係数＝0.8－（－0.2）＝1.0。それに速度圧1000N/m²をかけて風圧力を出す。

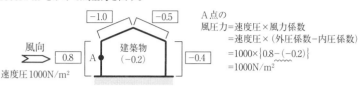

A点の
風圧力＝速度圧×風力係数
　　　＝速度圧×（外圧係数－内圧係数）
　　　＝1000×｛0.8－（－0.2）｝
　　　＝1000N/m²

□内：外圧係数、（　）内：内圧係数、外→内はプラス、内→外はマイナス

Q 風の速度圧 q＝0.6×（　　）×（　　）　[構]

A q＝0.6×E×$V_0{}^2$ $\left(\begin{array}{l}E：高さと周辺の状況で決まる係数\\V_0：基準風速\end{array}\right)$

オール EV 自動車の 速度圧

　　　0 . 6　　電気　　自乗
　　　ルをロに読み替え

令87

● 各層の風荷重(N) ＝風圧力(N/m²)×受圧面積(m²)
　　　　　　　　　 ＝（速度圧q×風力係数C_f）×受圧面積　　←風圧力＝q×C_f
　　　　　　　　　 ＝$(0.6EV_0{}^2)$×C_f×受圧面積　　←$V_0{}^2$の2乗である点に注意
　　　　　　　　　 ＝$0.6(E_r{}^2×G_f)V_0{}^2×C_f$×受圧面積　　←$E＝E_r{}^2×G_f$
$\left(\begin{array}{l}E_r：平均風速の高さ方向の分布係数\\G_f：突風を考えた平均風速の割増し係数\end{array}\right)$

Q 都会の場合、高さ方向の分布係数E_r、突風を考えた割増し係数であるガスト係数G_fは大きい？　小さい？　[構]

A E_rは小さい、G_fは大きい

背の高い エリンギは都会には少ない
高さの方向分布 E_r　　　　　　　　小さい

（お店）
ガスト は 都会 に 多い
ガスト係数 G_f　　　　　大きい

● $E＝E_r{}^2×G_f$。E_rは、地表面粗度区分（I～IV）と建物高さから決まる。G_fは地表面粗度区分と周囲の建物で決まる突風による割増し係数。大小関係は頻出。

E_r　　　　　　：（海辺など）I＞II＞III＞IV（都会）　◀──風が吹き抜ける！
ガスト係数G_f：（海辺など）I＜II＜III＜IV（都会）　◀──ビル風、突風多い！

Q 2次設計のルート2、ルート3とは？ 構

A ルート2：層間変形角 → 剛性率、偏心率など
ルート3：層間変形角 → 保有水平耐力など

2次 試験(に受かる) 確率 を 確 保
2次設計 ② 角 率 ③ 角 保

令81

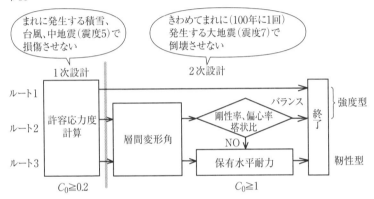

まれに発生する積雪、台風、中地震(震度5)で損傷させない

きわめてまれに(100年に1回)発生する大地震(震度7)で倒壊させない

| | 1次設計 | | 2次設計 |
ルート1・ルート2・ルート3　許容応力度計算　層間変形角　剛性率、偏心率、塔状比　バランス　強度型　終了　NO　保有水平耐力　靭性型

$C_0 \geq 0.2$　　$C_0 \geq 1$

Q 地震力（$C_0 \geq 0.2$）による各層の
層間変形角 $\dfrac{\delta}{h} \leq ($　　) 構

A 原則：1/200
内外層材、諸設備に著しい損傷のおそれがない場合は1/120

$\theta \fallingdotseq \dfrac{弧の長さ}{半径} = \dfrac{\delta}{h}$

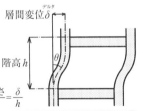

層間変位 δ

階高 h

そう簡単に 2泊できない 高級ホテル
層間変形角 200分の1

令82の2

● $0.\underline{2} \rightarrow \underline{200}$分の1 → 1$\underline{20}$分の1と、2でつながる。

 **剛性率 $R_s \geqq$ （　　）**
[構]

 $R_s \geqq 0.6$

R：Rate　s：stiffness

> ### 豪勢 な セックス
> 剛性率　　six → 0.6

令82の6

● 高さ方向の剛性を、各層一定以上にし、立体的なバランスをとって、ある層に変形が集中するのを防ぐ。$R_s < 0.6$ ならばルート3の保有水平耐力計算などが必要となる。

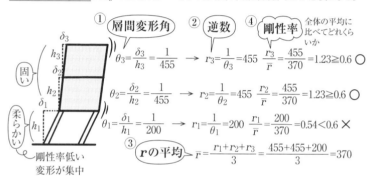

① 層間変形角　② 逆数　④ 剛性率　全体の平均に比べてどれくらいか

$$\theta_3 = \frac{\delta_3}{h_3} = \frac{1}{455} \longrightarrow r_3 = \frac{1}{\theta_3} = 455 \quad \frac{r_3}{\bar{r}} = \frac{455}{370} = 1.23 \geqq 0.6 \bigcirc$$

$$\theta_2 = \frac{\delta_2}{h_2} = \frac{1}{455} \longrightarrow r_2 = \frac{1}{\theta_2} = 455 \quad \frac{r_2}{\bar{r}} = \frac{455}{370} = 1.23 \geqq 0.6 \bigcirc$$

$$\theta_1 = \frac{\delta_1}{h_1} = \frac{1}{200} \longrightarrow r_1 = \frac{1}{\theta_1} = 200 \quad \frac{r_1}{\bar{r}} = \frac{200}{370} = 0.54 < 0.6 \times$$

③ r の平均　$\bar{r} = \dfrac{r_1 + r_2 + r_3}{3} = \dfrac{455 + 455 + 200}{3} = 370$

固い／柔らかい／剛性率低い　変形が集中

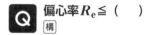 **偏心率 $R_e \leqq$ （　　）**
[構]

 0.15

R：Rate（率）　e：eccentricity（偏心）

> ### 十五 夜 に 変身！
> 0.15以下　　偏心

令82の6

偏心率 $R_e = \dfrac{\text{偏心距離 } e}{\text{弾力半径 } r_e} \leqq 0.15$

● 固さの平面的バランスをとって、平面がねじれて回転しないようにしている。

$R_e > 0.15$ ならば、ルート3の保有水平耐力計算などが必要となる。

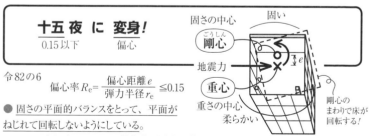

固さの中心　剛心（ごうしん）　固い　地震力　重心　重さの中心　柔らかい　剛心のまわりで床が回転する！

Q 塔状比 $\dfrac{H}{D} \leqq$ (　　) H：建物の高さ　D：建物の幅

A 4

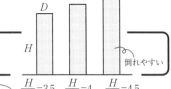

> **搭乗員 死 を覚悟する**
> 塔状比　　4以下

3

技術基準解説書
● ルート2の計算で塔状比＞4なら
ルート3に移って保有水平耐力計算
などが必要となる。

$\dfrac{H}{D}=3.5$ 　 $\dfrac{H}{D}=4$ 　 $\dfrac{H}{D}=4.5$
（塔状比）　ルート2 ○　ルート2 ○　ルート2 ✕
　　　　　　　　　　　　　　　　　　　　　↓
　　　　　　　　　　　　　　　　　　　ルート3
　　　　　　　　　　　　　　　保有水平耐力＋転倒の検討

倒れやすい

Q 必要保有水平耐力 $Q_{un}=$ (　　) × (　　) × (　　)

A $Q_{un} = D_s \times F_{es} \times Q_{ud}$

D_s：構造特性係数　　F_{es}：形状係数　　Q_{ud}：$C_0 \geqq 1.0$で計算した層せん断力
　　　（低減係数）　　　　（割増し係数）

> **Ds フェスティバル、感動**
> 　　　 F_{es}　　　　　Q_{ud}

令82の3

Ds：人気アトラクションの
ディ○ニーに読み替え

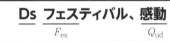

崩壊システム時に
層全体に働くせん断力

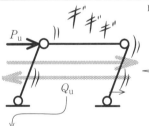

| 保有水平耐力 Q_u | $\geqq$ | 必要保有水平耐力 Q_{un} |

necessity

M_u、M_p など
から計算

ultimate
終局の

P_uのする仕事＝M_uがする仕事
などでP_uを求め、Q_uを求める

$= D_s \cdot F_{es} \cdot Q_{ud}$
　　↑　　　↑
　　低減　割増し

水平耐力の最低限必要な
値を法で定めた

この場合 $C_0 \geqq 1$

$Q_{ud}=(Z\,R_t\,A_i\,C_0)\times W_i$
【地震は 絶対 ある、あした にも】
　Z　　R_t　　A_i　C_0

● 崩壊システムになって壊れる瞬間の終局時の層全体のせん断力を、その層の柱や壁が保有する水平耐力という。その保有水平耐力の最低限必要な値を法で決めたのが、必要保有水平耐力。各層で$Q_u \geqq Q_{un}$を満たす必要がある。必要保有水平耐力は、$C_0 = 1$として計算した層せん断力Q_{ud}に、低減係数D_sと割増し係数F_{es}をかけた値である。

● $C_0 = 1$だと1GをZ、R_t、A_iで補正した加速度を、その層から上にかけて生じた水平力を、さらにD_s、F_{es}で補正した層せん断力が必要保有水平耐力である。補正なしの1Gだと、その層から上の重さと同じ重さが、水平方向にかかることになる。

Q 構造特性係数D_sが大きいとは?
構

A 塑性変形能力が低い、固いということ

（揺るがない）
Ds 大 人 気 は 固い

令82の3   Ds：ディ〇ニー

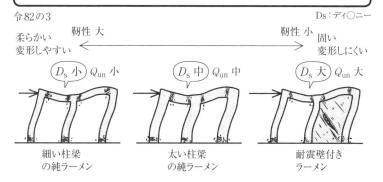

柔らかい　　靭性 大　　　　　　　　　　靭性 小　　固い
変形しやすい ⟵　　　　　　　　　　　　⟶ 変形しにくい

D_s 小　Q_{un} 小　　　D_s 中　Q_{un} 中　　　D_s 大　Q_{un} 大

細い柱梁　　　　　　太い柱梁　　　　　　耐震壁付き
の純ラーメン　　　　の純ラーメン　　　　ラーメン

● 塑性、変形能力が小さいとD_sが大きくなり、Q_{un}が大きくなる。耐力壁や筋かい（ブレース）が多いと、D_sは大きくなる。

D：Deformation（変形）、s：structure（構造）

Q 構造別の D_s の大きさは?
構

 A RC造 0.3〜0.55、S造・SRC造 0.25〜0.5

$$\underline{\textbf{Ds}}\ \textbf{ランドで}\ \underset{0\ .\ 3}{\textbf{おっさん}}\ \overset{0\ .\ 5\quad(5)}{\underset{0.25}{\textbf{おにごっこ}}}$$

平19国交告

Ds：ディ○ニー

● 部材のランク、壁、ブレースの水平耐力を分担する比などから、D_s の値を決める。

● RC造の方がS造・SRC造よりも固い（変形しにくい）ため、D_s も大きい。

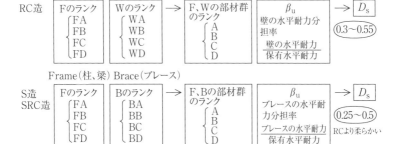

RC造

Frame（柱、梁）　Wall（壁）

Fのランク	Wのランク
FA	WA
FB	WB
FC	WC
FD	WD

→ F、Wの部材群のランク A B C D

→ β_u 壁の水平耐力分担率 $\dfrac{\text{壁の水平耐力}}{\text{保有水平耐力}}$

→ D_s （0.3〜0.55）

S造 SRC造

Frame（柱、梁）　Brace（ブレース）

Fのランク	Bのランク
FA	BA
FB	BB
FC	BC
FD	BD

→ F、Bの部材群のランク A B C D

→ β_u ブレースの水平耐力分担率 $\dfrac{\text{ブレースの水平耐力}}{\text{保有水平耐力}}$

→ D_s （0.25〜0.5） RCより柔らかい

 Q 急激な耐力低下のおそれのある柱、梁材はFA？ またはFD？
構

A FD

$$\underset{D}{\underline{\textbf{ダメ}}}\ \textbf{な}\ \underset{F\ \rightarrow\ FD}{\textbf{フレーム}}$$

平19国交告

● 柱梁 Frame→F、耐力壁 Wall→W、筋かい Brace→Bは壊れ方の良し悪しでA〜Dまでランク付けする。Aの方が良くDの方が悪い。Dランクでは、低減係数である D_s は大きくなり、必要とされる水平耐力 Q_{un} は大きくなる。

β_uとは? 構

 水平耐力分担率 = $\dfrac{壁（筋かい）の水平耐力}{保有水平耐力}$ u：ultimate（終局の）

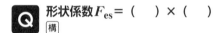

壁 の 分 担 率
$B_u \rightarrow \beta_u$

平19国交告

● ある層が保有する全体の層せん断耐力（保有水平耐力）に対して、その層の壁や筋かい（ブレース）が保有するせん断耐力の総和の割合。崩壊システム時にどれだけその層の壁、筋かいが水平力を負担しているかという割合。この割合が高いと、その層は塑性変形能力が低く、固いと判断されるので、D_sは大きくなる。

FD、WDまたはBDでβ_u 大 → D_s 大 → $Q_{un}(=D_s \cdot F_{es} \cdot Q_{un})$ 大

 形状係数 F_{es} = （　　）×（　　） 構

A $F_{es} = F_e \times F_s$ （平面バランスの悪さの係数）×（立体バランスの悪さの係数）

フェスティバルの 形状は 平面展開と立体展開
F_{es} = 平面バランスF_e × 立体バランスF_s

平19国交告

―割増しなし
● 偏心率 $R_e \leq 0.15$ なら $F_e = 1$、$R_e > 0.15$ なら $F_e = 1 \sim 1.5$（割増し）
● 剛性率 $R_s \geq 0.6$ なら $F_s = 1$、$R_s < 0.6$ なら $F_s = 1 \sim 2$（割増し）
● D_sは低減係数、F_{es}は割増し係数。
F：form　e：eccentricity（偏心）　s：stiffness（固さ）

 木造軸組工法で、圧縮にも引張りにも使える筋かいの断面の大きさは? 構

A 厚さ3cm以上、幅9cm以上

　　　　　　　　　　　　　　　　　　お
サン キュー!　オレを推してくれて
3cm × 9cm　　　　押して（圧縮）

令46

● 引張りだけでは1.5cm×9cm以上、径9mm以上の鉄筋。1.5cm×9cm を圧縮すると、湾曲して折れて座屈してしまう。

 3cm以上×9cm以上の筋かいの壁倍率は?
構

 1.5倍

3

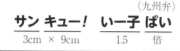

（九州弁）
サン キュー！ いー子 ばい
3cm × 9cm　　1.5　倍

令46

● 3cm×9cm　　1本　　……1.5倍 ⎫
　3cm×9cm　たすき掛け ……　3倍 ⎭ ×2
　4.5cm×9cm　1本　　……　2倍 ⎫
　4.5cm×9cm たすき掛け ……　4倍 ⎭ ×2
　9cm×9cm　　1本　　……　3倍 ⎫
　9cm×9cm　たすき掛け ……　5倍 ⎭ ×2でない点に注意！
　　　　⋮　　　　　　　　　　└ 最大
　（バッテン状）

● 合板片面打ち ⎫ 倍率は2倍
　合板両面打ち ⎭
　片側2枚打ちは2倍できない点に注意！

● 合板の場合、厚み、釘の長さ、N釘かCN釘か、釘の間隔、構法によって壁倍率は2.5 ～ 5倍とさまざまある。

● 壁量は、木造軸組工法における簡易構造計算。各階別、方向別に存在壁量≧法的な必要壁量となるようにする。

● 壁量は実際の長さに、壁の効き具合によって決められた壁倍率をかけて計算する。

この階の桁行方向の壁量
　=4m+4m+2m+3m+3m+4m
　=20m
各階ごと、各方向ごとに計算する

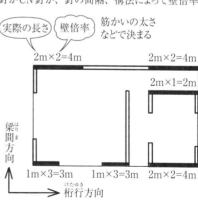

実際の長さ　壁倍率　筋かいの太さなどで決まる

2m×2=4m　　2m×2=4m
　　　　　　　2m×1=2m
梁間方向
1m×3=3m　1m×3=3m　2m×2=4m
→ 桁行方向

壁倍率の限度は?

構

 5倍

壁倍率が高い!
こう→5倍が限度

令46、平30国交告

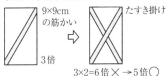

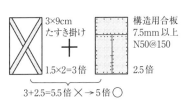

● 9cm×9cmの筋かいをたすき掛けにすると、3×2＝6倍とならず、5倍とする。3cm×9cmのたすき掛けは1.5×2＝3倍。7.5mm以上の構造用合板をN50@150で釘打ちは2.5倍（告示）。3cm×9cm＋合板で3＋2.5＝5.5とならず5倍とする。

 必要壁量 ｛ 地震力に対して ……（　　）×係数
　　　　　　　　 風圧力に対して ……（　　）×係数

構

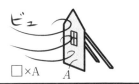 地震力に対して：床面積　　風圧力に対して：見付け面積

地震は重さにかかる →床面積　　風は立面にかかる →見付け面積

□×W　　　　　　　　　　　　ビュ

　　　　　W　　　　　　　　　　□×A　　A

令46

● 地震力は同一階では、梁間方向（Y方向）と桁行方向（X方向）で必要壁量は同じ。

● 階の見付け面積は、床面から高さ1.35m以下の部分を減じる。1.35mは階高2.7m（少し低め）の中央を切断してその上に横力をかけるということ。見付け面積に乗じる数値は、1階部分と2階部分で同じ値（50cm/m²など）となる。

壁量充足率、壁率比の求め方の順序は?
構

 ①側端部分の存在壁量を出す
②側端部分の必要壁量を出す
③存在壁量／必要壁量で壁量充足率を出す
④X、Y方向で壁量充足率の小さい方／大きい方で壁率比を出す

（側端部分：平面の両端から$\frac{1}{4}$の部分）

3

存在 は 必要! 小学校と大学

㊌ ／ ㊌ ⟶ $\dfrac{小さい方}{大きい方}$ ≧0.5

㊌：存在壁量
㊌：必要壁量

平19国交告

● この計算は頻出するので、過去問を何題か解いて練習しておくこと。

● 壁のバランスを見るための規定。壁率比≧0.5で周辺部に壁がバランスよくあると、ねじれにくい。偏心率≦0.3（0.15の倍）であればこの計算は不要だが、偏心率計算の方が大変。

【十五夜に変身!】（p.220）の2倍。

● 壁率比は両方向とも0.5以上。上下、左右のバランスの規定。ただし壁量充足率が両側端ともに1を超える場合はその必要がない。

● 計算例

㊌：存在壁量
㊌：必要壁量
㊌：壁量充足率

X上：X方向上部側端
　　　以下同様

長さの単位：cm

必要壁量 a（cm/m²）
　　　　　⌇
分母分子で消えるのでaと置く

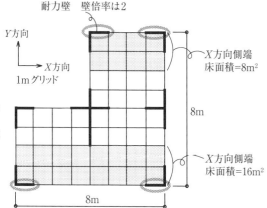

耐力壁　壁倍率は2

Y方向

X方向
1mグリッド

X方向側端
床面積=8m²

8m

X方向側端
床面積=16m²

8m

実長　　壁倍率　　壁枚数

X上	$\textcircled{存}$	$(100\text{cm}×2)×2=400\text{cm}$
	$\textcircled{必}$	$8\text{m}^2×a=8a$ cm

壁量充足率 $\textcircled{存}\,/\,\textcircled{必}$　$\dfrac{400}{8a}=\dfrac{50}{a}$

Y右	$\textcircled{存}$	$(100\text{cm}×2)×4=800\text{cm}$
	$\textcircled{必}$	$16\text{m}^2×a=16a$ cm

壁量充足率 $\textcircled{存}\,/\,\textcircled{必}$　$\dfrac{800}{16a}=\dfrac{50}{a}$

X下	$\textcircled{存}$	$(100\text{cm}×2)×2=400\text{cm}$
	$\textcircled{必}$	$16\text{m}^2×a=16a$ cm

壁量充足率 $\textcircled{存}\,/\,\textcircled{必}$　$\dfrac{400}{16a}=\dfrac{25}{a}$

Y左	$\textcircled{存}$	$(100\text{cm}×2)×2=400\text{cm}$
	$\textcircled{必}$	$8\text{m}^2×a=8a$ cm

壁量充足率 $\textcircled{存}\,/\,\textcircled{必}$　$\dfrac{400}{8a}=\dfrac{50}{a}$

X方向の壁率比 $=\dfrac{\textcircled{充}\text{小}}{\textcircled{充}\text{大}}=\dfrac{\frac{25}{a}}{\frac{50}{a}}=0.5$

Y方向の壁率比 $=\dfrac{\textcircled{充}\text{小}}{\textcircled{充}\text{大}}=\dfrac{\frac{50}{a}}{\frac{50}{a}}=1$

aは消えるので、数値の必要なし！

計算手順

① $\textcircled{存}=($壁の長さ×倍率$)×$枚数(cm)

② $\textcircled{必}=\left(\dfrac{1}{4}\text{部分の床面積}\right)×a$(cm)

③ 壁量充足率$=\dfrac{\textcircled{存}}{\textcircled{必}}$　**【存在は必要！】**

④ 壁率比$=\dfrac{\textcircled{充}\text{小}}{\textcircled{充}\text{大}}$**【小学校と大学】**　$≧0.5$を確認

 木造用金物であるBP、VPとは？
構 施

 BP→筋かいプレート　　VP→山形プレート

Brace Plate　　**V形Plate**
　　　筋かい　　　　　　　　　　　　語源から覚える

木造住宅工事仕様書

● 3cm×9cm（1.5倍）の筋かいはBPで留め、4.5cm×9cm（2倍）の筋かいはBP-2で留める。

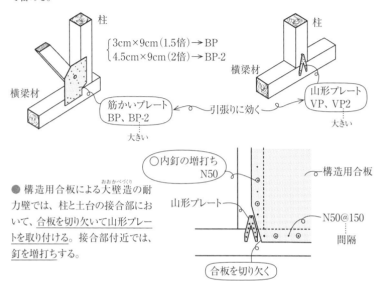

柱

$\begin{cases} 3\text{cm}×9\text{cm}（1.5倍）→BP \\ 4.5\text{cm}×9\text{cm}（2倍）→BP-2 \end{cases}$

柱

横梁材

山形プレート
VP、VP2

横梁材

筋かいプレート
BP、BP-2

引張りに効く

大きい

大きい

● 構造用合板による大壁造の耐力壁では、柱と土台の接合部において、合板を切り欠いて山形プレートを取り付ける。接合部付近では、釘を増打ちする。

○内釘の増打ち
N50

構造用合板

山形プレート

N50@150

間隔

合板を切り欠く

Q N釘、CN釘とは?
構 施

A N釘：JIS規格の鉄丸釘　　CN釘：JIS規格の太め鉄丸釘

Nailは釘	**色の付いた釘**	
N	Color	Nail → CN

● nailはつめのほかに釘の意味がある。N50は在来の軸組工法の耐力壁に、CN50は枠組壁工法の耐力壁によく用いられる色の付いた(Color)釘(Nail)。N50、CN50の50は、釘の長さが50mmということ。釘の長さは板厚の2.5倍以上。N、CNの種別、長さ、間隔で壁倍率は異なる。

Q 造作用として、N釘の代わりにFN釘は使える? 構 施

A 使えない（FN釘は主に梱包用で径が細く、強度が小さい）

> # FN 釘
> フン釘→クソ釘→使えない

● FN釘はJIS規格外。

Q 木造軸組工法の耐力壁において、1、2階上下同位置に構造用合板を張る場合、胴差部での相互間の隙間は? 構 施

A ピッタリ付けず、6mm以上あける

> （揺れる）
> # ロッキングする板同士がぶつからないように!
> 6mm以上

木造住宅工事仕様書
● 地震で揺れて板同士がぶつかり、それによってははがれることのないように、隙間を6mm以上あける。

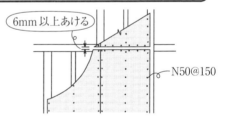

6mm以上あける

N50@150

Q 木造軸組工法の建方精度は? 施

A 垂直、水平ともに1/1000以下

> # 日本の木造は 線 的 で高精度
> 1000分の1以下

● 他国の木造と比べて繊細で線が細く、仕口などの精度が非常に高いのが日本の木造。

Q LVLとは?
　構　施

A 繊維方向を平行に単板を積層した単板積層材

> **ラ　ブ　ラ　ブ で 平行に重なる**
> 　L　 V 　L

JAS

● 柱、梁などの線材に主に使われる。単板を直交させたのが合板、平行に重ねると LVL。

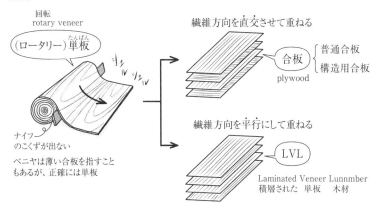

回転
rotary veneer

(ロータリー) 単板(たんばん)

ナイフ
のこくずが出ない

ベニヤは薄い合板を指すこと
もあるが、正確には単板

繊維方向を直交させて重ねる

合板 { 普通合板
　　　 構造用合板
plywood

繊維方向を平行にして重ねる

LVL

Laminated Veneer Lunnmber
積層された　単板　　木材

● 耐力壁の面材には普通合板は使用できず、構造用合板などを用いる。

Q CLTとは?
　構　施

A 繊維方向を直交させて小角材を積層した直交集成板

> **くるってる　チョコ を 集めるなんて**
> 　C 　L　 T 　　 直交　 集成板

JAS

● 床、壁などの面材に主に使われる。

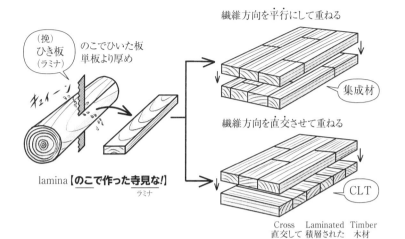

繊維方向を平行にして重ねる

集成材

繊維方向を直交させて重ねる

CLT

Cross　Laminated　Timber
直交して　積層された　木材

(挽)
ひき板
(ラミナ)

のこでひいた板
単板より厚め

チェイーン

lamina【のこで作った寺見な!】
　　　　　　　　　ラミナ

● 合板、集成材は古くから使われていた広く普及している材。一方LVL、CLTの横文字の材は、最近になって使われるようになった。

		平行	直交
◎	単板	LVL	合板
◫	ひき板	集成材	CLT

Q 木材は乾燥すると、木裏は（凸、凹）に変形する
構 施

A 凸

裏　山
木裏　凸

● 木裏とは芯側、木表とは表面側の面。乾燥で一番収縮するのが接線方向で、年輪の接線側の繊維が一番多い木表が引っ張られて凹に、その反対側の木裏が凸に変形する。

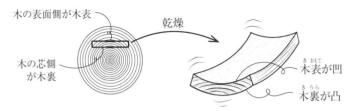

木の表面側が木表

木の芯側が木裏

乾燥

木表が凹（きおもて）
木裏が凸（きうら）

Q 木裏と木表、敷居は（　）を上、鴨居は（　）を下にする
構 施

A 木表、木表

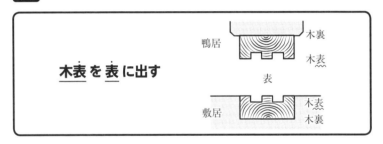

木表を表に出す

鴨居

木裏
木表

表

敷居

木表
木裏

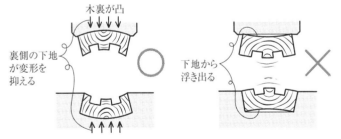

木裏が凸

裏側の下地が変形を抑える

下地から浮き出る

● 木裏側に凸になるので、凸になる側を下地側とすると、下地が変形を抑えられる。木表を下地側とすると、下地から外れる方に変形してしまう。木表、木裏と変形は頻出事項なので、確実に覚えておく。床板も同様に、木表を表（上側）とする。

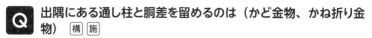

Q 出隅にある通し柱と胴差を留めるのは（かど金物、かね折り金物） 構 施

A かね折り金物

直角に折る → かね折り（矩）

矩 グネ

● L字形がかど金物、直角（矩）に折り曲げたのがかね折り金物。（頻出）

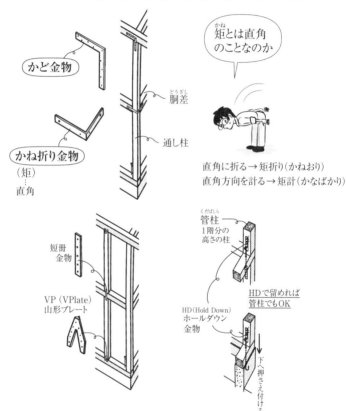

かど金物

胴差(どうざし)

通し柱

かね折り金物
（矩）
　直角

矩(かね)とは直角のことなのか

直角に折る→矩折り（かねおり）
直角方向を計る→矩計（かなばかり）

短冊金物

VP（VPlate）山形プレート

管柱(くだばしら)
1階分の高さの柱

HDで留めれば管柱でもOK

HD（Hold Down）ホールダウン金物

下へ押さえ付ける

● 2階以上の隅柱は通し柱とするが、ホールダウン金物などで緊結した場合は管柱（くだばしら）で可。

4 地盤・基礎・仮設

Q 洪積層と沖積層ではどちらが硬い？
[構]

A 洪積層

高校生 の方が **中学生** より強い
洪積層 　　　　　　　　　中学生

● 洪積層の方が古くて硬い。

第4紀層	沖積層	地表、現在 軟らかい
	洪積層	↕
第3紀層		深部、過去 硬い

Q 土の粒径の大小関係は？
[構] [施]

A 粘土＜シルト＜砂＜礫

みそ **汁と** **サンド、** **れっき** **とした** **メシ**
粘土＜シルト＜　砂　＜　礫　　　　　　　粒

(サンドイッチ)

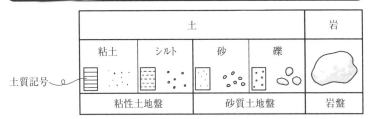

土				岩
粘土	シルト	砂	礫	
粘性土地盤		砂質土地盤		岩盤

土質記号

圧密沈下するのは砂質土？　粘性土？
構 施

 粘性土

ネバ ネバ した 蜜
粘性土　　　　　　圧密沈下

● 粘性土は微細粒子が蜂巣状に絡み合った構造。粒子は砂質土に比べ小さく、粒子同士の粘着力で重さを支持している。間げきとその中に間げき水を有する。間げき水を閉じ込めているので、粘性土は含水率が高い。圧縮により徐々に間げきが縮小、間げき水が絞り出される。圧縮されて密になる沈下なので、圧密沈下といわれる。

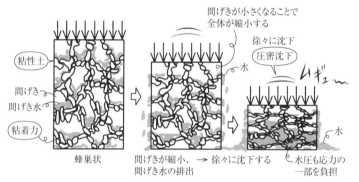

間げきが小さくなることで
全体が縮小する

徐々に沈下
圧密沈下

粘性土
間げき
間げき水
粘着力

蜂巣状　　間げきが縮小、→ 徐々に沈下する
　　　　　間げき水の排出

水
水圧も応力の
一部を負担

● 砂質土は小さな硬い石粒が積み重なっている。粒子は粘性土よりずっと大きい。粒子同士の摩擦力、かみ合わせ（インターロッキング）で重さを支持している。圧縮により不安定な積み重なりはすぐに詰まって沈下が止まる即時沈下を起こす。地震の震動によってかみ合わせが外れて、水とともに液体状になるのが液状化。

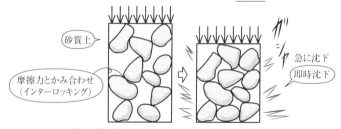

砂質土
摩擦力とかみ合わせ
（インターロッキング）

急に沈下
即時沈下

硬い石粒が積み重なっている →すぐに詰まって沈下が止まる

● 粘性土と砂質土の粒子の形と沈下パターンは、図ごと頭に入れてしまうとよい。
● 液体化のおそれのある砂質地盤では、令93の表にある許容応力度の数値は使えない。

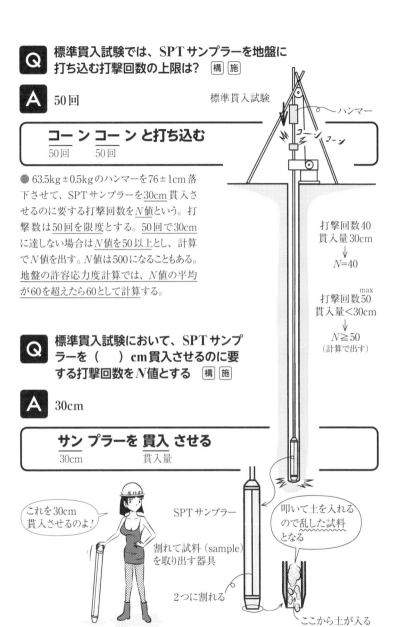

Q 標準貫入試験では、SPTサンプラーを地盤に打ち込む打撃回数の上限は？ 構 施

A 50回

標準貫入試験

コーン コーン と打ち込む
　50回　　50回

● 63.5kg±0.5kgのハンマーを76±1cm落下させて、SPTサンプラーを30cm貫入させるのに要する打撃回数をN値という。打撃数は50回を限度とする。50回で30cmに達しない場合はN値を50以上とし、計算でN値を出す。N値は500になることもある。地盤の許容応力度計算では、N値の平均が60を超えたら60として計算する。

打撃回数40
貫入量30cm
↓
$N=40$

打撃回数50^{max}
貫入量<30cm
↓
$N≧50$
（計算で出す）

Q 標準貫入試験において、SPTサンプラーを（　）cm貫入させるのに要する打撃回数をN値とする 構 施

A 30cm

サン プラーを 貫入 させる
　30cm　　　　貫入量

これを30cm貫入させるのよ！

SPTサンプラー

割れて試料（sample）を取り出す器具

2つに割れる

叩いて土を入れるので乱した試料となる

ここから土が入る

SPT：Standard Penetration Test　標準貫入試験

Q 同じ$N=10$の場合、砂質土と粘性土、どちらが地耐力が大きい? 構

A 粘性土の方が地耐力が大きい

> ### (日本人) サンド より みそ汁 が上!
> N同じ　　砂　　$<$　粘、シルト

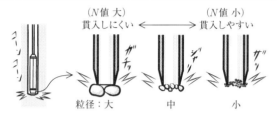

（N値 大）
貫入しにくい ←————→ 貫入しやすい（N値 小）

粒径：大　　　　中　　　　小

● 土の粒径が大きいと、サンプラーの刃先が石粒に当たって貫入しにくくなり、N値は大きめに出る。よって同じ$N=10$でも地耐力は砂質土$<$粘性土となる。

Q 粘性土で$N=10$では （　　） 層の建物が可能 構

A 中層 （6〜10層程度）

> 　　　　　　10 層
> ### 納 豆 ネバ ネバ
> 　N　10　　粘性土

● $N=10$は粘性土では硬く、砂質土では軟らかい。

Q 「乱さない試料」 が必要な試験は? 構 施

A 1軸圧縮試験、3軸圧縮試験、圧密試験

> ### そーっと 未熟 な イチジク を 押してみる
> 乱さない　3軸　　1軸　　　圧密

● 標準貫入試験では、サンプラーを土の中に打ち込むので「乱した試料」となり、土の力学的特性を変えてしまう。標準貫入試験で得た「乱した試料」は、粒土試験（粒の大きさを測る）、含水比試験、塑性限界試験、液性限界試験などに使える。

【粒（薬）を目いっぱい 飲む 乱れた生活】
粒土試験　　　限界　　　含水　　　乱した試料
　　　　　　　試験　　　試験

● 液状化判定は、サンプラーより採取した試料を用いた粒度試験による。粒土試験は乱した試料でも可能。

● 1軸圧縮試験は上下（z軸）から圧縮、3軸圧縮試験は横（x、y軸）からの圧縮も加える。

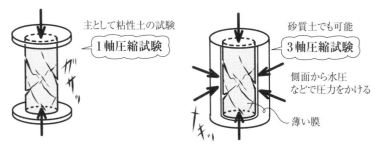

主として粘性土の試験
1軸圧縮試験

砂質土でも可能
3軸圧縮試験

側面から水圧
などで圧力をかける

薄い膜

● 圧密試験は長時間圧縮し続ける、粘性土の圧密沈下を調べるための試験。即時沈下する砂質土の沈下量、速度を調べる試験ではない。

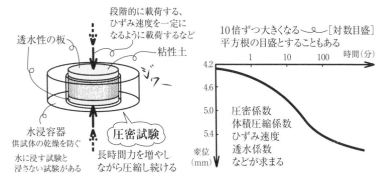

透水性の板

段階的に載荷する、
ひずみ速度を一定に
なるように載荷するなど

粘性土

水浸容器
供試体の乾燥を防ぐ
水に浸す試験と
浸さない試験がある

圧密試験
長時間力を増やし
ながら圧縮し続ける

10倍ずつ大きくなる──［対数目盛］
平方根の目盛とすることもある

時間（分）

圧密係数
体積圧縮係数
ひずみ速度
透水係数
などが求まる

変位
（mm）

Q スクリューウエイト貫入試験（旧スウェーデン式サウンディング試験）のスクリューポイントは、最大径（　　）mmの部分で（　　）mm程度摩耗すると交換 [施]

A 33mm、3mm

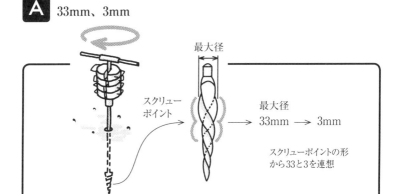

最大径

スクリューポイント

最大径
33mm → 3mm

スクリューポイントの形から33と3を連想

● サウンディングとは、医療の打診、聴診が原義で、地盤を叩いたり回転させたりしてその抵抗から地耐力などを測る方法。スクリューウェイト貫入試験は、スクリューポイントをねじ込む回転数から、N値や許容応力度を求める。手動のほかに自動もある。スウェーデンの国鉄が採用したことから、以前はスウェーデン式サウンディング試験と呼ばれていた。

Q ベーン試験は、どんな地盤のせん断力τ（タウ）を求めるのに適する？ [構][施]

A 軟弱な粘性土

軟らかくて ネバネバ する
軟弱な　　　　粘性土

便を　切断する
ベーン試験　せん断強さ

● ベーン試験はベーン（羽根）を回転させるモーメントからせん断力を求める、浅い所での軟弱な粘性土に適した試験。

ベーン
vane
タービンや風見鶏などの翼板、羽根

Q 機械式コーン貫入試験（旧オランダ式2重管コーン貫入試験）は、どんな地盤のせん断力τ（タウ）を求めるのに適する？ 構 施

A 軟弱な粘性土

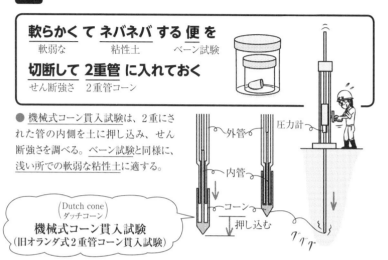

軟らかくて ネバネバ する 便 を
軟弱な　　　　粘性土　　　ベーン試験

切断して 2重管 に入れておく
せん断強さ　2重管コーン

● 機械式コーン貫入試験は、2重にされた管の内側を土に押し込み、せん断強さを調べる。ベーン試験と同様に、浅い所での軟弱な粘性土に適する。

圧力計
外管
内管
コーン
押し込む

$\begin{pmatrix} \text{Dutch cone} \\ \text{ダッチコーン} \end{pmatrix}$
機械式コーン貫入試験
（旧オランダ式2重管コーン貫入試験）

4

Q 平板載荷試験の調査範囲は、積載板の直径の（　）～（　）倍程度の深さを調べる 構 施

A 1.5～2倍

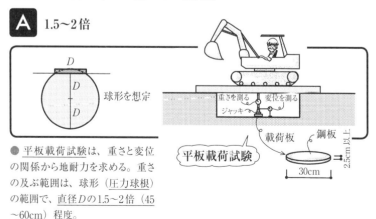

D
D
D
球形を想定

重さを測る　変位を測る
ジャッキ
載荷板　鋼板
2.5cm以上

平板載荷試験

30cm

● 平板載荷試験は、重さと変位の関係から地耐力を求める。重さの及ぶ範囲は、球形（圧力球根）の範囲で、直径Dの1.5～2倍（45～60cm）程度。

Q 平板載荷試験の円形載荷板の直径は（　　）cm、水平に整地が必要なのはその中心から（　　）cm以上 構 施

A 30cm、90cm以上

> 約1尺の板　　　→ 30cm
> 約1間角の平地 → 180cm（中心から90cm）

● 910mm×1820mmの板はサブロク板（3尺×6尺）。1尺は303mm。

● $D=30$cm、平地 90cm×2 以上、深さ$D×1.5〜2$の数字は覚えておく。

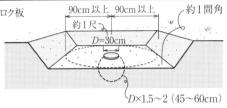

90cm以上　90cm以上

約1尺　　　　　約1間角

$D=30$cm

$D×1.5〜2$（45〜60cm）

Q 杭の水平変位が大きいのは杭頭？　杭底？

A 杭頭

> 上の方が水平の出が大きい

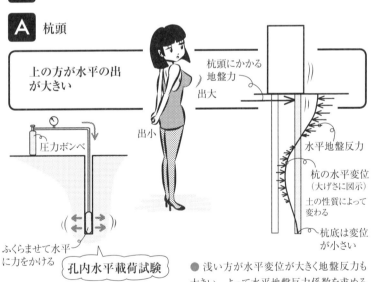

杭頭にかかる地盤力

出大

出小

圧力ボンベ

水平地盤反力

杭の水平変位（大げさに図示）

土の性質によって変わる

杭底は変位が小さい

ふくらませて水平に力をかける

孔内水平載荷試験

垂直に力をかける孔内垂直載荷試験もある

● 浅い方が水平変位が大きく地盤反力も大きい。よって水平地盤反力係数を求めるために行う孔内水平載荷試験は、浅い方の深さ5m、杭径の5倍程度で行う。

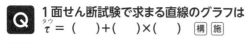

Q 1面せん断試験で求まる直線のグラフは
τ（タウ）= (   ) + (   ) × (   )　構 施

A $\tau = C + \sigma \times \tan\phi$ 　$\begin{pmatrix}\tau：せん断応力度、C：粘着力、\\ \sigma：垂直応力度、\phi：内部摩擦角\end{pmatrix}$

粘った **シロクマ** が
$\quad C \quad + \quad \sigma \quad \times$

すべり落ちる傾き
$\tan\phi$

$\tan\phi = \dfrac{y}{x}$

● 下図のように、上から押しながら横にずらすのが1面せん断試験。

垂直応力度 $\sigma = \dfrac{圧縮力}{面積}$　　せん断応力度 $\tau = \dfrac{せん断力}{面積}$

圧縮力

この1つの面をせん断で破壊する試験

せん断

直径6cm程度の円筒形

押しながらずらす

● 1面せん断試験の結果を$\tau-\sigma$グラフにプロットすると、右図のような直線となる。直線の角度ϕは、内部摩擦角という。

$\tau\,(\mathrm{kN/m^2})$

測定値

クローンの破壊線
$\tau = C + \sigma\tan\theta$

直線の傾き

粘着力（粘着抵抗）

内部摩擦角 ≒ 安息角

$\sigma\,(\mathrm{kN/m^2})$

圧縮しない場合のせん断強さは粘着で決まる

● 摩擦力
　= 摩擦係数×垂直反力
　= $\mu \times W\cos\phi$

すべる瞬間は、すべる方向の重力とつり合うので

　$\mu W\cos\phi = W\sin\phi$

　$\therefore \mu = \dfrac{\sin\phi}{\cos\phi} = \tan\phi$　（傾き）

摩擦力度 $= \dfrac{摩擦力}{面積} = \dfrac{垂直反力 \times \mu}{面積}$
　　　　$= \sigma\mu = \sigma\tan\phi$

$\therefore$ せん断応力度 τ = 粘着力 + 摩擦力度
　　　　　　　　$= C + \sigma\tan\phi$　となる。

摩擦力 = $\mu \times W\cos\phi$

$W\sin\phi$

μ：摩擦係数
$\mu = \tan\phi$

$W\cos\phi$

W

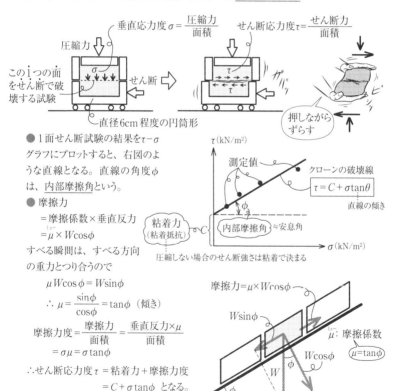

Q 内部摩擦角φを求められるのは（　　）軸圧縮試験
構 施

 A 3軸圧縮試験

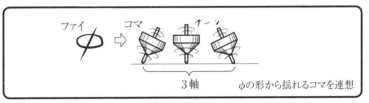

ファイ φ ⇨ コマ グーン

3軸　φの形から揺れるコマを連想

● 内部摩擦角φを求められるのは、1面せん断試験と3軸圧縮試験。tanφが摩擦係数なので、すべり破壊させる1面せん断試験は当然φに関係する。まわり中から圧縮される3軸圧縮試験では、斜め方向にすべり破壊するので、その際の摩擦からφが求まる。

Q ベントナイト液とは?
施

A 孔壁が崩壊しないようにする安定液（単に泥水とも呼ばれる）

弁当 の 夜、精神が 安定 する
ベント　　ナイト

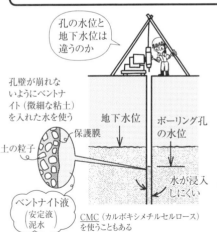

孔の水位と
地下水位は
違うのか

孔壁が崩れな
いようにベントナ
イト（微細な粘土）
を入れた水を使う

保護膜

土の粒子

地下水位

ボーリング孔
の水位

水が浸入
しにくい

ベントナイト液
（安定液
泥水）

CMC（カルボキシメチルセルロース）
を使うこともある

● ボーリング（孔あけ）や杭孔の孔壁は崩れやすいので、微細な粘土を入れたベントナイト液が孔壁保護のために使われる。孔壁表面に保護膜ができるので、地下水は孔内に浸入しにくくなる。そのため孔内水位は地下水位よりも低くなる。

● 地下水位はベントナイト液（安定液、泥水）を使わないボーリング孔などで観測する。
● 透水係数は、地盤がどれくらい水を浸透させるかの指標。下図のような、現場透水試験、揚水試験などで求める。

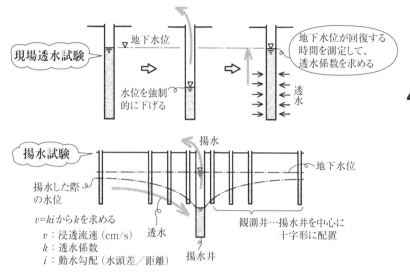

現場透水試験
地下水位
水位を強制的に下げる
地下水位が回復する時間を測定して、透水係数を求める
透水

揚水試験
揚水
揚水した際の水位
地下水位
観測井…揚水井を中心に十字形に配置
透水
揚水井

$v = ki$ から k を求める
v ：浸透流速 (cm/s)
k ：透水係数
i ：動水勾配（水頭差／距離）

Q S波とは縦波？　横波？
構 施

A 横波

地震のS波は横波よ！

S波 ⇨ S形に動く横波

● S波（Secondary wave）は横波（進行方向に対して横に振動）で、2番目（secondary）に来る地震波。進行方向に直角に振動するので、せん断波とも呼ばれる。P波（Primary wave）は縦波（進行方向に振動）で、最初（primary）に来る地震波。

Q S波の速度が大きいと、地盤のせん断剛性（せん断変形しにくさの係数）は？ 構

A 大きい

$$\underline{\text{S波}} \Rightarrow \underset{\text{せん断剛性 大}}{\dot{\text{S}}\text{endan}}$$

同じSから連想

● S波（横波、せん断波）は硬い地盤では波のエネルギーが吸収されず（減衰せず）に速く伝わる。S波の速度が速いと地盤は硬く、せん断変形しにくく、せん断剛性、地耐力が大きいとわかる。S波の速度とN値には相関関係がある。

● S波の速度を測るには、地表面に近い所を測る表面波検査と、ボーリング孔でP波、S波を受信するPS検層（弾性波速度検層）がある。

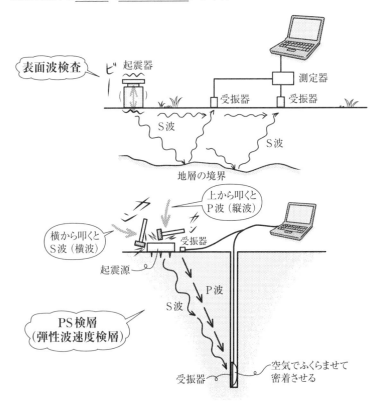

表面波検査　ビニ　起震器　測定器　受振器　受振器

S波　S波

地層の境界

上から叩くと P波（縦波）

横から叩くと S波（横波）　受振器

起震源

P波

S波

PS検層（弾性波速度検層）

受振器　空気でふくらませて密着させる

電気探査において、粘性土は比抵抗 ρ（Ω・m）が大きい? 小さい? 構 施

A 小さい

粘性土

みそ 汁と ⇨ 水が多く 電気を 通しやすい ⇨ 抵抗、比抵抗 小
  粘土 シルト

4

● 電気探査とは、地表に電極を差して電流 I、電圧 V から抵抗 R、比抵抗 ρ を求めて、土の種類や硬軟、基盤の深さ、地下水の位置を調べる試験。

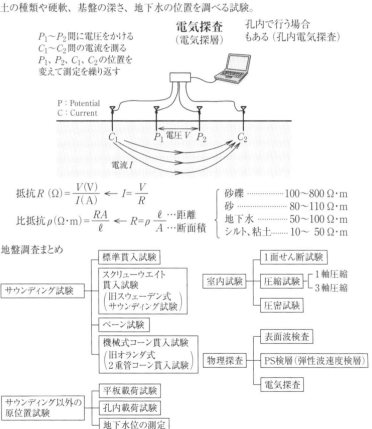

電気探査
（電気探層）

孔内で行う場合もある（孔内電気探査）

$P_1 \sim P_2$ 間に電圧をかける
$C_1 \sim C_2$ 間の電流を測る
P_1、P_2、C_1、C_2 の位置を変えて測定を繰り返す

P：Potential
C：Current

C_1　P_1 電圧 V P_2　C_2

電流 I

抵抗 R（Ω）$= \dfrac{V(\mathrm{V})}{I(\mathrm{A})} \leftarrow I = \dfrac{V}{R}$

比抵抗 ρ（Ω・m）$= \dfrac{RA}{\ell} \leftarrow R = \rho\,\dfrac{\ell}{A}$ …距離 …断面積

砂礫 ……………100〜800 Ω・m
砂 …………………80〜110 Ω・m
地下水 …………50〜100 Ω・m
シルト、粘土……10〜 50 Ω・m

地盤調査まとめ

```
                        ┌─ 標準貫入試験                                    ┌─ 1面せん断試験
                        │   スクリューウエイト                              │
            サウンディング試験 ┤   貫入試験            室内試験 ┤ 圧縮試験 ┬ 1軸圧縮
                        │  （旧スウェーデン式              │        └ 3軸圧縮
                        │   サウンディング試験）            │
                        ├─ ベーン試験                    └─ 圧密試験
                        └─ 機械式コーン貫入試験
                           （旧オランダ式                        ┌─ 表面波検査
                            2重管コーン貫入試験）          物理探査 ┼ PS検層（弾性波速度検層）
                                                            └─ 電気探査
            ┌─ 平板載荷試験
 サウンディング以外の ┼ 孔内載荷試験
   原位置試験    └─ 地下水位の測定
```

Q 砂質土では内部摩擦角φが大きいと支持力はどうなる？
構

A 大きくなる

 摩擦大 ⇨ 壊れにくい ⇨ 支持力大

● 土が安定する限界の角度を安息角といい、砂質土の場合、内部摩擦角φ≒安息角である。ゆるい砂質土で20°、締まった砂質土で30°程度。摩擦ではなく粘着力で抵抗する粘性土は0°と考える。土のせん断力τと圧縮力σのグラフで、直線の角度がφとなる。

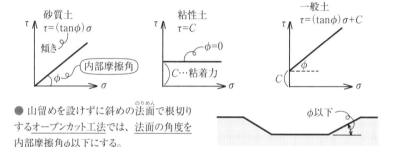

● 山留めを設けずに斜めの法面で根切りするオープンカット工法では、法面の角度を内部摩擦角φ以下にする。

Q 砂質土において、N値が大きいと内部摩擦角φは？
構

A 大きくなる

 砂山高い ⇨ 砂が締まっている ⇨ 貫入しにくい
φ 大きい　　　　　　　　　　　　　　N値 大

● 標準貫入試験のN値より、砂質地盤の内部摩擦角φや相対密度が推定できる。$\phi = \sqrt{20N} + 15$などの式があり、φは$\sqrt{N}$に従って大きくなる。

Q 土中における荷重の影響範囲は、基礎底面が大きくなるとどうなる？ 構

A 大きくなる

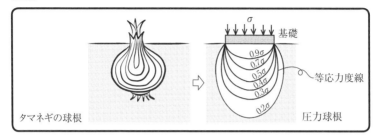

タマネギの球根 → 圧力球根

● 基礎底面の圧縮応力度σは、土中では上図右の圧力球根のような応力度分布となる。基礎底面が広いほど、圧力球根は大きくなる。圧力球根の0.2σの形は、基礎底面が正方形では球形に近く、底面の一方が長くなるほど球根は下へと延びた形となる。

Q 砂質地盤上の直接基礎で、単位面積当たりの荷重σが同じ場合、基礎底面が大きいと即時沈下量は大きい？ 小さい？ 構

A 大きい

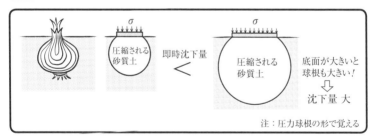

注：圧力球根の形で覚える

● σが同じ場合、圧力球根は底面が大きい方が大きくなる。基礎底面が大きいほど圧縮される砂質土の体積が大きいので、その分余計に縮まって即時沈下量が大きくなる（頻出）。荷重の総量が同じで底面が広くなる場合は、σ＝荷重／面積が小さくなり、沈下量は小さくなる可能性もある。上の設問はσが同じ場合なので、荷重＝σ×基礎底面積は右が大きくなっている。

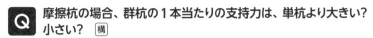 **摩擦杭の場合、群杭の1本当たりの支持力は、単杭より大きい？ 小さい？** 構

 小さい

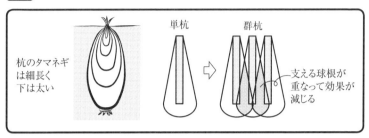

杭のタマネギ
は細長く
下は太い

単杭　群杭

支える球根が
重なって効果が
減じる

● 群杭は圧力球根が重なるので、重なっ
た部分の土は単杭よりも支持する力が両
方に分散されて、1本当たりの支持力は
小さくなる。群杭全体の球根は大きくなり、
σが同じ場合は沈下量は大きくなる。

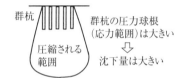

群杭

圧縮される
範囲

群杭の圧力球根
（応力範囲）は大きい
⇩
沈下量は大きい

 杭が水平力σを受けてδ（デルタ）だけ変位するとき、$\sigma = k_h \delta$の係数k_h（シグマ）は、杭径が太いと大きい？　小さい？ 構

 小さい

h：horizontal 水平の

タマネギを横にする

ゴ
ロ

平面図

小さな球根　大きな球根

圧縮される
範囲

小さく動く　大きく動く

● k_hは水平地盤反力係数で、地盤の水平方向のバネ定数。地盤の水平方向の変形
しにくさ、硬さを表す。杭径が太いと水平方向の球根も大きくなり、圧縮される土の体
積が大きくなって水平に動きやすくなる。地盤は弱いバネとなり、柔らかく変形しやすい。
よって杭径が太いと、バネ定数である水平地盤反力係数k_hは小さくなる。

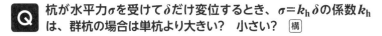

Q 杭が水平力σを受けてδだけ変位するとき、$\sigma = k_h \delta$ の係数 k_h は、群杭の場合は単杭より大きい？　小さい？ [構]

A 小さい

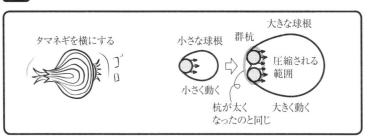

● 群杭では杭径が太くなったのと同じ効果で、圧力球根が大きくなり、同じ応力度σでは単杭よりも大きく動く。地盤のバネは柔らかくなり、バネ定数としての水平地盤反力係数 k_h は小さくなる。

$$\left.\begin{array}{l} 太い杭径 \\ 群杭 \end{array}\right\} \longrightarrow 球根大 \longrightarrow 水平地盤反力係数 k_h\ 小 \left(\begin{array}{l} バネが弱く、\\ 柔らかく変形しやすい \end{array}\right)$$

● N 値が大きい方が、水平地盤反力係数 k_h は大きくなる。

$$N値大：硬い \longrightarrow k_h 大 （水平方向に動きにくい）$$

● 水平地盤反力係数 k_h は、ボーリング孔の孔壁を用いた孔内水平載荷試験で推定する。

圧力球根が大きいと大きく動くのよ！

単位面積当たりの荷重 $\overset{シグマ}{\sigma}$ が同じ場合

$$圧力球根\ 大 \longrightarrow \left\{\begin{array}{l} 即時沈下量、水平変位量 \overset{デルタ}{\delta}\ 大 \\ 水平地盤反力係数 k_h\ 小 \\ （バネが弱い） \end{array}\right.$$

Q 主働土圧、静止土圧、受働土圧の大小は？
構

A 受働土圧＞静止土圧＞主働土圧

> # 受 精の主 は どいつだ?
> 　　ぬし
> 受働＞静止 ＞ 主働　　土圧

● 土を主語にして、土が自分で動く（主働）、土がほかから動かされる（受働）と考える。下の絵ではパンチを出す側が土で、カウンターで入るとパンチは強く、スウェイバックで入るとパンチは弱い。

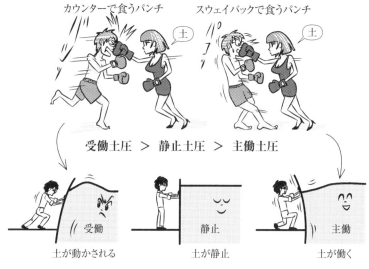

カウンターで食うパンチ　　スウェイバックで食うパンチ

（土）　　（土）

受働土圧 ＞ 静止土圧 ＞ 主働土圧

受働　　　静止　　　主働
土が動かされる　　土が静止　　土が働く

● 主働土圧、受働土圧は、擁壁、山留めなどで出てくる。

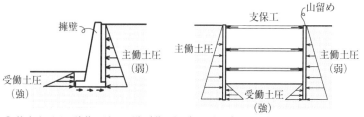

擁壁　　　　　　　　　支保工　山留め
　　　　　　　　　　主働土圧　　　　　主働土圧
主働土圧　　　　　　（弱）　　　　　　（弱）
（弱）
受働土圧　　　　　　　　受働土圧
（強）　　　　　　　　　（強）

● 静止土圧は、建物の地下の壁（動かない）に及ぼす土圧など。

252

Q 擁壁の構造設計において　　　　　　　　　　　　　　[構]
転倒：転倒に対する抵抗モーメント≧（　　）×転倒モーメント
かつどう
滑動：底面の摩擦力≧（　　）×水平力（主働土圧＋地下水圧）

A 1.5（安全率）

イチゴを押すと　転がるか　　コロン
――――　　　すべる　←←←ズズズ
1.5倍

4

建築基礎構造設計指針　　安定モーメント　　安全率　　　　　　　　　　安全率
　　　　　　　　　　ともいう
| 抵抗モーメント≧1.5×転倒モーメント | 　　| 摩擦力≧1.5×水平力 |

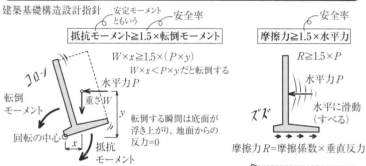

$W \times x \geq 1.5 \times (P \times y)$
$W \times x < P \times y$ だと転倒する

コロン
水平力 P
重さ W
転倒モーメント
y
回転の中心
x　抵抗モーメント

転倒する瞬間は底面が
浮き上がり、地面からの
反力＝0

水平力 P
ズズ
水平に滑動（すべる）
摩擦力 $R \geq 1.5 \times P$

摩擦力 R ＝摩擦係数×垂直反力

● 転倒する、水平にすべる（滑動）
のほかに、土が円弧上にすべって破
壊する円弧すべりもある。

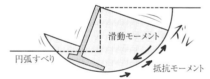

滑動モーメント
円弧すべり
ズル
抵抗モーメント

Q 擁壁底面の滑動に対する抵抗は、砂質土と粘性土、どちらが大
きい？　[構]

A 砂質土＞粘性土

サンドペーパー
砂 やすりは 摩擦大

● 砂質土は砂やすりを想像すると、わかりやすい。

RC　　　　　ズズ　　　＞　　RC　　　ルル
砂質土　　　　　　　　　　　粘性土
ジャリジャリ　摩擦大　　　　ヌルヌル　摩擦小

Q 基礎底面下のすべり面はどのような形?

A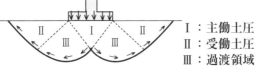

Ⅰ：主働土圧
Ⅱ：受働土圧
Ⅲ：過渡領域

**スケボーのバンク
はすべり面**

● 破壊がすべり面の右か左かは、状況による。破壊はすべり、せん断で起こるので、摩擦力が大きい方が（内部摩擦角φが大きい方が）極限支持力は大きい。極限支持力の式は　極限支持力＝粘着力による支持力＋基礎底面による支持力＋根入れによる支持力と3項に分かれている。各項の支持

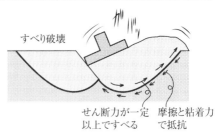

すべり破壊

せん断力が一定　摩擦と粘着力
以上ですべる　　で抵抗

力係数はφの関数で、φが大きいと大きくなる。基礎底面より上に土をかぶせると、その重みで土が盛り上がるのを抑え、すべり破壊がしにくくなる（根入れ効果）。

Q 地盤の長期許容応力度＝（　　）×極限支持力（kN/m²）
短期許容応力度＝（　　）×極限支持力（kN/m²）　構

A $\dfrac{1}{3}$、$\dfrac{2}{3}$

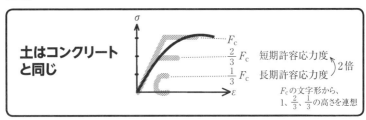

**土はコンクリート
と同じ**

短期許容応力度
長期許容応力度 ⎞2倍

F_cの文字形から、
1、$\frac{2}{3}$、$\frac{1}{3}$の高さを連想

● 極限支持力とは地盤が壊れるときの、最大の支持力。コンクリートや鋼の（最大）強度に相当。その2/3が短期、1/3が長期。

Q 基礎底面の接地圧（地盤反力）を求めるのに、基礎スラブ上の土かぶり重量（埋戻し土の重量）は入れる？ 構

A 入れて計算する（接地面にかかるすべての重量を入れる）

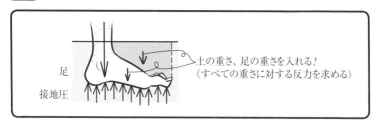

足

接地圧

土の重さ、足の重さを入れる！
（すべての重さに対する反力を求める）

4

Q 基礎スラブの応力を求めるのに、基礎スラブ上の土かぶり重量（埋戻し土の重量）を入れる？ 構

A 入れずに計算する（基礎スラブの自重も入れない）

イテテ

足を楽にする荷重は入れない！
（もっとも厳しい条件でもつか否か）

● 接地圧とは地面の反力なので、すべての重さを入れて、それとつり合う反力を求める（さもないと沈む）。一方基礎スラブの応力計算では、土やスラブ自体の重さを入れると曲げを軽減してしまうので、安全を見て入れない（頻出）。

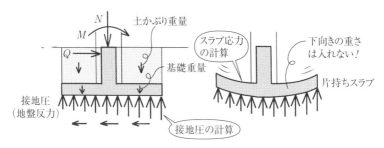

Q 杭を支持の仕方で2つに分類すると?
構

A 支持杭、摩擦杭

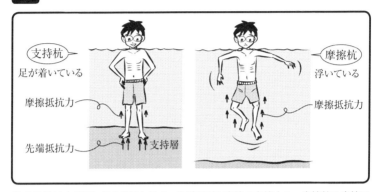

● 支持杭は支持層に足を着けた杭で、先端抵抗と摩擦で支持する。摩擦杭は摩擦のみで支持する。どちらの支持力にも、基礎底面の支持力は加算しないのが原則。実際は基礎底面(フーチング底面)にも土からの反力は働くが、それを無視して杭だけで支えるとして安全側で計算する。

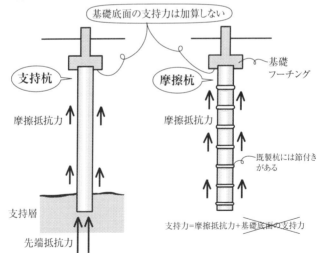

● 支持杭が沈下した場合、摩擦抵抗力が先行し、その後に先端抵抗力が発生する。

Q パイルド・ラフト基礎とは?
[構]

A 直接基礎（ラフト）と杭基礎（パイル）が複合して荷重に抵抗する基礎形式

裸婦と いかだ に乗る
ラフト

raft
pile

pile付きの
raftよ!

● raftはいかだ、浮き台が語源。ラフティングはボートでの急流下り。建築では直接基礎、べた基礎のこと。耐圧版やフーチングだけで支える基礎形式。地面の上に浮くように置く基礎ということ。

● 基礎は、杭で支える杭基礎か直接基礎とし、併用は原則不可（令38）。杭基礎の場合は基礎底面の支持力を加算できない。

● 杭を付けた（piled）直接基礎（raft）であるパイルド・ラフトは、例外的に直接基礎と杭を併用したもの。杭と直接基礎が複合して支持し、両者一体として解析する必要がある。パイルド・ラフト基礎は、沈下量を抑えるために使われることが多い。

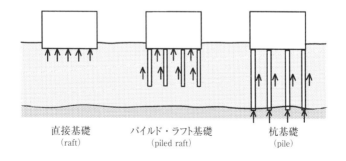

直接基礎　　　　パイルド・ラフト基礎　　　　杭基礎
（raft）　　　　（piled raft）　　　　（pile）

Q 杭の砂質地盤における極限周面摩擦力度の、杭施工法による大小は？ 構

A 場所打ち＞（杭周固定液を使った）埋込み杭＞打込み杭

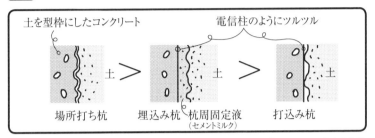

土を型枠にしたコンクリート　　　電信柱のようにツルツル

場所打ち杭　　　埋込み杭-杭周固定液　　打込み杭
　　　　　　　　　　　　　（セメントミルク）

● 場所打ちコンクリート杭は現場で生コンを打つ杭で、土の凹凸にコンクリートが入り込んで噛み合うので、摩擦はもっとも大きい。

Q 杭の極限支持力度の、杭施工法による大小は？ 構

A 打込み杭＞（根固め液を使った）埋込み杭＞場所打ち杭

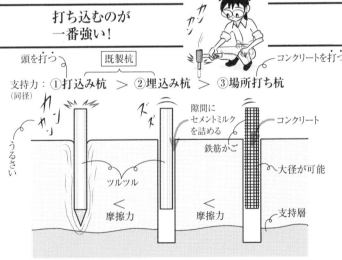

打ち込むのが
一番強い！

頭を打つ　　　既製杭　　　　　　コンクリートを打つ

支持力：①打込み杭 ＞ ②埋込み杭 ＞ ③場所打ち杭
（同径）

うるさい　　　ツルツル　　隙間にセメントミルクを詰める
　　　　　　　　　　　　　　鉄筋かご
　　　　　　　　　　　　　　コンクリート
　　　　　　　　　　　　　　大径が可能
　　　　摩擦力　　＜　　摩擦力　　支持層

● 打込み杭は支持層に強引に打ち込むので、もっとも支持力が大きい。支持力と杭周の摩擦力の順は、逆になるので注意。

Q 負の摩擦力（ネガティブフリクション）が発生しやすいのは、
支持杭？　摩擦杭？　[構]

A 支持杭

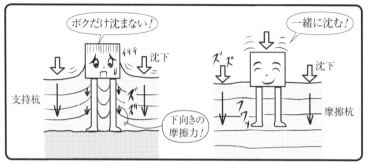

● 下向きの摩擦力は、通常の上向きの正の摩擦力に対して、負の摩擦力、ネガティブ
フリクション（negative friction）という。支持杭の場合は硬い支持層に足が着いてい
るので建物や杭は沈まず、周囲の土だけ沈むことになり、下向きの摩擦力が発生する可
能性がある。一方摩擦杭は土と一緒に沈むので、下向きの摩擦力は発生しにくい。負
の摩擦力が過大になると、建物の荷重＋負の摩擦力が杭にかかり、杭内部の圧縮力が
大きくなり、最悪の場合、杭を破壊してしまうこともありうる。

Q 地震による水平力は、地下外壁（根入れ部）と杭とで分担できる？
[構]

A 分担できる

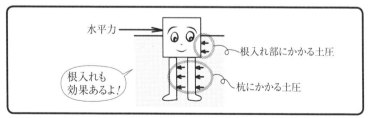

● 鉛直荷重は杭のみで抵抗し、基礎底面の抵抗は入れない。一方水平荷重に対して
は、杭の抵抗のほか、根入れ部の抵抗もカウントする。

Q 水平地盤反力係数 k_h が大きいと、
杭頭の変位 δ、杭頭の曲げモーメント M_0 は？　構

A δ は小さい、M_0 は小さい

h：horizontal水平の

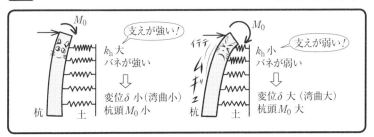

● 水平地盤反力係数 k_h（h：horizontal）は、地盤の水平方向のバネ定数。ほかに鉛直地盤反力係数 k_v（v：vertical鉛直の）がある。k_h が大きいと、バネが強い、固いことを意味する。k_h が大きいと変位 δ は小さくなり、湾曲が小さいことから杭頭のモーメント M_0 も小さくなる。地盤の k_h が大きいと、杭は強いバネに支えてもらうことになる。
● k_h＝土の種類別係数×群杭効果係数×土のヤング率×杭径$^{-\frac{3}{4}}$ という式で、土のヤング係数にさまざまな係数をかけて求める。
● 杭径$^{-\frac{3}{4}}$ とマイナス乗なので、杭径が大きくなると k_h は小さくなる。前述した圧力球根が大きくなり、圧縮される土の範囲が大きくなり、バネが弱く柔らかくなるため。
● 液状化すると地盤のバネが弱くなるので、地盤反力係数 k_h は小さくなる。

Q 同一建物の太い杭と細い杭（同一長）に同じ水平変位が生じた場合、負担する水平力と杭頭曲げモーメントはどちらが大きい？
構

A 太い杭の方が大きい

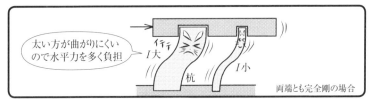

● 太いと断面2次モーメント I が大きく、曲げにくいのでバネが強く働く。そのため水平力を多く負担する。また同じ湾曲をつくるのに、曲げモーメントも大きい必要がある。

Q 同一建物における同径の杭に長さの差がある場合、水平力の負担が大きいのはどちらの杭? 構

A 短い方の杭

Q 杭頭の固定度が大きいと、杭頭の曲げモーメント M_0 はどうなる? 構

A M_0 は大きくなる

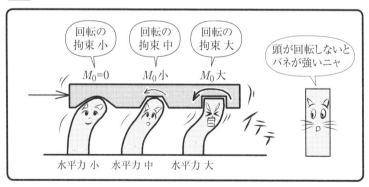

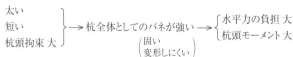

A

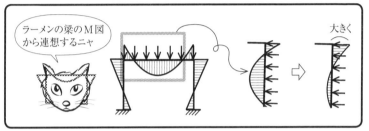

$M_0=M_{max}$

M_0 ：杭頭の曲げモーメント
M_{max}：最大の曲げモーメント

ラーメンの梁のM図
から連想するニャ

大きく

● 杭頭での回転が拘束されるほど、曲げモーメントは大きくなる。杭底は回転するピンとして扱うので、曲げモーメントはゼロ。杭の変形はS字形になることが多く、曲げモーメント図も凸の側に出るので、下の方では杭頭と反対側に出て、杭底でゼロとなる。だいたいのM図の形を覚えておこう。

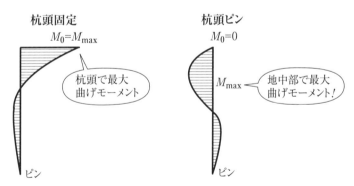

杭頭固定
$M_0=M_{max}$

杭頭で最大
曲げモーメント

ピン

杭頭ピン
$M_0=0$

M_{max}

地中部で最大
曲げモーメント!

ピン

杭の代表的な曲げモーメント図を単純化

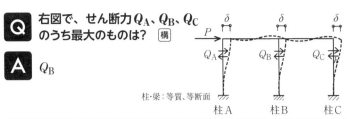

Q 右図で、せん断力 Q_A、Q_B、Q_C のうち最大のものは? 構

A Q_B

柱・梁：等質、等断面　柱 A　柱 B　柱 C

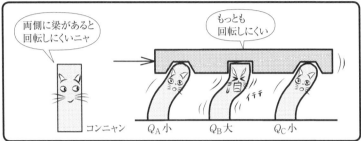

両側に梁があると回転しにくいニャ

もっとも回転しにくい

コンニャン　Q_A 小　Q_B 大　Q_C 小

● 側柱（外柱）のA、Cは片側に梁が付いているのに対し、中柱（内柱）のBは両側に梁があって、もっとも柱頭が回転しにくい。杭頭と同じように、回転しにくいと柱は水平力に対するバネが強くなり、負担する水平力（せん断力）、柱頭の曲げモーメントは大きくなる。ラーメンの剛節点は、柱梁の直角は維持されるが、柱と梁自体はたわんで節点は回転してたわみ角を生じる。各部の応力の値は、たわみ角を考慮に入れた計算で求める。

● 柱頭と柱脚がまったく回転しない（剛床仮定）とすると、

$Q_A = \dfrac{12EI}{h^3} \delta$　の公式が使える。この場合は柱のバネに強さの差がないので、Pを$1/3$ずつ負担する。

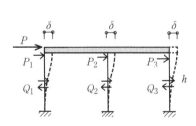

【山上の惨の映像出た】
3乗　3　EI　δ

【制限されると自由に出ない】
剛　12　δ

$$\begin{cases} P_1 = Q_1 = \dfrac{12EI}{h^3} \delta \\[2mm] P_2 = Q_2 = \dfrac{12EI}{h^3} \delta \\[2mm] P_3 = Q_3 = \dfrac{12EI}{h^3} \delta \end{cases}$$

$Q_1 : Q_2 : Q_3 = 1 : 1 : 1$

$\therefore Q_1 = Q_2 = Q_3 = \dfrac{1}{3} P$

RC造で曲げ破壊より先にせん断破壊が起こりやすい柱は?
構

A 太くて短い柱

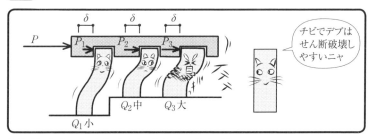

チビでデブは
せん断破壊し
やすいニャ

Q_1小 Q_2中 Q_3大

● 柱頭、柱脚がまったく回転しないとすると、各水平力は

$$P_1 = Q_1 = \frac{12EI_1}{h_1{}^3}\delta \quad P_2 = Q_2 = \frac{12EI_2}{h_2{}^3}\delta \quad P_3 = Q_3 = \frac{12EI_3}{h_3{}^3}\delta$$

水平力 せん断力

$$\therefore P_1 : P_2 : P_3 = Q_1 : Q_2 : Q_3 = \frac{I_1}{h_1{}^3} : \frac{I_2}{h_2{}^3} : \frac{I_3}{h_3{}^3} \text{ となる。}$$

Eは同じ材料なら等しく、Iは太いと大きくなり、短いと$1/h^3$は大きくなる。よって太くて短い柱はP、Qともに大きくなり、せん断破壊しやすい。せん断破壊は脆性破壊で、粘らずに一気に壊れる。

● 腰壁、垂れ壁によって短くなった柱も、せん断破壊しやすい。そこで壁と柱との間に壊れて離れやすくする構造スリットを入れると効果的。スリットを入れれば、腰壁、垂れ壁はないものとして計算してよい。

● 帯筋を密に入れると、せん断耐力を増すことができる。

①構造スリットを入れる

hが小!

②帯筋を密に入れる

● 帯筋を密に入れると、圧縮で破壊するときも①主筋の座屈を防ぐ、②コンクリートのはらみ出しを防ぐといった効果がある。

①主筋の座屈

②コンクリートのはらみ出し

圧縮破壊にも帯筋が効く!

帯筋が拘束!

Q S造の露出形式柱脚で、固定度（回転拘束）が高いと、柱脚の曲げモーメントはどうなる？ 構

 A 大きくなる

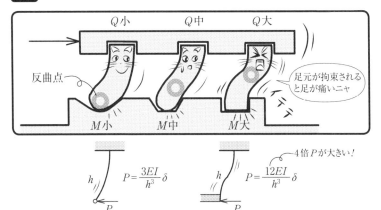

4

● 柱のPとδの図を上下逆にして考える。上階の床が完全剛ならば、柱脚がピンだと$P = \dfrac{3EI}{h^3}\delta$、柱脚が完全剛だと$P = \dfrac{12EI}{h^3}\delta$と、完全剛の方が4倍の水平力（せん断力）を受ける。下図のように、柱脚の曲げモーメントM_1はピンだとゼロ、固定度が大きいとM_1は大きくなる。柱脚の固定度と各曲げモーメント図の大まかな形は覚えておくとよい。

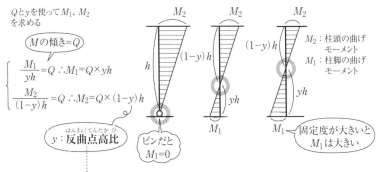

Mがどの高さで反対側に行くかの比。下から$y : (1-y)$の位置が反曲点となる

● 露出形式柱脚の場合、柱脚の形状によって固定度を評価し、反曲点高比yを定めて柱脚の曲げモーメントを求め、アンカーボルトとベースプレートの設計を行う。

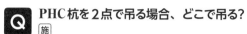

Q PHC杭を2点で吊る場合、どこで吊る?
施

A 両端から長さの1/5程度内側

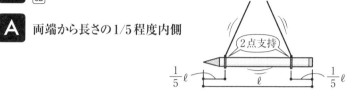

2点支持

$\frac{1}{5}\ell$ ℓ $\frac{1}{5}\ell$

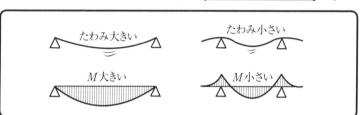

たわみ大きい   たわみ小さい

M大きい   M小さい

● PHC杭とは、Prestressed High-strength Concrete 杭の略。遠心力で成形された<u>プレストレスト高強度コンクリート杭</u>。プレストレストとは、事前に(pre)応力をかけられた(stressed)という意味。PCの間にH(高強度)が入ると覚える。

1点支持

建込み

杭の長さによって
規定値あり

● PHC杭を積込み、荷下ろしする際は、たわみと曲げモーメントが小さくなるように、<u>長さの1/5程度内側で吊る</u>。建込みの1点吊りのときは、規定値だけ内側で吊る。

Q 既製コンクリート杭の打込みは、どのような順で行う?
施

A 中央から外側へ向かって打ち進める

外側 → 中央 だと、中央の土が締まって入らなくなる

● 外側から打ち進めると、土が締まって中央部に打ち込めなくなる。片方から順に打つ片押しも、土が片側へとずれていくので好ましくない。中央から始めて、外へと打ち進める。
● 場所打ちコンクリート杭の場合は、まだ固まっていないコンクリートに振動や変形が加わるので、<u>近接杭の連続施工は避ける</u>。

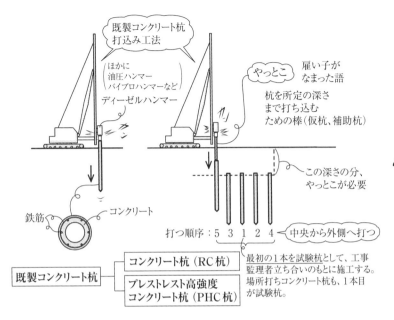

既製コンクリート杭
打込み工法

（ほかに
油圧ハンマー
バイブロハンマーなど）
ディーゼルハンマー

やっとこ　雇い子がなまった語

杭を所定の深さまで打ち込むための棒（仮杭、補助杭）

この深さの分、やっとこが必要

鉄筋　コンクリート

打つ順序：5　3　1　2　4　中央から外側へ打つ

最初の1本を試験杭として、工事監理者立ち合いのもとに施工する。場所打ちコンクリート杭も、1本目が試験杭。

| 既製コンクリート杭 | コンクリート杭（RC杭） |
| | プレストレスト高強度コンクリート杭（PHC杭） |

Q

S造の梁フランジとブラケット接合部において、高力ボルトの締付け順は？ 施

A

中央から外側へ向かって締め付ける

> 外側 → 中央 だと ひずみが中央に集まってしまう

● 打込み杭と同様に、高力ボルトも中央→外側の順に締めて、外へとひずみを逃がす。ウェブは上に引張りがかかるので、上から締める。

外へとひずみを逃がすのか

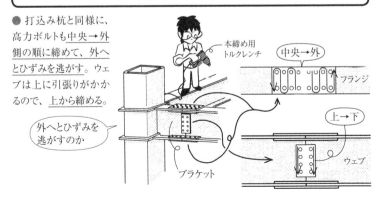

本締め用トルクレンチ

中央→外

フランジ

上→下

ウェブ

ブラケット

Q セメントミルク工法において、孔の掘削機はアースドリル？　アースオーガー？　施

A アースオーガー

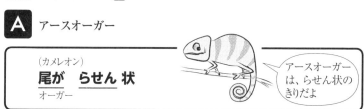

（カメレオン）
尾が　らせん状
　オーガー

> アースオーガーは、らせん状のきりだよ

● アースオーガー機とは下図左のような、地面に細長い孔を掘削する機械。既製杭を埋め込む前の孔の掘削などに使う。アースドリル機は下図右のような、バケット（バケツ）を回転させながら太い孔を掘削する機械で、場所打ちコンクリート杭に使う。両者はよく間違えるので注意。

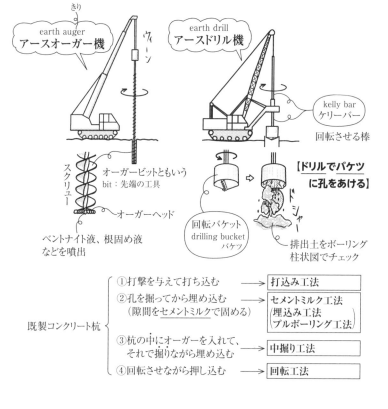

きり
earth auger
アースオーガー機
ウィーン

earth drill
アースドリル機

kelly bar
ケリーバー
回転させる棒

スクリュー
オーガービットともいう
bit：先端の工具
オーガーヘッド
ベントナイト液、根固め液
などを噴出

回転バケット
drilling bucket
バケツ

【ドリルでバケツに孔をあける】

排出土をボーリング
柱状図でチェック

既製コンクリート杭
①打撃を与えて打ち込む → 打込み工法
②孔を掘ってから埋め込む（隙間をセメントミルクで固める） → セメントミルク工法（埋込み工法 プルボーリング工法）
③杭の中にオーガーを入れて、それで掘りながら埋め込む → 中掘り工法
④回転させながら押し込む → 回転工法

掘削後にアースオーガーを引き抜くとき、正回転？ 逆回転？ [施]

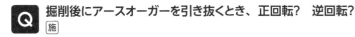**正回転**

> # 正回転が正解
> 引抜きも正回転

● オーガーを正回転させると、土は上へと運ばれる。引抜きにおいて逆回転させると、土が下へ動いて、孔に落ちてしまう。<u>掘削、引抜きは両方とも正回転</u>で行う。

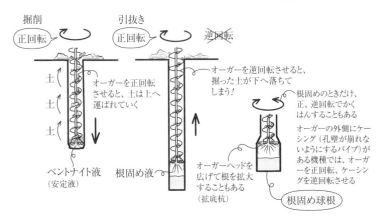

掘削 正回転

引抜き 正回転 逆回転

土 オーガーを正回転させると、土は上へ運ばれていく

ベントナイト液（安定液） 根固め液

オーガーを逆回転させると、掘った土が下へ落ちてしまう！

オーガーヘッドを広げて根を拡大することもある（拡底杭）

根固めのときだけ、正、逆回転でかくはんすることもある

オーガーの外側にケーシング（孔壁が崩れないようにするパイプ）がある機種では、オーガーを正回転、ケーシングを逆回転させる

根固め球根

● オーガーを引き抜く際、速く引き上げると、中の空気が負圧（大気圧より小さい）になり、土や液を巻き上げてしまう。よって<u>オーガーの引抜きはゆっくり</u>と行う。

● アースオーガーの支持地盤への到達は、アースオーガーを回転させる電動機（モーター）の電流の変化と、排出土と土標本の照合により確認する。

● <u>積分電流値</u>とは、単位掘削区間（たとえば0.5m）などに要した時間分だけ電流×時間を合計（積分）した値。電流×電圧＝電力（単位時間当たりのエネルギー）、電流×時間×電圧＝電力量（一定区画でのエネルギー総量）となるので、電流を測るよりも、地盤の硬さを的確に判断できる。

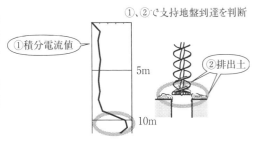

①、②で支持地盤到達を判断

①積分電流値

②排出土

5m

10m

Q セメントミルク工法の根入れ深さは（　　）m以上、余掘りは（　　）m以下 施

A 1m以上、0.5m以下

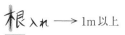

根 入れ ⟶ 1m以上
コン
0.5m以下　　　　　　　　　　　　根の字形から1を連想

公仕

● セメントミルク工法：既製杭を孔に挿入して、周囲をセメントミルク（セメント＋水＋その他）＝杭周固定液で固める工法。

● 建物を土の中に埋めるのを根入れというが、杭を支持層に埋めるのも根入れという。セメントミルク工法では根入れ深さは1m以上、余掘りは0.5m以下。場所打ちコンクリート杭の根入れ深さも1m以上。

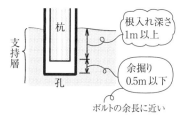

根入れ深さ
1m以上

余掘り
0.5m以下

ボルトの余長に近い

杭
支持層
孔

Q セメントミルク工法において使う液と順序は？ 施

A ①ベントナイト液（安定液）、②根固め液、③杭周固定液

弁当は　ゴボウ の 皮
①ベントナイト液　②根　　③杭周
　　　　　　　固め液　固定液

● 3つの液と使う順番を覚えておく。

● 杭を入れてから杭周固定液を入れると、液がうまく回らないので、先に液を入れる。

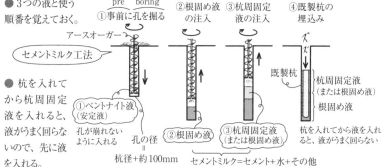

| pre boring ①事前に孔を掘る | ②根固め液の注入 | ③杭周固定液の注入 | ④既製杭の埋込み |

アースオーガー
セメントミルク工法

①ベントナイト液（安定液）
孔が崩れないように入れる
孔の径＝杭径＋約100mm

②根固め液

③杭周固定液（または根固め液）
セメントミルク＝セメント＋水＋その他

既製杭
杭周固定液（または根固め液）
根固め液
杭を入れてから液を入れると、液がうまく回らない

Q フリクションカッターとは?
施

A 中掘り工法の杭先端に付けて摩擦を減らす器具

friction	cutter
摩擦を	カットするもの

● 杭の中空部にオーガーを通して杭頭で掘り進めるのが中掘り工法。鋼製のフリクションカッターを杭先端に付けて摩擦を低減させる。

①杭の中で掘る ②根固め液の注入 ③完成

杭の中空部を使って掘るんだ

4

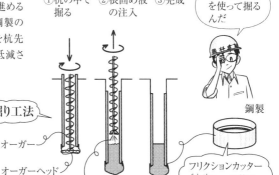

中掘り工法

アースオーガー

オーガーヘッドが開く

根固め液（セメントミルク）

鋼製

フリクションカッター
friction cutter
摩擦を カットするもの

Q 中掘り工法において、砂質土の場合、先掘り長さをどうする?
施

A 小さくする

あまり先を掘りすぎると崩れる!

● 砂質土の場合、先掘り長さを大きくすると、崩れやすくなる。

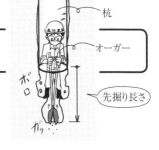

杭

オーガー

先掘り長さ

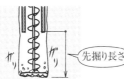

中掘り工法

ガリ 先掘り長さ ガリ

先掘り長さは杭径以下にするのが望ましい

既製コンクリート杭の施工精度は?
施

A 水平方向のずれ：$D/4$かつ100mm以下、 傾斜：1/100以下

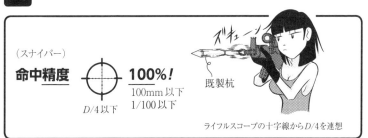

（スナイパー）

命中精度 100%!

100mm以下
$D/4$以下 1/100以下

既製杭

ライフルスコープの十字線から$D/4$を連想

JASS4

	既製コンクリート杭 鋼杭	場所打ち コンクリート杭
水平	$D/4$かつ 100mm以下	100mm以下
傾斜	1/100以下	1/100以下

平面図

計画位置

水平精度
$\dfrac{D}{4}$以下かつ
100mm以下

立面図

垂直精度
1/100以下

10mで100mm以下

● 既製コンクリート杭の継手には
溶接継手とボルトを使った<u>無溶
接継手</u>がある。

アーク溶接

接続プレート（2枚または3枚）

ボルト

補強バンド

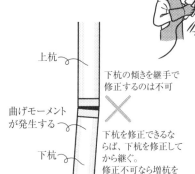

上杭

下杭の傾きを継手で
修正するのは不可

×

曲げモーメント
が発生する

下杭を修正できるな
らば、下杭を修正して
から継ぐ。
修正不可なら増杭を
考える

下杭

● 下杭の傾斜が1/100を超えている場
合、孔の余裕の中で直せるならば、<u>下
杭の段階で修正する</u>。くの字に継ぐと、
重さで折れる可能性がある。杭の精度
は下杭で決まる。下杭が修正できない
場合は、<u>増杭</u>（ましぐい）を検討する。

場所打ちコンクリート杭3種の孔壁保護の方法と掘削方法は?
施

 以下のように分類できる

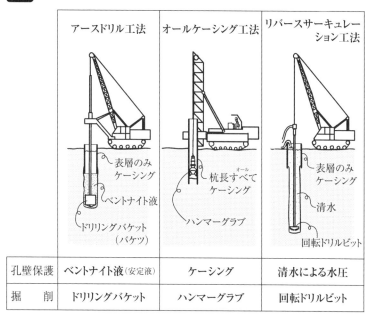

	アースドリル工法	オールケーシング工法	リバースサーキュレーション工法
孔壁保護	ベントナイト液(安定液)	ケーシング	清水による水圧
掘　　削	ドリリングバケット	ハンマーグラブ	回転ドリルビット

オール　ケーシング　　　リバース　サーキュレーション
(杭長)すべて　ケースで保護　(出てきた水を)戻して　　循環させる

● アースドリルのベントナイト液(安定液、泥水)は地盤調査のボーリングでも使われる。リバースサーキュレーションの清水は、ベントナイト液の入っていない水ということ。オールケーシングのケーシングは、孔壁を保護する大きな鋼製パイプ。ほかの工法でも表層の土は崩れやすいので、表層だけケーシングする。3種とも孔の掘り方が異なるだけで、その後の鉄筋かご挿入、コンクリート打ちは同じ。

● casing:さや、外包、reverse:逆戻りさせる、bucket:バケツ

Q アースドリル工法では、粒径が（　　）cmを超えると掘削不可
施

A 10cm超え

> # ドリル が 通 せん
> アースドリル　　10　cm超

● 粒径が大きいと、バケットの刃の隙間に石が詰まってしまう。大きな玉石の出る礫層では、オールケーシング工法のハンマーグラブでつかみ取るなどとする。

Q スライム（slime）とは?
施

A 杭底に沈殿する不純物を多く含む泥

ヌルヌル
ネバネバ
したのが
スライム

> # スラム 街 は 泥 まみれ
> スライム

● アースドリル工法はベントナイト液を使うのでスライムが多い。
● アースドリルでは、平らな刃の付いたスライム除去用バケットでスライムをさらい取る。
● ケリーバー（回転させる棒）の鉛直性は、トランシットか下げ振りで確認する。

掘削用
バケット

ギザギザの刃

スライム除去用
底ざらいバケット

平らな刃

孔が垂直でないと、バケットや
鉄筋かごが孔に引っ
かかる

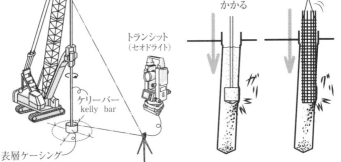

トランシット
（セオドライト）

ケリーバー
kelly bar

表層ケーシング

● 軟弱砂質土でバケットを速く上下に動かすと、砂を巻き上げたり崩したりしてしまう。

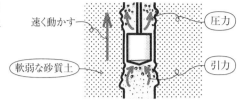

速く動かす
軟弱な砂質土
圧力
引力

2カ所以上で測るのか

● アースドリル工法の掘削深さの確認は、検尺テープ（けんじゃく）などを使って、孔底の2カ所以上で検測する。支持層の土質の確認は、排出土と土質柱状図、土質資料と対比して行う。

4

検尺テープ（けんじゃく）
重り

表層ケーシング
表層の土は崩れやすいので、表層だけケーシングを入れる

● オールケーシング工法で、軟弱粘性土のヒービングを防ぐには、ケーシングの先行量を大きくする。

heave：ふくらむ
heaving
ヒービング
（盤ぶくれ）

周囲の土の重さから土が盛り上がってくる

【日々粘土でふくらます】
ヒービング

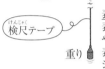

（ケーシングチューブ）
ケーシング
ハンマーグラブ
先行量を多く！

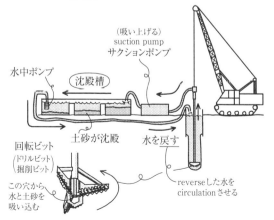

（吸い上げる）
suction pump
サクションポンプ

水中ポンプ
沈殿槽
回転ビット
（ドリルビット）
（掘削ビット）
この穴から水と土砂を吸い込む
土砂が沈殿
水を戻す
reverseした水をcirculationさせる

● リバースサーキュレーション工法は、ビットの先から水を土砂ごと吸い上げ、土砂を沈殿させる。土砂を取り除いた清水を孔の上から再び入れて循環させる。その清水の圧力によって孔壁が崩れないようにする。

Q リバースサーキュレーション工法において、
孔内水位＝地下水位＋（　　）m以上 施

A 2m以上

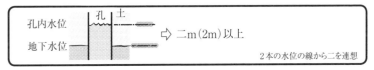

孔内水位　孔　土　⇨ 二m（2m）以上

地下水位

2本の水位の線から二を連想

建築工事監理指針

● 地下水位の方が孔内水位より高いと、地下水の水圧で孔壁の土が崩れる可能性が
ある。そのため孔内水位を地下水位より2m以上高くする。

Q 各工法における場所打ちコンクリート杭のスライム処理の方法
は? 施

A

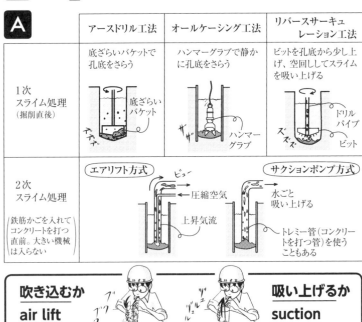

	アースドリル工法	オールケーシング工法	リバースサーキュレーション工法
1次スライム処理（掘削直後）	底ざらいバケットで孔底をさらう　底ざらいバケット	ハンマーグラブで静かに孔底をさらう　ハンマーグラブ	ビットを孔底から少し上げ、空回ししてスライムを吸い上げる　ドリルパイプ　ビット
2次スライム処理（鉄筋かごを入れてコンクリートを打つ直前。大きい機械は入らない）	エアリフト方式　ビュッ　圧縮空気　上昇気流		サクションポンプ方式　水ごと吸い上げる　トレミー管（コンクリートを打つ管）を使うこともある

吹き込むか air lift　　　**吸い上げるか suction**

● air lift：空気圧で持ち上げること、suction：吸引、吸上げ

Q 鉄筋かごの帯筋の継手は、（　　）d以上の片面フレアグルーブ溶接とする 施

A 10d以上

d：鉄筋径の呼び名

> ## Todayは フレアスカートで
> 10 d 以上　フレア溶接

● 鉄筋かごの帯筋の継手は、<u>10d以上のフレア溶接</u>か、<u>金具によるもの</u>とする。

● flareには炎の意味もあるが、フレア溶接は朝顔のような形からきている。グルーブは溝のこと。

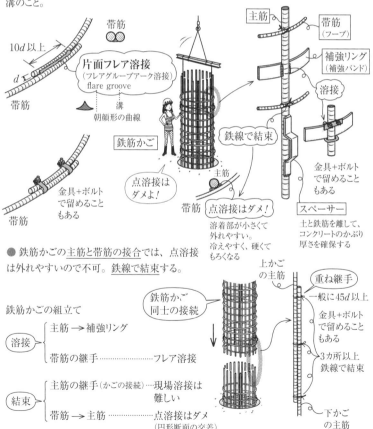

帯筋
10d以上

片面フレア溶接
（フレアグルーブアーク溶接）
flare groove

溝
朝顔形の曲線

帯筋

鉄筋かご

金具+ボルト
で留めること
もある
帯筋

主筋

帯筋

点溶接は
ダメよ！

点溶接はダメ！
溶着部が小さくて
外れやすい。
冷えやすく、硬くて
もろくなる

鉄線で結束

主筋

帯筋
（フープ）

補強リング
（補強バンド）

溶接

金具+ボルト
で留めること
もある

スペーサー
土と鉄筋を離して、
コンクリートのかぶり
厚さを確保する

● 鉄筋かごの<u>主筋と帯筋の接合では、点溶接は外れやすいので不可</u>。<u>鉄線で結束</u>する。

鉄筋かごの組立て

溶接 { 主筋 → 補強リング
　　　 帯筋の継手‥‥‥‥‥‥フレア溶接

結束 { 主筋の継手（かごの接続）‥‥現場溶接は難しい
　　　 帯筋 → 主筋 ‥‥‥‥‥‥点溶接はダメ（円形断面の交差）

鉄筋かご
同士の接続

上かご
の主筋

重ね継手
一般に45d以上

金具+ボルト
で留めること
もある

3カ所以上
鉄線で結束

下かご
の主筋

● 鉄筋かごの主筋間隔が10cm以下だと、生コンの砂利が外側に流れにくい。そこで右図下のように、主筋を2本束ねてあきを大きくする。

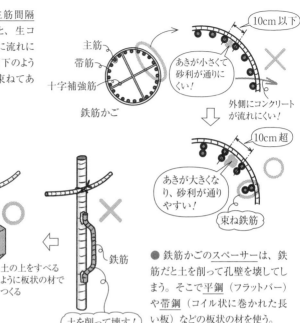

主筋
帯筋
十字補強筋
鉄筋かご

10cm以下

あきが小さくて砂利が通りにくい！

外側にコンクリートが流れにくい！

10cm超

あきが大きくなり、砂利が通りやすい！

束ね鉄筋

スペーサー
（パイル
スペーサー）

pile：杭

土の上をすべるように板状の材でつくる

鉄筋

土を削って壊す！

● 鉄筋かごのスペーサーは、鉄筋だと土を削って孔壁を壊してしまう。そこで平鋼（フラットバー）や帯鋼（コイル状に巻かれた長い板）などの板状の材を使う。

Q コンクリート打込み時にトレミー管の先端は、コンクリート中に（　　）m以上入れる 施

A 2m以上

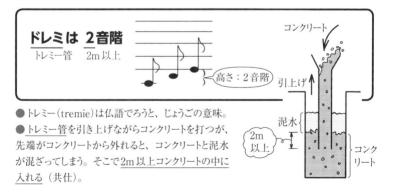

$$\frac{ドレミは}{トレミー管} \frac{2音階}{2m以上}$$

高さ：2音階

コンクリート

引上げ

泥水

2m
以上

コンクリート

● トレミー（tremie）は仏語でろうと、じょうごの意味。
● トレミー管を引き上げながらコンクリートを打つが、先端がコンクリートから外れると、コンクリートと泥水が混ざってしまう。そこで2m以上コンクリートの中に入れる（共仕）。

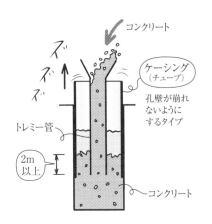

コンクリート

ケーシング
（チューブ）
孔壁が崩れ
ないように
するタイプ

トレミー管

2m
以上

コンクリート

● オールケーシング工法では、孔壁保護のケーシングは、コンクリートが固まると抜けなくなってしまうため、コンクリートを打ちながら引き抜いていく。

● ケーシングは、<u>トレミー管</u>と同様に、<u>2m以上コンクリートの中に挿入した状態を保つ</u>。速く抜くと水の所で土が露出し、孔壁が崩れるおそれがある。【ドレミ は 2 音階】
トレミー管　　2m以上

● ケーシング引抜きの際は、<u>鉄筋かごの共上がり</u>に注意する。

4

Q プランジャーとは？
[施]

A コンクリートと泥水が混じらないように、コンクリートの前にトレミー管に入れるおわん状の器具

> ## ブラジャー を 先に落とすとよい
> プランジャー

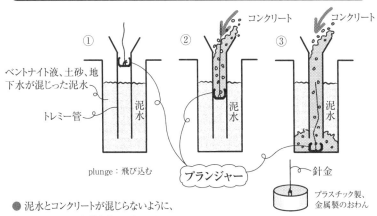

① ② ③

コンクリート　コンクリート

ベントナイト液、土砂、地下水が混じった泥水

トレミー管

泥水　泥水　泥水

plunge：飛び込む

プランジャー

針金

プラスチック製、金属製のおわん

● 泥水とコンクリートが混じらないように、先にプランジャーを落とす。プランジャーは落としたまま、引き上げない。

Q 場所打ちコンクリート杭の単位セメント量（単位粉体量）は、水のない所で（　　　）kg/m³以上、水中で（　　　）kg/m³以上 施

A 270kg/m³以上、330kg/m³以上

● 一般のコンクリートと同様に、単位セメント量（単位粉体量）は空気中では270kg/m³以上、水中では330kg/m³以上。ベントナイト液に混ざらないようにするためには、密度、粘性を上げておく必要がある。水セメント比（水結合材比）は60%以下。普通ポルトランドセメントの65%以下【水攻めはむごい！】、プールなどの水密コンクリートの50%以下【船は半分水の中】の中間、混合セメントB種の60%以下【棍棒は無礼！】と同じ（p.53、54）。

Q 場所打ちコンクリート杭の余盛りは水なし、水ありでそれぞれ（　　　）cm程度 施

A 水なし：50cm程度、水あり：80cm程度

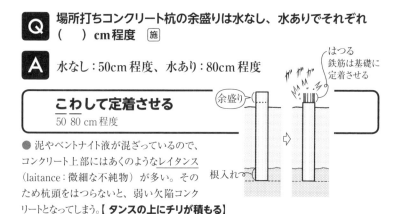

● 泥やベントナイト液が混ざっているので、コンクリート上部にはあくのようなレイタンス（laitance：微細な不純物）が多い。そのため杭頭をはつらないと、弱い欠陥コンクリートとなってしまう。【タンスの上にチリが積もる】
レイタンス

Q 場所打ちコンクリート杭の杭頭をはつるのは（　　）日程度経ってから　施

A 14日程度

14日（汗）

> ### 石 を はつる！
> 14日程度
> 経過後

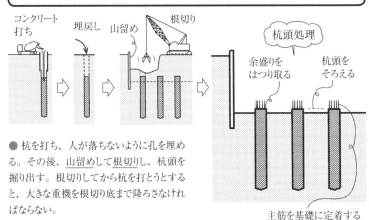

コンクリート打ち　埋戻し　山留め　根切り

杭頭処理

余盛りをはつり取る　杭頭をそろえる

主筋を基礎に定着する

● 杭を打ち、人が落ちないように孔を埋める。その後、山留めして根切りし、杭頭を掘り出す。根切りしてから杭を打とうとすると、大きな重機を根切り底まで降ろさなければならない。

● 14日程度経てば強度はある程度出るので、杭頭をはつって鉄筋を出す。

Q ゆるい砂質土に砂杭をつくる方法は？　施

A サンドコンパクション工法、バイブロフローテーション工法

サンドをコンパクトに押し固める
サンドコンパクション
バイブルは砂漠で生まれた
バイブロフローテーション

振動で砂を締め固めるのよ！

● 砂は小さな硬い粒なので、振動を与えると即時沈下して締め固まる。粘性土は締め固めできないので不可。

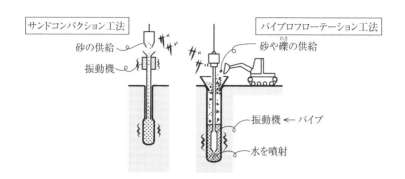

サンドコンパクション工法
砂の供給
振動機

バイブロフローテーション工法
砂や礫(れき)の供給
振動機 ← バイブ
水を噴射

Q サンドドレーン工法とは?
施

A 水はけの悪い粘性土に砂による排水路（ドレーン）をつくる工法

サンド	ドレーン	
砂による	排水路	語源から覚える

● 水の抜けにくい粘性土に砂による水みちをつくる方法。サンドドレーン工法と、サンドコンパクション工法などの砂杭の工法と混同させる問題が頻出。ドレーン＝排水から区別する。【**rainの排水**】
ドレーン

drain：排水（路）

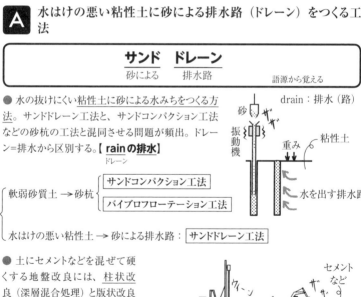

砂
振動機
重み
粘性土
水を出す排水路

軟弱砂質土 →砂杭 {
サンドコンパクション工法
バイブロフローテーション工法
}

水はけの悪い粘性土 → 砂による排水路：サンドドレーン工法

● 土にセメントなどを混ぜて硬くする地盤改良には、柱状改良（深層混合処理）と版状改良（浅層混合処理(せんそう)）がある。

セメントなど

柱状改良
（深層混合処理）

版状改良
（浅層混合処理(せんそう)）

ソイルセメントコラム
（土＋セメントの柱）

282

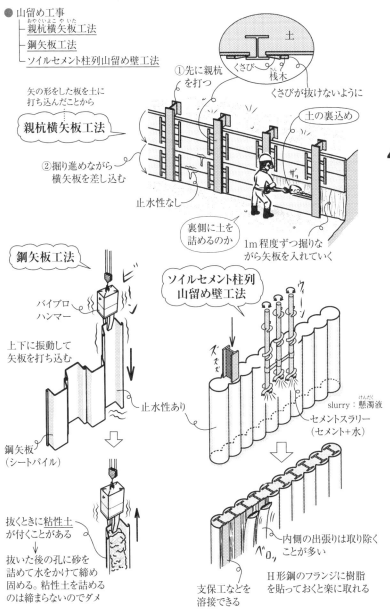

● 山留め工事
├ 親杭横矢板工法（おやぐいよこやいた）
├ 鋼矢板工法
└ ソイルセメント柱列山留め壁工法

①先に親杭を打つ

くさび　桟木（さんぎ）

くさびが抜けないように

土の裏込め

矢の形をした板を土に打ち込んだことから

親杭横矢板工法

②掘り進めながら横矢板を差し込む

止水性なし

裏側に土を詰めるのか

1m程度ずつ掘りながら矢板を入れていく

鋼矢板工法

バイブロハンマー

上下に振動して矢板を打ち込む

止水性あり

鋼矢板（シートパイル）

抜くときに粘性土が付くことがある

抜いた後の孔に砂を詰めて水をかけて締め固める。粘性土を詰めるのは締まらないのでダメ

ソイルセメント柱列山留め壁工法

slurry：懸濁液（けんだく）

セメントスラリー（セメント+水）

支保工などを溶接できる

内側の出張りは取り除くことが多い

H形鋼のフランジに樹脂を貼っておくと楽に取れる

Q 仮設地盤アンカーの引張り材は（　　）m程度余長を残して切断 施

A 1.5m 程度

> **1旦ここで切断** ⇨ 束ねて緊張・定着装置を付ける
> 1 ． 5m 程度

JASS3

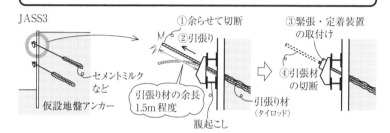

① 余らせて切断
② 引張り
③ 緊張・定着装置の取付け
④ 引張材の切断

セメントミルクなど
仮設地盤アンカー
引張り材の余長
1.5m 程度
引張り材（タイロッド）
腹起こし

● 複数の鋼線を束ねて緊張・定着装置を付けるために、1.5m 程度の余長を残す。装置取り付け後にさらに切断してキャップをかぶせる。

● 地盤アンカーの引抜き耐力は、全数、設計アンカー力の1.1倍以上を確認する。

● 山留めの腹起こし、切梁、火打ちの名称は覚えておく。切梁の継手は切梁交差部と支柱に近づける。

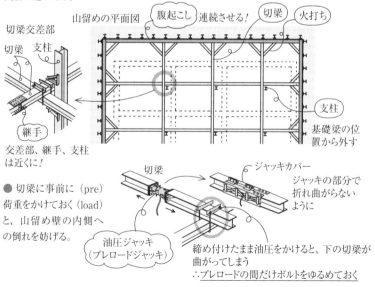

山留めの平面図　腹起こし　連続させる！　切梁　火打ち

切梁交差部
切梁　支柱

継手

交差部、継手、支柱は近くに！

支柱
基礎梁の位置から外す

● 切梁に事前に（pre）荷重をかけておく（load）と、山留め壁の内側への倒れを妨げる。

切梁
ジャッキカバー
ジャッキの部分で折れ曲がらないように

油圧ジャッキ（プレロードジャッキ）

締め付けたまま油圧をかけると、下の切梁が曲がってしまう
∴プレロードの間だけボルトをゆるめておく

Q 切梁と切梁支柱が重なってしまった場合、どちらを切り欠く? 施

A 切梁支柱を切り欠く

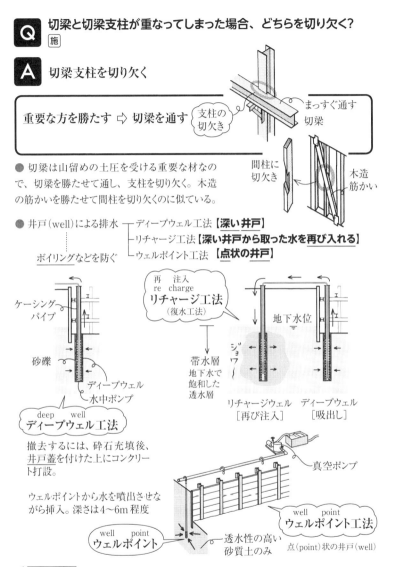

重要な方を勝たす ⇨ 切梁を通す

支柱の切欠き

まっすぐ通す 切梁

● 切梁は山留めの土圧を受ける重要な材なので、切梁を勝たせて通し、支柱を切り欠く。木造の筋かいを勝たせて間柱を切り欠くのに似ている。

間柱に切欠き

木造筋かい

● 井戸 (well) による排水

ボイリングなどを防ぐ

— ディープウェル工法【深い井戸】
— リチャージ工法【深い井戸から取った水を再び入れる】
— ウェルポイント工法【点状の井戸】

ケーシングパイプ

砂礫

ディープウェル水中ポンプ

deep well
ディープウェル工法

撤去するには、砕石充填後、井戸蓋を付けた上にコンクリート打設。

再 注入
re charge
リチャージ工法
(復水工法)

地下水位

ショワー

帯水層
地下水で飽和した透水層

リチャージウェル
[再び注入]

ディープウェル
[吸出し]

ウェルポイントから水を噴出させながら挿入。深さは4〜6m程度

真空ポンプ

well point
ウェルポイント工法

well point
ウェルポイント

透水性の高い砂質土のみ

点 (point) 状の井戸 (well)

ボイリング	: 沸き出す (boil) ように砂が水圧で噴出すること
ヒービング	: 軟弱な粘性土が土圧でふくれ上がること【**日々 粘土で盛り上げる**】ヒービング
盤ぶくれ	: 水を通しにくい地盤が水圧でふくれること

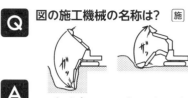

Q 図の施工機械の名称は？ 施

A バックホー　パワーシャベル

バックに向かって掘る　シャベルの強いやつ

ホー　パワー

ハマグリ 貝殻
clam shell
クラムシェル

引っ張る
drag line
ドラグライン

かき取る
scrape バケット
スクレーパーバケット

—川や軟弱地盤

● 根切り底に達する掘削の最終段階の約30cmを床付けという。

back hoe
hoe：くわ
バックホー

床付け
②手掘りで床付け

約30cm

● 床付けは手掘りか、つめのないバケットで行う。

①つめありバケットで掘削

②つめのないバケットで床付け

● 乱れた床付け面には礫か砂質土を敷いて転圧する。粘性土は締め固めできず、水を含んで、徐々に圧密沈下してしまうので不可。

床付け面を乱すと大変なのか

床付け面を乱した場合

振動コンパクター
compactor

compact：締め固める

礫、砂質土に置き換え
粘性土は✕

乱れた床付け面の上面を切り取る

286

砂利地業は（　　）cmごとに締め固める
施

 30cmごとに

砂利地業 ⇨ Sand
30cm

● 30cm以下なら1回で、70cmなら3回に分けて締め固める。厚い砂利は一気に締め固められない。

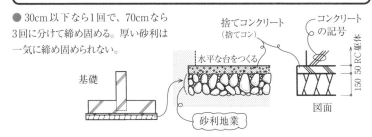

捨てコンクリート（捨てコン）
コンクリートの記号
水平な台をつくる
基礎
150　50 RC 躯体
砂利地業
図面

4

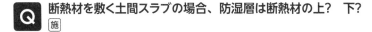 **断熱材を敷く土間スラブの場合、防湿層は断熱材の上？　下？**
施

断熱材の下

湿気を断熱材に入れない！ ⇨ 防湿層は湿気の多い土の側

● 木造の外壁では、断熱材の内側に防湿シート、外側には防水透湿シートを張って、水蒸気が断熱材内に流れないように、また壁体内の水蒸気が通気層を伝って外へ出るようにする。

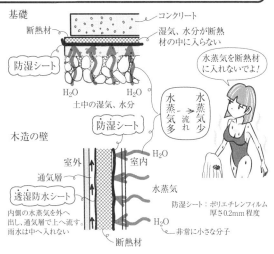

基礎
断熱材
コンクリート
湿気、水分が断熱材の中に入らない
防湿シート
H_2O　　H_2O
土中の湿気、水分
水蒸気を断熱材に入れないでよ！
水蒸気多 ― 流れ ― 水蒸気少
木造の壁
防湿シート
H_2O
室外　室内
通気層
透湿防水シート
内側の水蒸気を外へ出し、通気層で上へ流す。雨水は中へ入れない
水蒸気
断熱材
H_2O
防湿シート：ポリエチレンフィルム　厚さ0.2mm程度
非常に小さな分子

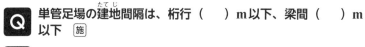

Q 単管足場の建地間隔は、桁行 （　　）m以下、梁間 （　　）m 以下 施

A 1.85m以下、1.5m以下

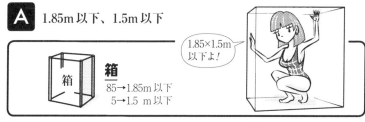

1.85×1.5m 以下よ！

箱
85→1.85m以下
5→1.5 m以下

労安規

● 単管とは直径約5cmの鋼管。建地は柱、布（布地）は桁のこと。建地のスパンは1.85×1.5m以下。1間角±αとイメージする。
● 布は水平、広げるなどの意味をもち、足場板のことを布板と呼ぶこともある。

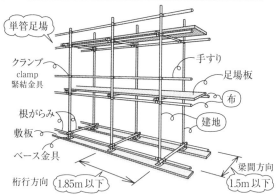

単管足場

クランプ
clamp
緊結金具

根がらみ

敷板

ベース金具

桁行方向　1.85m以下

手すり

足場板

布

建地

梁間方向

1.5m以下

Q 単管足場における建地間積載重量は （　　）kg以下、第一布の高さは （　　）m以下 施

A 400kg以下、2m以下

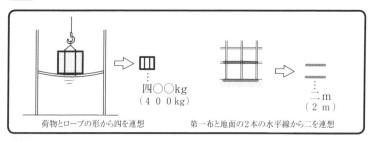

四〇〇kg
（４００kg）
荷物とロープの形から四を連想

二m
（２m）
第一布と地面の２本の水平線から二を連想

労安規

Q 単管足場の手すりの高さは（　　）cm以上
[施]

A 85cm以上

箱 に 手すり を 付ける
85cm以上

箱
85cm以上

労安規

4

Q 単管足場の中桟の高さは（　　）cm以上（　　）cm以下
[施]

A 35cm以上、 50cm以下

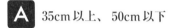

手すり
中桟 ）35～50cm
床 3 5 以上
50 以下

3本の水平線と建地の形から三と五を連想

枠組足場手すり先行工法

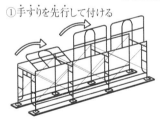

①手すりを先行して付ける

② 床付き布枠を付ける

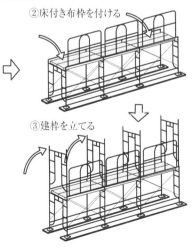

③建枠を立てる

● 枠組足場の組立て、解体では、組立て時は手すりを付けてから作業床を付ける、解体時は作業床を外してから手すりを外す手すり先行工法とすると安全。手すりが床組立て時、床解体時には常にあるようにする。

Q 単管足場、枠組足場の壁つなぎの間隔は水平・垂直それぞれ（　）m以下? 施

A 単管足場：水平5.5m以下、垂直5m以下
枠組足場：水平8m以下、垂直9m以下

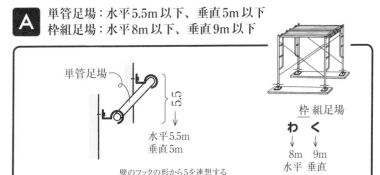

単管足場

5.5

水平5.5m
垂直5m

壁のフックの形から5を連想する

枠組足場

わ　く
↓　　↓
8m　9m
水平　垂直

労安規

● 5.5×5、8×9で水平→垂直
の順 【水が先に流れる】
　　　水平

● 足場の外側にはメッシュシートをかけるが、それが突風にあおられて足場が倒壊する事故がよく起こる。それを防ぐのが壁つなぎ。

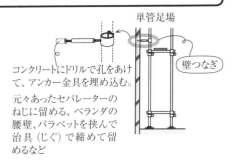

単管足場

壁つなぎ

コンクリートにドリルで孔をあけて、アンカー金具を埋め込む。

元々あったセパレーターのねじに留める、ベランダの腰壁、パラペットを挟んで治具（じぐ）で締めて留めるなど

Q 建地間の積載荷重は単管足場で（　）kg以下
くさび緊結式一側足場で（　）kg以下 施
（ひとかわ）

A 400kg以下、200kg以下

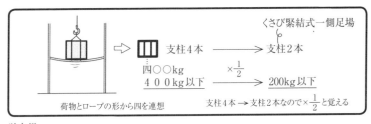

くさび緊結式一側足場

⇒ 支柱4本 ────→ 支柱2本

四〇〇kg
400kg以下 ──×½──→ 200kg以下

荷物とロープの形から四を連想

支柱4本→支柱2本なので×½と覚える

労安規

● 単管の一側足場では150kg以下。

● くさび緊結式足場は、くさびをハンマーで打ち込んで組み立てるので能率が良い。
● 一側（ひとかわ）は支柱が1列、二側（ふたかわ）は支柱が2列。敷地のあきが狭い所は一側が建てやすい。

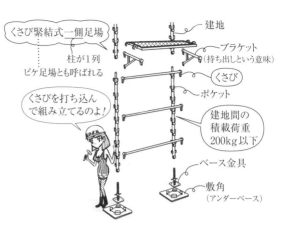

くさび緊結一側足場
柱が1列
ピケ足場とも呼ばれる

くさびを打ち込んで組み立てるのよ！

建地

ブラケット
（持ち出しという意味）

くさび

ポケット

建地間の積載荷重
200kg以下

ベース金具

敷角
（アンダーベース）

4

Q 高さが2m以上の位置にある足場の作業床は、幅（　　）cm以上、床材間の隙間は（　　）cm以下 施

A 40cm以上、3cm以下

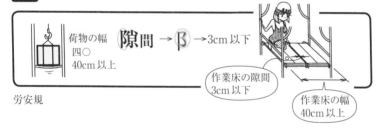

荷物の幅
四〇
40cm以上

隙間 → → 3cm以下

作業床の隙間
3cm以下

作業床の幅
40cm以上

労安規

Q 足場板を支点の上で長手方向に重ねる場合、重ねる部分の長さは？ 施

A 20cm以上

2重 に重ねる
20cm以上

足場板

足場板重ね幅
20cm以上

労安規

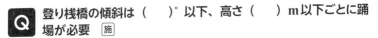

Q 登り桟橋の傾斜は（　　）°以下、高さ（　　）m以下ごとに踊場が必要 施

A 30°以下、7m以下ごと

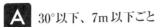

登り さん ば し 　　ななめ でない 所 をつくる
　　30° 　は 死→階段 　7m以内 　　踊場
　　超

船に乗るのに
登り桟橋を
使うわよ！

30°を超える場
合は階段とする

15°超えで必要

すべり止め

階段

登り桟橋

θ≦30°　　θ>30°

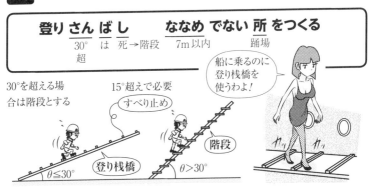

Q 防護棚（朝顔）の突出は（　　）m以上、水平から（　　）°以上 施

A 2m以上、20°以上

落下物から 逃 げろ！
　　　　　　2m以上
　　　　　　20°以上

似てる？

2m以上

防護棚
（朝顔）

20°以上

4〜5m

Q 投下設備は（　　）m以上で必要 施

A 3m以上

サメ を 投下 するな！
3m以上 投下設備

投下設備

3m以上

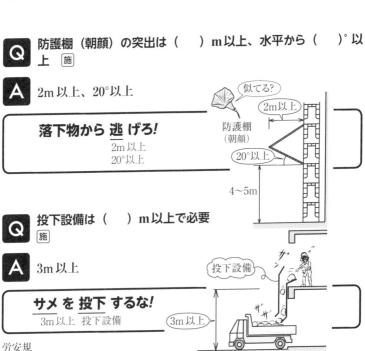

労安規

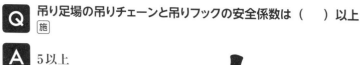

Q 吊り足場の吊りチェーンと吊りフックの安全係数は（　　）以上
施

A 5以上

鎖
フック
}安全係数5以上

5倍安全よ！

鎖にかかったフックの形から5を連想

労安規
● 安全係数とは、切断荷重/最大荷重（破断応力/許容最大応力）
● 吊りチェーン、吊りフックは5以上、吊りワイヤロープは10以上

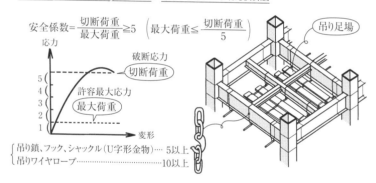

$$安全係数＝\frac{切断荷重}{最大荷重}≧5 \left(最大荷重≦\frac{切断荷重}{5}\right)$$

応力
破断応力
（切断荷重）
許容最大応力
（最大荷重）
変形

{吊り鎖、フック、シャックル（U字形金物）… 5以上
{吊りワイヤロープ…………………………………10以上

吊り足場

Q クレーンで資材を吊る玉掛けワイヤの安全係数は（　　）以上
施

A 6以上

玉掛け作業

玉掛けワイヤ

⇨ 6 ⇨ 6以上

ワイヤの形から6を連想

労安規
● 吊りワイヤ端部が目玉の形をしているので、荷を掛ける作業を玉掛けと呼ぶようになった。

Q **台付けワイヤの安全係数は?**
施

A 4以上

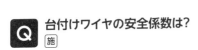

□□□□ ⇨ □□ ⇨ 安全係数4以上

荷物とワイヤの形から四を連想する

労安規

台付けワイヤ
安全係数 4以上

巻上げ機
lever hoist
レバーホイスト
（荷締機）
（ガチャ）

shackle
シャックル
安全係数 5以上

● 材料管理

受け材の上に
平置きして
シートをかぶせ
るのか

鉄筋の保管

種別ごとに
断面（小口）に
色を付ける
こともある

泥や油が
付かない
ように

受け材
（枕木）

シート

雨や潮風が
当たらない
ように

鉄骨の保管

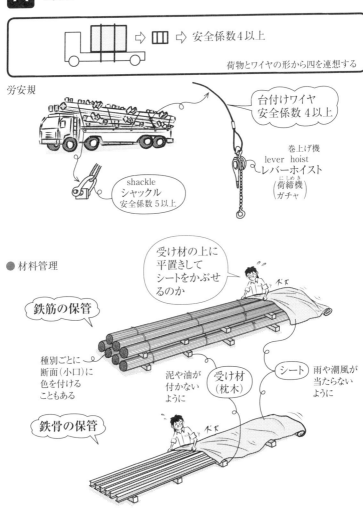

● 板類の保管

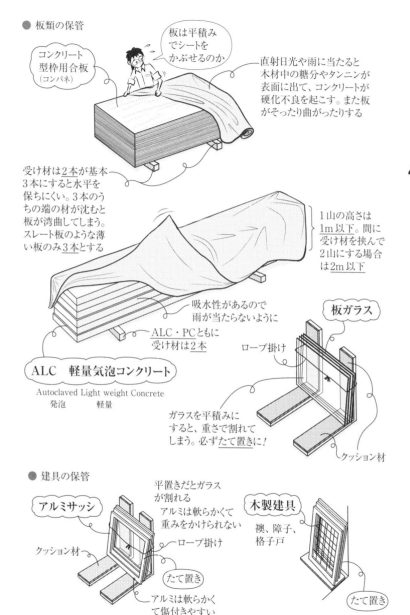

コンクリート
型枠用合板
(コンパネ)

板は平積み
でシートを
かぶせるのか

直射日光や雨に当たると
木材中の糖分やタンニンが
表面に出て、コンクリートが
硬化不良を起こす。また板
がそったり曲がったりする

受け材は2本が基本
3本にすると水平を
保ちにくい。3本のう
ちの端の材が沈むと
板が湾曲してしまう。
スレート板のような薄
い板のみ3本とする

1山の高さは
1m以下。間に
受け材を挟んで
2山にする場合
は2m以下

吸水性があるので
雨が当たらないように

ALC・PCともに
受け材は2本

板ガラス

ロープ掛け

ALC　軽量気泡コンクリート

Autoclaved Light weight Concrete
発泡　　　軽量

ガラスを平積みに
すると、重さで割れて
しまう。必ずたて置きに!

クッション材

● 建具の保管

アルミサッシ

クッション材

平置きだとガラス
が割れる
アルミは軟らかくて
重みをかけられない

ロープ掛け

たて置き

アルミは軟らかく
て傷付きやすい

木製建具

襖、障子、
格子戸

たて置き

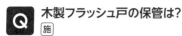
Q 木製フラッシュ戸の保管は?
施

A 平置き

フラッシュ戸は フラット に*!*
flush　　　flat
平置き

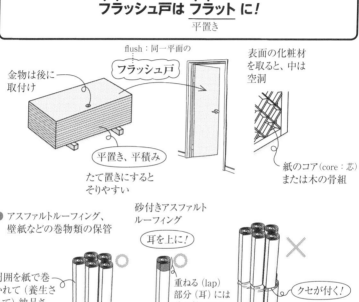

flush：同一平面の
フラッシュ戸

金物は後に
取付け

平置き、平積み

たて置きにすると
そりやすい

表面の化粧材
を取ると、中は
空洞

紙のコア（core：芯）
または木の骨組

● アスファルトルーフィング、
　壁紙などの巻物類の保管

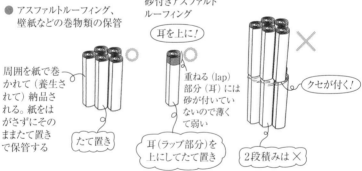

砂付きアスファルト
ルーフィング

耳を上に*!*

周囲を紙で巻
かれて（養生さ
れて）納品さ
れる。紙をは
がさずにその
ままたて置き
で保管する

たて置き

重ねる（lap）
部分（耳）には
砂が付いてい
ないので薄く
て弱い

耳（ラップ部分）を
上にしてたて置き

クセが付く*!*

2段積みは ✕

クセの付きにくい
カーペットのみ
2〜3段の俵積みは ○

井桁積み
井の字の形に縦横
にして積む

クセが付いてしまう*!*

俵積み
俵のように
ピラミッド状
に積む

296

申請、届出まとめ

確認申請	建築主 → 建築主事 または 指定確認検査機関
中間検査申請	
完了検査申請	【 主よ! 命が完了します! ご確認ください】 主→主事　　完了検査申請　　確認申請
建築工事届	建築主 → 都道府県知事
建築物除却届	施工者 → 都道府県知事　【こうじ と そうじ は ちじ へ】 工事届　　除却届　　知事
道路占用 許可申請	道路占用者 → 道路管理者
道路使用 許可申請 （一時的使用）	施工者 → 警察署長 【銃を使用すると、警察の世話になる】 使用届　　警察署長
安全管理者 選任報告	事業者 → 労働基準監督署長
クレーン設置届	
危険物貯蔵所 設置許可申請	設置者 → 市町村長 または 都道府県知事
特定粉じん排出 等作業実施届	施工者 → 都道府県知事 【爆発で髪がちぢれる!】 危険物、粉じん　知事

● 作業主任者は、労働安全衛生法とその規則で定められた資格者で、作業ごとに資格の要件が決められている。作業の指揮、組立て図の作製などを行う。

作業主任者まとめ　　　　　　　　　　　　　　　　　　【　】内スーパー記憶術

型枠支保工の組立て等 作業主任者	常に必要
土止め支保工 作業主任者	常に必要
石綿作業主任者	重量の0.1%を超える石綿を含有する場合に必要
地山の掘削 作業主任者	高さ2m以上 深さ2m以上 で必要　【地山　】 二(じ)→2m
足場の組立て等 作業主任者	高さ5m以上で必要。吊り足場、張出し足場では必ず必要 【ごめん、高くて】 5m以上　高さ
コンクリート造の工作物の 解体等作業主任者	高さ5m以上で必要 【ごめん、高くて】 5m以上　高さ
建築物等の鉄骨の組立て等 作業主任者	高さ5m以上 で必要 【ごめん、高くて】 5m以上　高さ
木造建築物の組立て等 作業主任者	軒の高さ5m以上で必要 【ごめん、高くて】 5m以上　高さ

5 環境

Q 空気線図で、相対湿度100%（飽和水蒸気）のグラフ形は？ 環

A

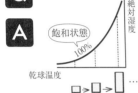

乾球温度が高いと飽和
水蒸気量（絶対湿度）は
大きくなる

……… 水を入れるコップが大きくなる

100% 100% 100%

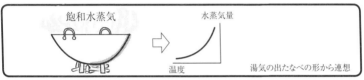

飽和水蒸気 ⇨ 水蒸気量 温度 湯気の出たなべの形から連想

● 空気線図の横軸は乾球温度で縦軸は水蒸気量。水蒸気量は絶対湿度か水蒸気圧
とされ、両者を併記しているグラフが多い。横軸が温度、縦軸が水蒸気量、100%のグ
ラフ形をまず頭に入れる。グラフは右に寄るので、縦軸も見やすいように右側に書く。
● 絶対湿度は、湿り空気を乾き空気と水蒸気に完全に分けて、乾き空気（Dry Air、
DAと略）1kgに入っている水蒸気のkg数。水蒸気の絶対量（ほかと比べない量）と
して質量を示したもの。単位は乾き空気（DA）1kgに水蒸気が何kg入っているかとい
うことでkg/kg(DA)、g/kg(DA)などを使う。

Q 空気線図で、相対湿度50%のグラフ形は？ 環

A

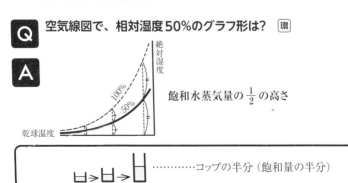

飽和水蒸気量の $\frac{1}{2}$ の高さ

…………コップの半分（飽和量の半分）

● 相対湿度は、飽和水蒸気に対してどれくらい水蒸気があるのかの比。飽和水蒸気に対する比なので、相対が付く。質量（kg）の比でも圧力（N/m²=Pa：パスカル）の比でも同じ値となる。相対湿度50%とは、たとえていえば、コップに半分水が入っていること。飽和水蒸気（100%）の曲線の、高さを50%にすれば相対湿度50%のグラフ、高さ20%にすれば相対湿度20%のグラフとなる。

Q 空気線図上の点 A を冷却すると、露点（結露する点）の位置は? 施

A A から左に水平線を延ばした線と100%ラインの交点

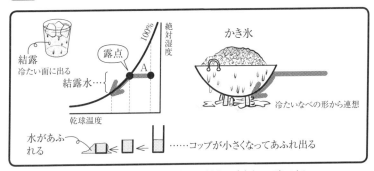

● 温度が下がると空気中に水蒸気が入りきれなくなり、水となって出てくる。

Q 空気線図で、湿球温度の線はどのような形? 環

A

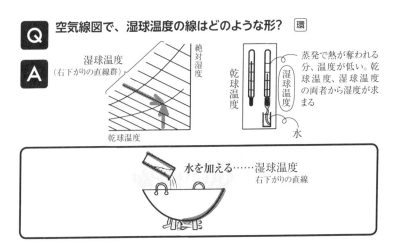

300

Q 湿球温度が低い場合、湿度は高い？　低い？
環

A 低い

> 湿球温度の高低 ≒ 湿度の高低

$$\begin{cases} \text{湿球温度 (低)} \rightarrow \text{蒸発しやすい} \rightarrow \text{湿度 (低)} \\ \text{湿球温度 (高)} \rightarrow \text{蒸発しにくい} \rightarrow \text{湿度 (高)} \end{cases}$$

Q ファンによって一定の通風を行う乾湿計は？
環

A アスマン通風乾湿計

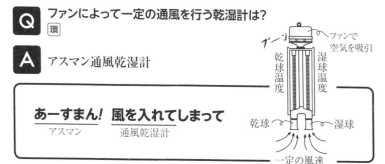

> **あーすまん! 風を入れてしまって**
> アスマン　　　　通風乾湿計

● 乾球温度計と湿球温度計を並べただけの簡易乾湿計では、気流によって湿球温度が変わるので、誤差が出やすい。風速一定の弱い気流を当てる工夫をしたのが、アスマン通風乾湿計。

Q 空気線図中のエンタルピーとは？
環

A 乾き空気(DA)1kg当たりに内在するエネルギー量(kJ/kg(DA))

> タル
> **樽 に エネルギーを入れておく**
> エンタルピー　　エネルギー量

● 1kg(DA) 当たりという意味で比エンタルピーだが、湿度0%と「比べた」エネルギー量なので、「比」エンタルピーと考えてもよい。(B点の比エンタルピー) - (A点の比エンタルピー) によって、AからBに移す際のエネルギー量がわかる。エントロピーは乱雑さを表す物理量。

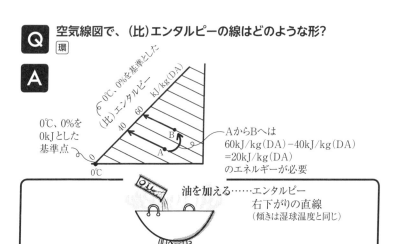

Q 空気線図で、（比）エンタルピーの線はどのような形?
環

A

0℃、0%を0kJとした基準点

0℃、0%を基準とした（比）エンタルピー kJ/kg(DA)

40　60

B
A

0

0℃

AからBへは
60kJ/kg(DA)−40kJ/kg(DA)
=20kJ/kg(DA)
のエネルギーが必要

油を加える……エンタルピー
右下がりの直線
（傾きは湿球温度と同じ）

● 0℃、0%でエネルギーがないわけではなく、基準として0kJとしているだけ。<u>空気中の水蒸気量が多いと、乾球温度が同じでも、内在するエネルギーは大きい。水分子が飛びまわるエネルギーが必要となるから。</u>そのため絶対湿度が高い（水蒸気量が多い）と、（比）エンタルピーは大きくなる。

Q 空気線図で、比容積（比体積）の線はどのような形?
環

A

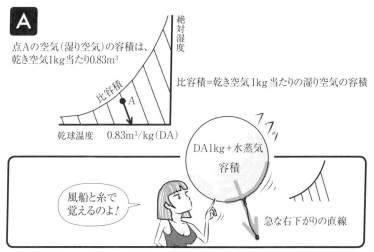

点Aの空気（湿り空気）の容積は、乾き空気1kg当たり0.83m³

絶対湿度

比容積

A

乾球温度　0.83m³/kg(DA)

比容積=乾き空気1kg当たりの湿り空気の容積

DA1kg+水蒸気
容積

風船と糸で
覚えるのよ!

急な右下がりの直線

● 絶対湿度kg/kg(DA)　（比）エンタルピー kJ/kg(DA)　比容積m³/kg(DA)

熱水分比とは?
環

 加わる熱量(kJ)／加わる水分$(kg/kg(DA))$

> 熱水分比の順に　熱 ÷ 水分 $\left(\dfrac{熱}{水分}\right)$

● 空気の状態が変化したとき、2つの状態点間で熱（エネルギー）と水分がどれくらい加わったか（減ったか）を比で表したのが熱水分比。

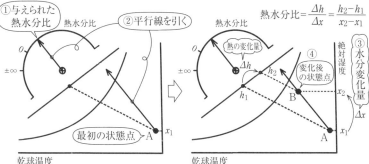

$$熱水分比 = \frac{\Delta h}{\Delta x} = \frac{h_2 - h_1}{x_2 - x_1}$$

①与えられた熱水分比の角度の線を引く

②その直線と平行に、最初の状態点Aから直線を引く

③A点の絶対湿度x_1に、水分変化量Δxを足して、変化後の絶対湿度x_2を求める

④熱水分比の直線とx_2からの水平線の交点が、変化後の状態点Bとなる

 顕熱（けんねつ）、潜熱（せんねつ）とは?
環

顕熱：物質の状態を変えずに温度だけ変化させる熱
潜熱：物質の状態を変えて温度は変化させない熱

> ## 潜水艦は　浮いたり沈んだり
> 潜熱　　　グラフで上下（水蒸気量だけ変える）

● 顕熱は温度計に顕（あらわ）れる熱、エネルギー。潜熱は温度計に顕れない、潜んでいる熱、エネルギー。潜熱は水蒸気の量を増やすために使われる。水分子が動きまわるのに、エネルギーが必要なため。

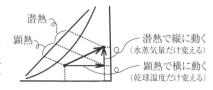

潜熱で縦に動く（水蒸気量だけ変える）
顕熱で横に動く（乾球温度だけ変える）

Q 冬期の２重サッシの間の結露を防止するには、室内・室外どちら側の気密性を高める？ 環

A 室内側のサッシの気密性を高める

> ## タマゴは2重マル 内側が黄身
> 2重サッシ 気密性

● 水蒸気は多い側から少ない側に流れる。室内の方が水蒸気が多いので、水蒸気は室内から外へ出ようとする。室内側の気密性を上げると、水蒸気が中に入らず、外側の冷たいサッシに水蒸気が触れずにすむ。

● 断熱材のグラスウールを張る場合も、室内側に防湿シートを張る。グラスウールの中に水蒸気が入ると、グラスウールのどこかで冷たい露点に達し、グラスウール内で結露するおそれがある（内部結露）。

● 土間コンクリートの下に断熱材を敷く場合、土から水蒸気が断熱材に入ってこないように、断熱材の下に防湿層を入れる（p.287）。

Q 冬期にカーテンを閉めると窓ガラスの結露はどうなる？ 環

A ガラス面の温度が下がり、結露しやすくなる

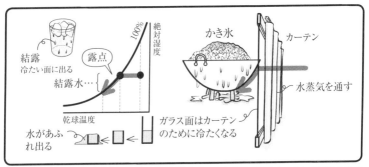

● 水蒸気はH_2O分子なのでカーテンを透過する。またガラス面はカーテンがあるために室内の暖かい空気が対流せずに冷えて、結露が促進される。

● 押入れの襖の断熱性を上げると、外壁に接する壁がさらに冷えて、結露が生じやすくなる。ガラス面も外壁面も、換気を良くして面の温度を下げない工夫が必要。

● 繊維系断熱材が湿気を含むと、断熱性能は低下する。

Q 顕熱比（SHF）とは？
環

A 顕熱比＝$\dfrac{顕熱}{全熱}$＝$\dfrac{顕熱}{顕熱＋潜熱}$　　すべての熱の中で顕熱が
どれくらいあるかの比

横に シフト（SHIFT）する けんね！
　　　　　　SHF　　　　　　顕熱比

● SHF：Sensible Heat Factorの略。全体の熱の中で、温度上昇に使われる熱の比。

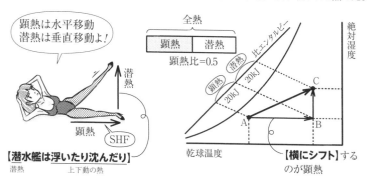

（顕熱は水平移動
潜熱は垂直移動よ！）

潜熱

顕熱　SHF

【潜水艦は浮いたり沈んだり】
潜熱　　　上下動の熱

全熱

| 顕熱 | 潜熱 |

顕熱比＝0.5

比エンタルピー

絶対湿度

顕熱 20kJ　潜熱 20kJ

顕熱 20kJ

A　　　　　B　　C

乾球温度

【横にシフト】する
のが顕熱

Q 空気AとBを3：1に混合すると状態点は？
環

A 状態点A、Bを1：3に内分する点となる

A：B＝3：1　　Aの方が多い ⇨ Aの方に近づく

● 一般に混合する容積が$m:n$ならば、$n:m$の内分点が混合後の状態点となる。

(x_1, y_1)、(x_2, y_2)を
$a：b$に内分すると

$\left(\dfrac{bx_1+ax_2}{a+b}, \dfrac{by_1+ay_2}{a+b}\right)$

$\dfrac{b\times\square+a\times\bigcirc}{d+b}$ たすきがけ
の式になる

・乾球温度 A 15℃、B 25℃のとき、

$\dfrac{3\times15+1\times25}{1+3}$＝17.5℃　　量の多い方へ寄る

・絶対湿度 A 4kg/kg（DA）、
　　　　　　B 14kg/kg（DA）のとき

$\dfrac{3\times4+1\times14}{1+3}$＝6.5kg/kg（DA）

・相対湿度で内分はダメ。水蒸気
の絶対量（絶対湿度）で内分する。

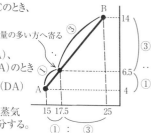

B　　14

③

6.5
①

A　　4

15 17.5　　25

①　：　③

● 温熱6要素

- 環境側
  - 温度
  - 湿度
  - 気流
  - 放射熱
- 人体側
  - 代謝量
  - 着衣量

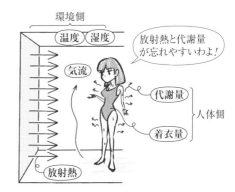

放射熱と代謝量が忘れやすいわよ！

スラスラ言えるようにしておく

Q エネルギー代謝率（Met）とは？
環

A エネルギー代謝率＝ $\dfrac{\text{ある作業時のエネルギー代謝量}}{\text{椅座安静時のエネルギー代謝量}}$ （Met）

ヘルメット かぶって 作業
　　Met　　　　　　　作業時の代謝量

● 椅座安静時の発熱量（エネルギー代謝量）は、成人で約100W＝100J/s。

● 代謝とは栄養分を消費して仕事と熱を発生させること。

● 椅座安静時の代謝量を基準（1Met）として、ほかの作業時のエネルギー代謝を表したのがエネルギー代謝率。

● 代謝量 ＝ 顕熱発熱量 ＋ 潜熱発熱量
　　　総発熱量　体表面から対流、放射　水分蒸発

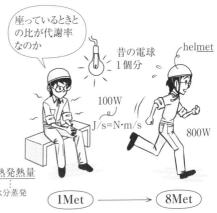

座っているときとの比が代謝率なのか

昔の電球1個分

100W

J/s＝N・m/s

800W

helmet

(1Met) ⟶ (8Met)

<u>Met</u>abolic <u>equiv</u>alent
代謝の　　　　当量（標準量との比）

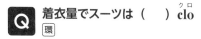

Q 着衣量でスーツは（　　）clo <ruby>クロ</ruby>
環

A 1clo　スーツはクロ値の基準（clothes → clo）

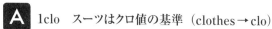

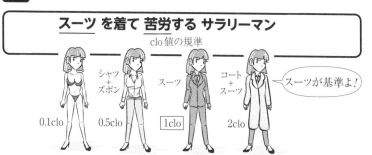

スーツ を着て 苦労する サラリーマン
clo値の規準

0.1clo　シャツ＋ズボン 0.5clo　スーツ 1clo　コート＋スーツ 2clo

スーツが基準よ！

● 熱の伝わり方3種

伝導　物体の中を伝わる　ジワジワ
対流　空気の流れに乗って伝わる　フワ〜
放射　電磁波で伝わる　ビシッ

Q 物質の放射エネルギーは絶対温度 T の（　　）乗に比例する
環

A 4乗

4畳 半 は 壁が近い
4乗　　壁体放射

● 絶対温度 T が2倍になると、放射エネルギーは $2^4 = 16$ 倍となる。

● あらゆる周波数（振動数）の電磁波（可視光線も含まれる）を100%吸収する物質を黒体という。木炭、グラファイト、白金などの粉末は、黒体に近い性質をもつ。また内部が空洞で小さい穴のあいた物体をつくると、穴から入った電磁波は反射を繰り返すうちに内部の壁に吸収され、黒体に近いものとなる。

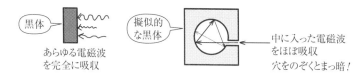

黒体　あらゆる電磁波を完全に吸収

擬似的な黒体　中に入った電磁波をほぼ吸収　穴をのぞくとまっ暗！

● 電磁波をすべて吸収する黒体でも、ある温度をもつと、電磁波が放出される。それを黒体放射という。

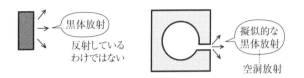

黒体放射のエネルギーは、絶対温度 T の4乗に比例する。物質の分子運動は－273℃で止まり、そこを基準に0K（ケルビン）としたのが絶対温度。摂氏 t℃とすると、絶対温度 $T = t + 273$K（ケルビン）。一般物質の場合は、係数に材料の放射率が設定されている。

$$\begin{cases} 黒体放射のエネルギー = \Box \times T^4 \\ 一般物質の放射エネルギー = 材料の放射率 \times \bigcirc \times T^4 \end{cases}$$

【4畳半は壁が近い】
4乗　　放射

絶対温度

Q 長波長放射率とは?
環

A $\dfrac{ある部材表面の赤外線放射エネルギー}{黒体の赤外線放射エネルギー}$

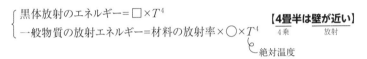

黒子が 下から支える 輝く人
黒体放射　　　　　　　　　放射

放射

黒体放射

● 長波長（赤外線）放射率は、黒体の放射を基準に定められている。

● 長波長（赤外線）放射率

　　完全黒体　　　　1.0 ← 基準
　　コンクリート、タイル　　約0.9
　　銅、アルミニウム、鉄　　約0.25

308

MRTとは?
環

 A 平均放射温度

> **丸太 の年輪は 放射状**
> MRT   放射熱

● MRT：Mean Radiant Temperature（平均放射の温度）
● グローブ温度計は放射熱だけでなく、気温と気流にも影響される。<u>MRTを求めるには、グローブ温度から気温と気流の影響を取り除く。</u>

Q **MRTを求めるのに必要な3つとは?**
環

A グローブ温度、気温、気流

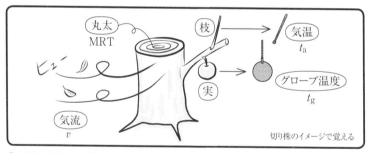

切り株のイメージで覚える

● MRTはグローブ温度 t_g、気温 t_a、気流 v から求める。

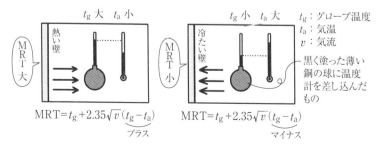

t_g：グローブ温度
t_a：気温
v：気流

黒く塗った薄い銅の球に温度計を差し込んだもの

$$MRT = t_g + 2.35\sqrt{v}\,(t_g - t_a)$$
（プラス）

$$MRT = t_g + 2.35\sqrt{v}\,(t_g - t_a)$$
（マイナス）

Q 室内の作用温度 OT は、静穏な気流（0.2m/s以下）のとき、
（　　）温度とほぼ一致する　環

A グローブ温度

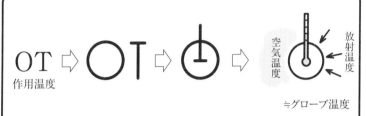

OTの形からグローブ温度計を連想

● 作用温度（OT：Operative Temperature）とは、人体に作用する、実際に効果のある（Operative）温度（Temperature）。空気温度と放射温度を複合した温度で、効果温度ともいう。

● 静穏な気流（0.2m/s以下）では

$$作用温度 OT ≒ \frac{空気温度＋平均放射温度（MRT）}{2} ≒ グローブ温度$$

● 0.2m/sを超える気流下では単純平均ではなく、空気温度と平均放射温度それぞれに重みを付けて平均をとる。

　　　例：空気温度が9℃、平均放射温度 MRT が24℃、対流と放射の
　　　　　熱伝達量が1：2のとき

$$作用温度 OT = \frac{1}{1+2} × 9℃ + \frac{2}{1+2} × 24℃ = 3℃ + 16℃ = 19℃$$

　　　　　　　　　対流の寄与　　放射の寄与
　　　　　　　　　する比率　　　する比率

● ⎧ OT ⟵ グローブ温度
　 ⎩ MRT ⟵ グローブ温度、気温、気流

不快指数 DI とは？
〔環〕

A 夏の蒸し暑さを表す指標。乾球温度と相対湿度から求められる。80以上は不快

痔 は 腫れる と 不快
DI　　80〜　　不快指数

DI	体感
85〜	暑くてたまらない
80〜85	暑くて汗が出る
75〜80	やや暑い
70〜75	暑くない
65〜70	快い
60〜65	何も感じない
55〜60	肌寒い
〜55	寒い

（不快 — 85〜 / 80〜85）

● DI：Discomfort Index
● 乾球温度と相対湿度から計算式で求める。気流、放射熱、代謝、着衣量は考慮されていない。

5

Q **有効温度 ET とは？**
〔環〕

A 湿度100%、風速0m/sの箱とさまざまな環境の箱を比べ、同じ体感であったときの温度

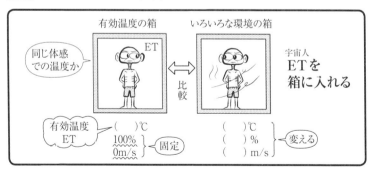

有効温度の箱　　いろいろな環境の箱

同じ体感での温度か

ET

比較

宇宙人
ET を
箱に入れる

有効温度
ET
（　）℃
100%
0m/s　固定

（　）℃
（　）%
（　）m/s　変える

● ET：Effective Temperature
● 温熱要素の取り入れ方により、修正有効温度CET、新有効温度ET*、標準新有効温度SET*がある。

新 ET*
標準新 SET*
50%、0.1m/s
1Met、1clo

修正 CET — ET
① 気温
② 湿度
③ 気流
④ 放射熱
⑤ 代謝量
⑥ 着衣量

Q **予測平均温冷感申告（PMV）とは?**
環

A 温熱6要素を変化させた温冷感アンケート(申告)を元に、不快と感じる人の割合をグラフ化し、それによって不快感を予測する方法

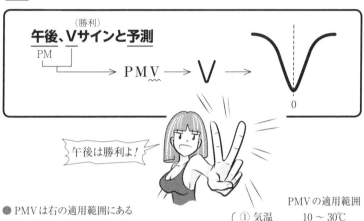

午後、Vサインと予測
（勝利）

PM
⟶ PMV ⟶ V ⟶ （谷型グラフ）0

午後は勝利よ!

● PMVは右の適用範囲にあるように、オフィスや住宅などの比較的快適な室内環境を評価する指標。温度や湿度などの分布が比較的均一な環境を扱い、部分的な気流、部分的な熱放射などによって不均一となった環境には向かない（頻出）。

PMVの適用範囲

温熱6要素
- ① 気温　　10 ～ 30℃
- ② 湿度　　30 ～ 70%
- ③ 気流　　0 ～ 1m/s
- ④ MRT　　10 ～ 40℃
- ⑤ 代謝量　0.8 ～ 4Met
- ⑥ 着衣量　0 ～ 2clo

● ISOでは快適範囲を
$-0.5 < PMV < +0.5$
としている。PMVが±0.5の範囲ならば、不満足の人が10%以下となる。PMVが0に近づくほど不満足の人が少なくなる（PPDが小さくなる）。

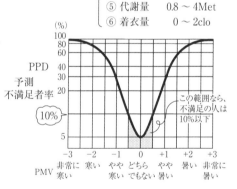

PPD
予測
不満足者率

10%

この範囲なら、不満足の人は10%以下

(%)
100 80 60 40 30 20 10 5

-3　　-2　　-1　　0　　+1　　+2　　+3
非常に　寒い　やや　どちらで　やや　暑い　非常に
寒い　　　　　寒い　もない　暑い　　　　暑い
PMV

PMV：Predicted Mean Vote
　　　予測された　平均　申告
PPD ：Predicted Percentage of Dissatisfied
　　　　　　　　　　　　　　　　　不満足な
ISO ：International Organization for Standardization 国際標準化機構

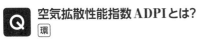

Q 空気拡散性能指数ADPIとは? 環

A $ADPI = \dfrac{快適な空気の容積}{全室容積}$ （ドラフト感の指標）

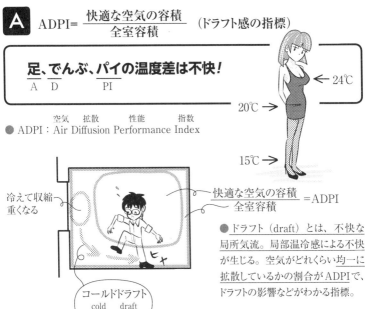

足、でんぶ、パイの温度差は不快!
A   D   PI

空気　拡散　性能　指数
● ADPI：Air Diffusion Performance Index

← 24℃
20℃ →
15℃ →

冷えて収縮
重くなる

快適な空気の容積 ／ 全室容積 ＝ADPI

● ドラフト (draft) とは、不快な局所気流。局部温冷感による不快が生じる。空気がどれくらい均一に拡散しているかの割合がADPIで、ドラフトの影響などがわかる指標。

コールドドラフト
cold　draft
冷たい　風

Q 椅座時のくるぶし（床上0.1m）と頭（床上1.1m）の、望ましい上下温度差は? 環

A 3℃以下

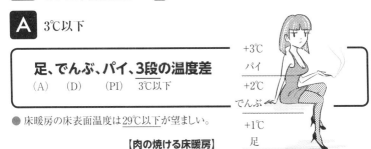

足、でんぶ、パイ、3段の温度差
（A）　（D）　（PI）　3℃以下

● 床暖房の床表面温度は29℃以下が望ましい。

【肉の焼ける床暖房】
29℃以下

+3℃
パイ
+2℃
でんぶ
+1℃
足

Q 冷たい窓や壁の放射温度差は（　　）℃以下が望ましい
環

A 10℃以下

冷たい窓 で 凍死する！
差が10℃以下

● 放射の不均一性 { 窓や壁とその他の放射温度差…10℃以下
天井とその他の放射温度差……5℃以下←不快度大

窓や壁が10℃以下に対して天井が5℃以下なのは、暖かい天井の放射不均一性が及ぼす不快感の方が大きいから。

Q 開放型燃焼器具が不完全燃焼を起こす酸素濃度は（　　）％以下
環

A 18%以下

酸欠で イヤ なのは 不完全燃焼
18%以下

● 空気中の酸素濃度は約21%で、約18%程度となると人体には大きな影響はなくても、不完全燃焼の危険がある。開放型燃焼器具とは、給排気ともに室内の空気で行う器具。半密閉型は排気ガスだけ室内から密閉して外に出す器具で、給気は室内空気を使うので不完全燃焼のおそれがある。

Q 室内の浮遊粉じんの量は（　　）mg/m³以下
環

A 0.15 mg/m³以下

お い こら！　　煙 を立てるな！
0 . 1　　5mg/m³以下

令129の2の5

● 室内のホルムアルデヒドの量は、さらに少なく、0.1 mg/m³以下。

Q 室内のCO_2、COの濃度は？
環

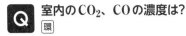 **A** 1000ppm以下、6ppm以下

> ## 専務の息はくさい！
> 1000 6 ppm CO_2

令129の2の5

 Q ppmとは？
環

A 10^{-6}（100万分の1、parts per million）

> ## ピーピーエム
> マイナス 6乗

● CO_2が1000ppmとは、$1000 \times 10^{-6} = 10^3 \times 10^{-6} = 10^{-3} = \dfrac{1}{1000} = 0.001$（0.1%）

● CO_2が5%は、$5 \times 10^{-2} = 5 \times 10^4 \times 10^{-6} = 5 \times 10^4 \text{ppm} = 50000\text{ppm}$なので不可。

● CO_2が0.1%は、$0.1 \times 10^{-2} = 10^{-3} = 10^3 \times 10^{-6} = 1000\text{ppm}$でギリギリOK。

● COが1%＝$10^{-2} = 10^4 \times 10^{-6} = 10000\text{ppm}$だと数分で死亡する。

 Q ニスなどの揮発性有機化合物を、天井裏や床下から室内に入れないために第（　）種換気を行う
環

A 第2種換気

> ## ニスを入れない
> 2種換気

● 第2種換気は、給気だけ機械で行う押込み式の換気。室内を<u>正圧</u>（大気圧より高い）にして、外からVOCやちりなどを入らなくできる。

● ボイラー室などの燃焼機器を使用する機械室は、燃焼に必要な空気に汚染された空気が入らないように、<u>第1種、2種換気として正圧を保つ。</u>

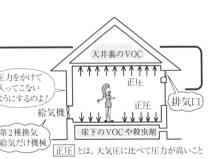

VOC：Volatile Organic Compound
揮発性有機化合物

Q 風呂のように大量に水蒸気を出す部屋、トイレのように臭気を出す部屋は、第（　）種換気を行う 環

A 3

水場 = 風呂、洗面、トイレ、キッチン
<small>みずば</small>
<small>3種換気</small>

● 水蒸気、臭気、煙をほかの部屋に入れずに外へ出すためには、室内を<u>負圧</u>とする第3種換気が適する。

$$\left\{\begin{array}{l} 第1種換気：給気機+排気機 ……正圧、負圧は調整可 \\ 第2種換気：給気機………………正圧 \\ 第3種換気：排気機………………負圧 \end{array}\right.$$

Q 全熱交換型換気設備とは？ 環

A 顕熱と潜熱の両方を交換する換気設備

温度と水蒸気を取り戻す
<small>顕熱　　潜熱</small>

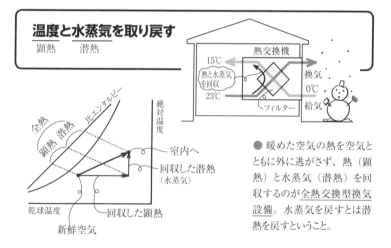

● 暖めた空気の熱を空気とともに外に逃がさず、熱（顕熱）と水蒸気（潜熱）を回収するのが<u>全熱交換型換気設備</u>。水蒸気を戻すとは潜熱を戻すということ。

316

置換換気（ディスプレイスメント・ベンチレーション）とは?
環

A 室内空気の積極的混合を避けるため、設定温度よりもやや低温の空気を室下部から吹き出し、居住域で発生した汚染物質を室上部から排出する換気

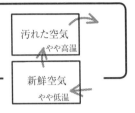

この **場所** とあの場所を置き換える
this
ディス　プレイス
dis　place

● displacement：置き換え、ventilation：換気。

5

 必要換気量 Q の式は?
環

A $$Q = \frac{K}{P_a - P_0}$$

Q：必要換気量（m³/h）、K：汚染物質の発生量（…/h）、P_a：汚染物質の許容濃度（…/m³）、P_0：汚染物質の外気濃度（…/m³）　　…はmg・μgなど

発生量
内の濃度－外の濃度
（濃い）　　（薄い）

汚染物質
発
内 － 外
タバコが分数の横線

● $\dfrac{\text{1h 当たりの}}{\text{換気量}} = \dfrac{\text{1h 当たりの汚染物質の発生量}}{\text{換気1m³当たりの汚染物質の削減量}}$

● 1時間（hour）当たり何m³の外気と室内空気を交換するかが換気量。外気と1m³交換すると、汚染物質は何 g（m³）削減できるかの、換気1m³当たりの削減量で1時間当たりの発生量を割れば、1時間当たりの換気量が出る。1m³当たりの削減量は、（内の濃度）−（外の濃度）で計算する（計算が頻出）。

● m（ミリ）：10^{-3}、μ（マイクロ）：10^{-6}、n（ナノ）：10^{-9}、p（ピコ）：10^{-12}
　【見舞なのピコ】
　　m μ n p

● 以下の必要換気量 Q の計算は、紙の上で練習しておくこと。計算は単位を付けて行うと、間違えにくい。

● 室内の粉じん発生量：15mg/h
室内空気中の粉じん許容量：0.15mg/m³ ⎫ 必要換気量は？
大気中の粉じん量：0.05mg/m³ ⎭

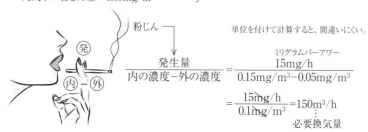

単位を付けて計算すると、間違いにくい。

$$\frac{発生量}{内の濃度-外の濃度} = \frac{\overset{ミリグラムパーアワー}{15mg/h}}{0.15mg/m^3-0.05mg/m^3}$$

$$= \frac{15mg/h}{0.1mg/m^3} = 150m^3/h$$

必要換気量

● 室容積：25m³
室内の汚染物質発生量：1500μg/h $\overset{マイクログラムパーアワー}{}$ ⎫
室内空気中の汚染物質許容濃度：100μg/m³ ⎬ 換気回数は？
大気中の汚染物質量：0μg/m³ ⎭

$$必要換気量 = \frac{発}{内-外} = \frac{1500μg/h}{100μg/m^3-0μg/m^3} = \frac{1500μg/h}{100μg/m^3} = 15m^3/h$$

部屋の空気全体を1時間に何回交換するか、部屋の何杯分を交換するかが換気回数で、必要換気量÷室容積で計算する。

$$換気回数 = \frac{必要換気量}{室容積} = \frac{15m^3/h}{25m^3} = 0.6回/h$$

● 室容積：200m³、換気回数：4回、定常状態
（発生量と換気量が平衡、一定化）
1人当たり CO_2 発生量：0.016m³/(h・人)、25人 ⎫ 室内の CO_2 濃度
大気中の CO_2 濃度：400ppm＝400×10⁻⁶m³/m³ ⎭ x ppmは？

$$\frac{発生量}{内の濃度-外の濃度} = \frac{0.016×25m^3/h}{x×10^{-6}-400×10^{-6}m^3/m^3} = 200×4(m^3/h)$$

必要換気量
＝室容積×換気回数

この式から $x = 900$ ppm

Q 換気量 $Q = \square\sqrt{\bigcirc}$ の式でルートの外に来るのは?
環

A v、αA

v:風速、α:流量係数（開口面積を補正）、A:開口面積

風 は **ルームの外** で吹く
v　　　ルートの外

開口 は **ルームの外壁** に付く
αA　　　ルートの外

Q 換気量 $Q = \square\sqrt{\bigcirc}$ の式でルートの中に来るのは?
環

A ΔP、ΔC、Δh、Δt

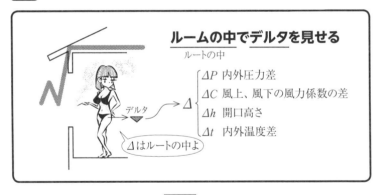

ルームの中でデルタを見せる
ルートの中

Δ $\begin{cases} \Delta P \text{ 内外圧力差} \\ \Delta C \text{ 風上、風下の風力係数の差} \\ \Delta h \text{ 開口高さ} \\ \Delta t \text{ 内外温度差} \end{cases}$

デルタ

Δ はルートの中よ

圧力差の式　　　　$Q = \alpha A\sqrt{\dfrac{2\Delta P}{\rho}}$　この式から下の2式が導かれる

風力換気の式　　　$Q = \alpha A v\sqrt{\Delta C}$

温度差換気の式　　$Q = \alpha A\sqrt{\dfrac{2g\Delta h\Delta t}{t_i + 273}}$　（ρ:密度　t_i:室内温度　g:重力加速度）

● 換気量、風量が αA、v、ΔP、ΔC、Δh、Δt に比例するのか、平方根（ルート）に比例するのかは頻出。まずルートの外か内かを覚えるとよい。

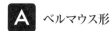 **一般的な開口の流量係数αは、（　　）形の1.0よりも小さい**
環

A ベルマウス形

口笛を吹いて　暮らすのが　1番
ベルマウス形　　　　　　　　$\alpha ≒ 1.0$

ベルを倒した口の形

● 流量係数αは実際の開口面積を、流れやすさによって補正する低減係数。ベルのような形の口をしたベルマウスは、空気に渦をつくらずに流し、通過後の流れの縮小が少なく、$\alpha ≒ 1$ となる。通常の窓は、通過後の流れの断面積が、通過前の0.6～0.7倍となり、$\alpha = 0.6～0.7$。

● 実効開口面積 αA は、どの換気の式にも付く。

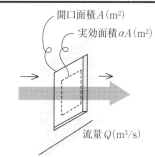

開口面積 A（m^2）
実効面積 αA（m^2）
流量 Q（m^3/s）

$$\alpha A\sqrt{\frac{2\Delta P}{\rho}}$$

$$\alpha A v\sqrt{\Delta C}$$

$$\alpha A\sqrt{\frac{2g\Delta h\Delta t}{t_i+273}}$$

通過後に縮小！

通過後の縮小が少ない！

通常の形　　　　　ベルマウス
$\alpha = 0.6～0.7$　　　$\alpha ≒ 1.0$

● 下図で窓の高さが同じ場合、温度差換気は起きず風力換気のみ。風力係数の差 ΔC は、$\Delta C = +0.6-(-0.2)=0.8$。よって換気量 $= \alpha A v\sqrt{\Delta C} = \alpha \cdot 2 \cdot v\sqrt{0.8}$ で求まる。

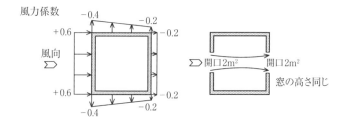

風力係数

-0.4　-0.2
$+0.6$　　　　-0.2
風向
$+0.6$　　　　-0.2
-0.4　-0.2

開口2m^2　開口2m^2
窓の高さ同じ

冬の温度差換気の場合、外気は上下どちらの開口から入る?
環

 下の開口から入る

雪だるまが ころがり込む
冬の外気　　下から入る

● 温度差換気は重力換気とも呼ばれ、温度によって空気の重さに違いが出て流れる換気のこと。

● 冬では暖められた空気は軽くなって上昇し、部屋の上の方では外よりも気圧が高くなり（正圧）、下の方が外よりも気圧が低くなる（負圧）。空気はふくれた方から出て、しぼんだ方から入って来る。

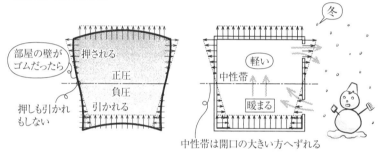

中性帯は開口の大きい方へずれる

● 夏では室内が低温で空気が収縮して、同じ体積での重さが大きくなり、外は逆に高温で軽くなる。部屋の内面に働く気圧は、下は外気より圧力が強く（正圧）、上は圧力が弱く（負圧）なり、正圧の側から出て負圧の側から入ってくる。

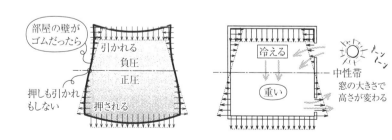

● 温度差による換気量 $Q=\alpha A\sqrt{\dfrac{2g\Delta h\Delta t}{t_i+273}}$ において α、室温 t_i、内外温度差 Δt が一定の場合、Q は $A\sqrt{\Delta h}$ の比となる。Q の大小を求める問題では、一定のものは除外して比で考えると早い。

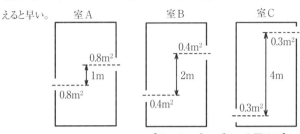

室A　　　　　　室B　　　　　　室C

0.8m²
1m
0.8m²

0.4m²
2m
0.4m²

0.3m²
4m
0.3m²

$A\sqrt{\Delta h}$ の比を考えると　　　【ルームの中でデルタを見せる】
_{ルートの中}

$$Q_A:Q_B:Q_C=0.8\sqrt{1}:0.4\sqrt{2}:0.3\sqrt{4}$$
$$=0.8:0.56:0.6 \qquad \therefore Q_A>Q_C>Q_B$$

● 機械換気による必要換気量は、事務所、喫茶店、劇場などで20m³/h・席、屋内駐車場で1m²につき14m³/h。（令20の2、駐車場法令12）40席の事務室なら20×40＝800m³/h 以上。【20歳のOL、お茶して観劇（息抜き）】【石のころがる 駐車場】
_{20m³/h　事務所 喫茶店　　劇場　換気　　　14m³/h　　　換気}

Q **右の図の①、②、③の表すものは?**
[環]

排気口

20秒

給気口

25秒

(①)　(②)
(③)

A ①空気齢、②空気余命、③空気寿命

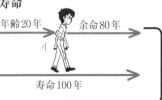

年齢20年　　　余命80年

年齢20歳＋余命80歳
＝寿命100歳

寿命100年

● 寿命と余命を間違いやすい。全体の方が寿命、残余の方が余命。

Q 比熱c、質量m、温度変化Δtで熱量Qを表すと？
[環]

A $Q=cm\Delta t$ （熱量＝比熱×質量×温度変化、
cm＝熱容量）

$$\underset{c}{\text{C}}\ \underset{m}{\text{M}}\ \underset{\Delta t}{\text{出た}}!$$

● $c=Q/m\Delta t$からcの単位はcal/g・℃、J/kg・K。
1g（1kg）を1℃（1K）上げるのに必要な熱量、エネルギー。

Q 熱伝導、熱伝達、熱貫流とは？
[環]

A 熱伝導：物体の中を熱が流れること
熱伝達：空気と物体間で熱が流れること
熱貫流：伝達、伝導、伝達で物体を貫いて熱が流れること

動 物
伝導　物体内

物体内を熱が
動くのが伝導にゃ

三毛猫
ラムちゃん

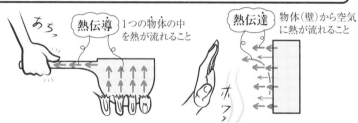

熱伝導 1つの物体の中
を熱が流れること

熱伝達 物体（壁）から空気
に熱が流れること

Q 熱伝導率の記号は？
[環]

A λ（ラムダ）　　　（構造ではλは細長比）

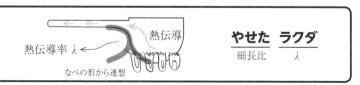

熱伝導率 λ
熱伝導
なべの形から連想

やせた ラクダ
細長比　λ

Q 物体内の伝導熱量 Q を λ、Δt、ℓ、A で表すと?
環

A $Q = \lambda \cdot \dfrac{\Delta t}{\ell} \cdot A$ （λ：熱伝導率、Δt：温度変化、ℓ：長さ、A：断面積）

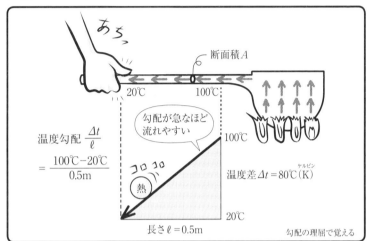

あちっ

断面積 A

20℃　100℃

勾配が急なほど
流れやすい

温度勾配 $\dfrac{\Delta t}{\ell}$

$= \dfrac{100℃-20℃}{0.5m}$

100℃

コロ コロ
熱

温度差 $\Delta t = 80℃(\mathrm{K})$ ケルビン

20℃

長さ $\ell = 0.5m$

勾配の理屈で覚える

● 温度勾配 $\dfrac{\Delta t}{\ell}$ が急なほど転がりやすい、熱が伝わりやすいとイメージする。後は断面積 A と伝導しやすさの係数 λ をかけるだけ。λ は物質で決まる、熱の伝わりやすさの定数。

Q 熱伝導率 λ の単位は?
環

A $\overset{\text{ワット}}{\mathrm{W}/(\mathrm{m} \cdot \mathrm{K})}$

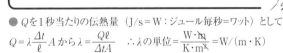

動 物?　ワッと ミ ケ だ!
伝導　物体内　　W ／ m・K

● Q を1秒当たりの伝熱量（J/s＝W：ジュール毎秒＝ワット）として
$Q = \lambda \dfrac{\Delta t}{\ell} A$ から $\lambda = \dfrac{Q\ell}{\Delta t A}$ ∴ λ の単位は $\dfrac{\mathrm{W} \cdot \cancel{\mathrm{m}}}{\mathrm{K} \cdot \mathrm{m}^{\cancel{2}}} = \mathrm{W}/(\mathrm{m} \cdot \mathrm{K})$

● 1Nの力で1m動かすエネルギー（仕事）が 1J（ジュール）。毎秒1Jの仕事をする仕事率（エネルギー効率）が W（ワット）。

【ジュー ジュー 焼肉　　】　　【わっと 仕事 なさい!】
　ジュール　　熱=エネルギー　　　ワット　仕事率

コンクリートの熱伝導率λは?
環

 1.4〜1.6W/(m・K)

> ## 石の色をしたコンクリート
> 1.4 〜 1.6
>
> ポルトランド島の石灰石の色に似ていた
> のでポルトランドセメントと命名

	鋼 >	コンクリート >	木材	
比重	7.85	2.3	0.5	tf/m³
λ	53	1.6	0.15	W/(m・K)

● 比重が大きいと、粒子間隔が小さく、熱が通りやすい。

● 断熱材は軽くてλが小さいが、同じ断熱材同士では、重い方がλが小さいことがある。
断熱材のλの大小は頻出。

5

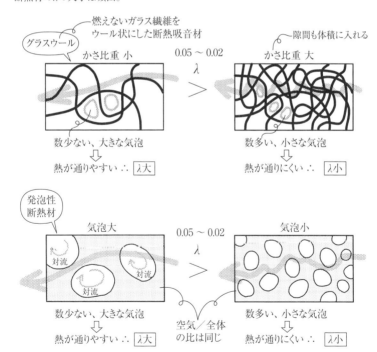

グラスウール — 燃えないガラス繊維を
ウール状にした断熱吸音材

隙間も体積に入れる

かさ比重 小 $\quad 0.05 \sim 0.02 \quad$ かさ比重 大
λ

数少ない、大きな気泡 $\quad$ 数多い、小さな気泡
⇓ $\qquad\qquad$ ⇓
熱が通りやすい ∴ λ大 $\quad$ 熱が通りにくい ∴ λ小

発泡性
断熱材

気泡大 $\qquad 0.05 \sim 0.02 \qquad$ 気泡小
λ
対流 $\quad$ 対流
対流

数少ない、大きな気泡 $\quad$ 空気/全体 $\quad$ 数多い、小さな気泡
⇓ $\qquad$ の比は同じ $\qquad$ ⇓
熱が通りやすい ∴ λ大 $\qquad\qquad$ 熱が通りにくい ∴ λ小

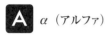 **熱伝達率の記号は?**
環

A α（アルファ）

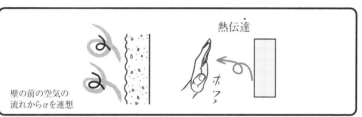

熱伝達

壁の前の空気の
流れからαを連想

● 熱伝達は壁と空気間での熱のやりとり。壁と空気間での熱のやりとりは、対流と放射があるので、(総合)熱伝達率=対流熱伝達率+放射熱伝達率となる。対流熱伝達率は、風速が大きいほど大きい。式は$Q=\alpha\Delta tA$と、長さ（厚さ）ℓが入っていない。メートルの単位は壁面や天井面などの面積Aだけのため、λとは単位が異なる。換気量の流量係数（間口面積の補正係数）もαを使うので注意。

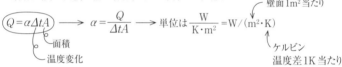

$$\boxed{Q=\alpha\Delta tA} \longrightarrow \alpha=\frac{Q}{\Delta tA} \longrightarrow \text{単位は}\frac{\text{W}}{\text{K}\cdot\text{m}^2}=\text{W}/(\text{m}^2\cdot\text{K})$$

面積
温度変化

壁面1m²当たり

ケルビン
温度差1K当たり

● 壁を貫く貫流熱量の式は、熱伝達と似ている。

（単位時間当たりの）
貫流熱量は、温度差Δtに比例する

$$Q=\boxed{}\times\Delta t$$

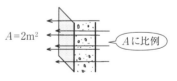

$\Delta t=10\text{℃}$
$=10\text{K}$

35℃

Δtに比例

25℃

（単位時間当たりの）
貫流熱量は、表面積Aに比例する

$$Q=\times\Delta t\times A$$

比例定数をKとおく

$A=2\text{m}^2$

Aに比例

$$\boxed{Q=K\Delta tA} \longrightarrow K=\frac{Q}{\Delta tA} \longrightarrow \text{単位は}\frac{\text{W}}{\text{K}\cdot\text{m}^2}=\text{W}/(\text{m}^2\cdot\text{K})$$

熱貫流率

壁面1m²当たり

温度差1K当たり

熱伝導率λ：W/(m・K)、　熱伝達率α：W/(m²・K)、　熱貫流率K：W/(m²・K)

1乗　　　　　　　　　　2乗　　　　　　　　　　2乗

Q 熱貫流量の式を貫流抵抗 R を使って表すと?
環

A $Q = \dfrac{\Delta t}{R} A$ $\left(R = \dfrac{1}{K} \right)$

● $\left(\text{電流} = \dfrac{\text{電位差}}{\text{抵抗}} \right)$ と同様に $\left(\text{熱流} = \dfrac{\text{温度差}}{\text{熱抵抗}} \times \text{面積} \right)$ とする。

$Q = K\Delta t A = \dfrac{\Delta t}{\frac{1}{K}} A = \dfrac{\Delta t}{R} A$ と変形しただけだが、係数を抵抗とすると<u>抵抗の足し算</u>ができる。

壁全体 → 貫流：$Q = K\Delta t A = \dfrac{\Delta t}{\frac{1}{K}} A = \dfrac{\Delta t}{R} A$ ← 全抵抗

壁表面 → 伝達：$Q = \alpha_i \Delta t A = \dfrac{\Delta t}{\frac{1}{\alpha_i}} A = \dfrac{\Delta t}{r_i} A$ ← 外 out、内 in

壁内部 → 伝導：$Q = \lambda_1 \dfrac{\Delta t}{\ell_1} A = \dfrac{\Delta t}{\frac{\ell_1}{\lambda_1}} A = \dfrac{\Delta t}{r_1} A$ ← 壁材 1、2、…

壁全体の抵抗＝各部の抵抗の和：$\left(R = \underset{内}{r_i} + \underset{壁内部}{(r_1 + r_2 + \cdots)} + \underset{外}{r_o} \right)$

$\dfrac{\ell}{\lambda}$：熱伝導抵抗　$\dfrac{1}{\lambda}$：熱伝導比抵抗 ← 式で使うのは $\dfrac{\ell}{\lambda}$ （ℓ：壁材の厚み）

Q 熱伝導比抵抗 $\dfrac{1}{\lambda}$ の単位は?
環

A $\dfrac{1}{W/(m \cdot K)} = m \cdot K / W$

動物？ ワッとミケだ！の逆
伝導　　W／（m・K）

比抵抗は $\dfrac{1}{\lambda}$ ニャ

● <u>伝導比抵抗</u>は、熱伝導率 λ の単なる逆数 $\dfrac{1}{\lambda}$。<u>伝導抵抗</u>は壁の厚み ℓ が入る $\dfrac{\ell}{\lambda}$ で、単位は <u>m²・K/W</u> とほかの抵抗と同じとなる。

Q 熱伝導抵抗 r の式は？（熱伝導率：λ、厚み：ℓ）　環

A $\dfrac{\ell}{\lambda}$　　単位は $\dfrac{\mathrm{m}}{\mathrm{W}/(\mathrm{m}\cdot\mathrm{K})} = \mathrm{m^2}\cdot\mathrm{K}/\mathrm{W}$

抵抗するニャ

$\rightarrow \dfrac{\ell}{\lambda}$

棒にぶら下がるラムちゃんから連想

三毛猫ラムちゃん

Q 貫流抵抗 $R=\dfrac{1}{K}$、伝達抵抗 $r_\mathrm{i}=\dfrac{1}{\alpha_\mathrm{i}}$、伝導抵抗 $r_1=\dfrac{\ell_1}{\lambda_1}$ の単位は？　環

$\llcorner$ iとo(内と外)がある　　$\llcorner$1、2、3…

A すべて $\mathrm{m^2}\cdot\mathrm{K}/\mathrm{W}$

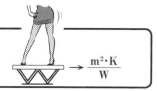

$\underset{\mathrm{m}}{\underline{\text{ミ}}}\ \underset{2}{\underline{\text{ニ}}}\ \underset{\cdot}{\underline{\text{ス}}}\ \underset{\mathrm{K}}{\underline{\text{カ}}}$ を $\underset{\text{トラス形}\mathrm{W}}{\underline{\text{支える}}}$

$\rightarrow \dfrac{\mathrm{m^2}\cdot\mathrm{K}}{\mathrm{W}}$

● 右図の壁の熱貫流流量 Q を求めるには、すべて抵抗に直してから足し算する。

	熱伝導率
コンクリート	$\lambda_1 = 1.5\ \mathrm{W}/(\mathrm{m}\cdot\mathrm{K})$
硬質ウレタンフォーム	$\lambda_2 = 0.03\ \mathrm{W}/(\mathrm{m}\cdot\mathrm{K})$
石こうボード	$\lambda_3 = 0.2\ \mathrm{W}/(\mathrm{m}\cdot\mathrm{K})$

	熱抵抗
中空層	$r_{中} = 0.2\ \mathrm{m^2}\cdot\mathrm{K}/\mathrm{W}$

	熱伝達率
室外側	$\alpha_{外} = 23\ \mathrm{W}/(\mathrm{m^2}\cdot\mathrm{K})$
室内側	$\alpha_{内} = 9\ \mathrm{W}/(\mathrm{m^2}\cdot\mathrm{K})$

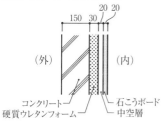

150　30　20　20

（外）　　　　（内）

コンクリート　　　石こうボード
硬質ウレタンフォーム　　中空層

外壁の熱伝達抵抗　　壁の中の熱伝導抵抗　　内壁の熱伝達抵抗

熱貫流抵抗 $R = r_{外} + (r_1 + r_2 + r_{中} + r_3) + r_{内}$　　この式を覚える

$$= \frac{1}{\alpha_{外}} + \left(\frac{\ell_1}{\lambda_1} + \frac{\ell_2}{\lambda_2} + r_{中} + \frac{\ell_3}{\lambda_3}\right) + \frac{1}{\alpha_{内}}$$

R がわかれば、Δt、A から Q が求められる

$$= \frac{1}{23} + \left(\frac{0.15}{1.5} + \frac{0.03}{0.03} + 0.2 + \frac{0.02}{0.2}\right) + \frac{1}{9}$$

$Q = \dfrac{\Delta t}{R}A$

$$\fallingdotseq 0.04 + (0.1 + 1 + 0.2 + 0.1) + 0.11 = \underline{1.55\ \mathrm{m^2}\cdot\mathrm{K}/\mathrm{W}}$$

● 壁体の熱抵抗は、電流の抵抗と同様に直列となって足し算できる。

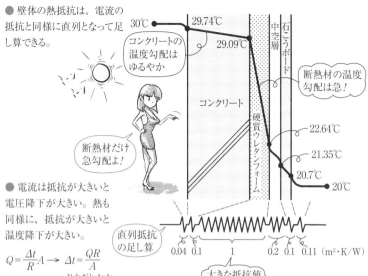

コンクリートの温度勾配はゆるやか

断熱材の温度勾配は急！

断熱材だけ急勾配よ！

30℃　29.74℃　29.09℃　中空層　石こうボード

コンクリート

硬質ウレタンフォーム

22.64℃
21.35℃
20.7℃
20℃

● 電流は抵抗が大きいと電圧降下が大きい。熱も同様に、抵抗が大きいと温度降下が大きい。

$$Q = \frac{\Delta t}{R}A \rightarrow \Delta t = \frac{QR}{A}$$

R 大だと Δt 大

直列抵抗の足し算

0.04 0.1 1 0.2 0.1 0.11 （m²·K/W）

大きな抵抗値

Q 北緯35°における南中高度は？
環

A 冬至：30°　夏至：80°　春秋分：55°

SUN ＝ 晴れ
30°　80°
まん中55°

● 地軸の傾きは23.4°【**イチ、ニ、サン、シ**】

夏至　春秋分　冬至　南中高度

$$\frac{30° + 80°}{2} = 55°$$

Q 南側鉛直壁面の可照時間が一番長い日は？
環

A 春秋分

春 秋 （戦国） 時代
春分 秋分　　　長い時間

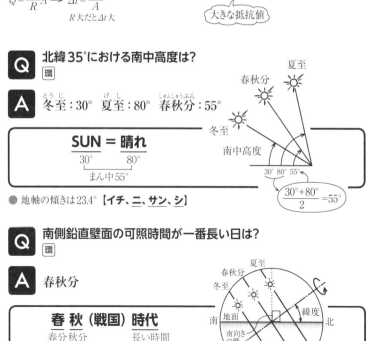

夏至　春秋分　冬至　緯度　南　地面　北　南向きの壁

● 日照率では、可照時間と日照時間の違いに注意。

可照時間：日の出から日没までの時間
日照時間：実際に日の照っていた時間

$$日照率 = \frac{日照時間}{可照時間}$$

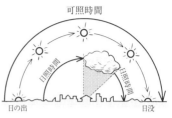

● 太陽から直接達する日射を直達日射、天空中の雲やちりなどで反射、散乱して天空全体から放射される日射を天空日射という。

$$日射量 = 直達日射量 + 天空日射量$$

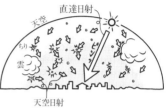

Q 南面、東西面、水平面のうち、冬至、夏至における終日日射量の多い順は？ 環

A 冬至：南面＞水平面、夏至：水平面＞東西面（南面、東西面は鉛直面）

冬は 縁側 と コタツ　夏は 水　　筒
南面　＞　水平面　　　　水平面 ＞ 東西面

Q 四季を通して、終日日射量の多い順は？ 環

A 夏至の水平面＞冬至の南面＞夏至の東西面

水　　　筒 を 縁 側で飲む
水平面＞南面＞東西面

● 日射取得率（日射侵入率）は、日射熱量のうちどれくらい室内に取得されたか、どれくらい侵入したかの比率。透過した分以外に、温まったガラスなどから対流、放射で再放出される分も足される。

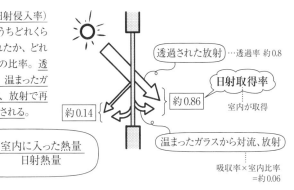

透過された放射 …透過率 約0.8

日射取得率
室内が取得
約0.86

約0.14

温まったガラスから対流、放射
吸収率×室内比率
=約0.06

$$日射取得率（日射侵入率）=\frac{室内に入った熱量}{日射熱量}$$

Q 日射遮へい係数とは？
環

A $$日射遮へい係数=\frac{日射熱取得率}{3mm厚透明ガラスの日射熱取得率}$$

へいを越えて入る　さみしいカラスと　他のカラス
遮へい係数　取得率　　3mmの　ガラス　分の　その他のガラス

● 日射遮へい係数とは、3mmの透明ガラスに比べて、どれくらい日射を室内に通すかの率。日射遮へい係数が大きいほど、室内の日射取得が多く、遮へい効果は小さいことになる（頻出）。用語がわかりにくいので要注意。

$$日射遮へい係数=\frac{日射熱取得率}{3mm厚透明ガラスの日射熱取得率}$$

日射熱をどれくらい室内に通すかの割合
3mmガラスの通す割合

3mm厚の透明ガラス
+水平ブラインド（室内）

日射取得率
0.50

0.50

$$日射遮へい係数=\frac{0.50}{0.86}=0.58$$
3mmガラスの取得率

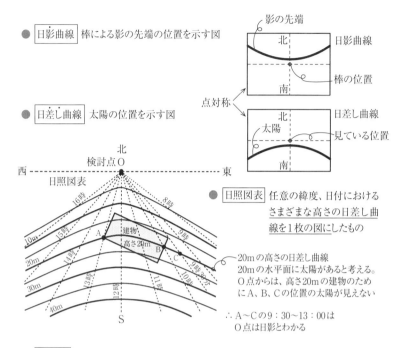

● 日影曲線 棒による影の先端の位置を示す図

影の先端
北
日影曲線
南
棒の位置

点対称

● 日差し曲線 太陽の位置を示す図

北
太陽
日差し曲線
南
見ている位置

北
検討点O
西 ─── 東
日照図表

16時　8時
15時　9時
A
建物
高さ20m
B
20m　C　9時30分
30m　11時　10時
40m　13時　10時30分
12時
S

● 日照図表 任意の緯度、日付における<u>さまざまな高さの日差し曲線を1枚の図にしたもの</u>

20mの高さの日差し曲線
20mの水平面に太陽があると考える。
O点からは、高さ20mの建物のためにA、B、Cの位置の太陽が見えない

∴ A～Cの9：30～13：00は
O点は日影とわかる

● 日影図 (ひかげず、にちえいず) 一定の高さの水平面で測った日影の図。基準法では<u>冬至日</u>における真太陽時(南中を12時)の8～16時で作図するとされている(法56の2)。

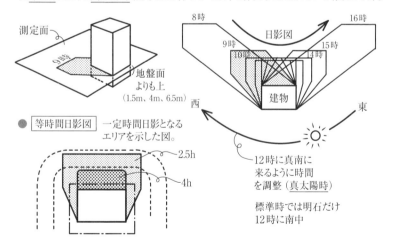

測定面
9時
地盤面よりも上
(1.5m、4m、6.5m)

8時　　　　　　　　　16時
日影図
9時　10時　15時
14時
建物
西　　　　　　　　　　東

12時に真南に来るように時間を調整(真太陽時)

標準時では明石だけ12時に南中

● 等時間日影図 一定時間日影となるエリアを示した図。

2.5h
4h

● 平面形が同じ場合、高さが大きく違っても4時間日影図はほぼ同じ形となる。

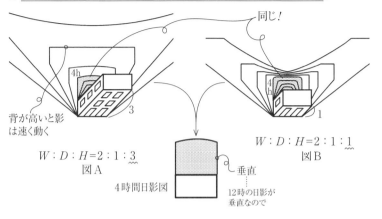

同じ！

背が高いと影
は速く動く

$W : D : H = 2 : 1 : 3$
図A

4時間日影図

垂直

12時の日影が
垂直なので

$W : D : H = 2 : 1 : 1$
図B

● 横幅が大きい方が4時間
日影は大きくなる。

幅が広いと4時間日影
は大きい

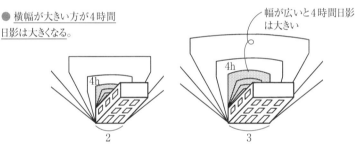

$W : D : H = 2 : 1 : 3$

$W : D : H = 3 : 1 : 3$

日影図 → 4時間日影図については拙著『ゼロからはじめる［環境工学］入門』
p.199～214を参照。

● 建物の上部の影はすぐ
に動くので、4時間日影は
足元の太さで決まることが
多い。

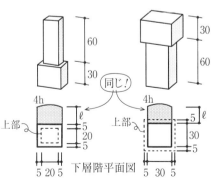

同じ！

上部

4h

4h

上部

下層階平面図

5

● 2以上の建物の日影は、別々の日影図の足し算では不可。日影が複合されてふくれたり、島日影ができたりする。

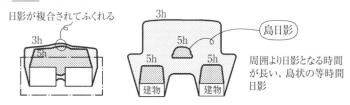

日影が複合されてふくれる

3h

3h

5h

5h

5h

建物　　建物

島日影

周囲より日影となる時間が長い、島状の等時間日影

Q **プルキンエ現象とは?**
環

A 暗い所では、同じ明るさの黄や赤よりも、緑や青が明るく見える現象

暗い ⇨ 怖い ⇨ 青ざめる
　　　　　　　　　　青い方にずれる

● 暗所視においては、比視感度が最大となる波長が短い波長へ（青い方へ）ずれる。

● 明所視においては、緑が最も比視感度が高い。【名所 は 緑が多い】
　　　　　　　　　　　　　　　　　　　　　　　　　明所

● 比視感度：多数の人の視感度を標準化して、最大を1にしてグラフ化したもの。

Q **光束の単位は?**
　こうそく
環

A lm（ルーメン）

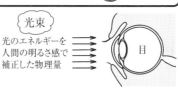

束

ラーメン の 束
　ルーメン　　　光束
　　lm

● 光束は人間の明るさ感によって補正した物理量。同じW（ワット）数でも比視感度の高い緑、黄は明るく、比視感度の低い紫、赤は暗く見える。そのため物理量をそれに合わせて補正している。

光束

光のエネルギーを人間の明るさ感で補正した物理量

目

Q 光度とは？
環

A 点光源から放射状に発せられる、単位立体角当たりの光束
（単位はcd：カンデラ）

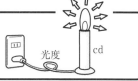

コード付きキャンドルは点光源
光度　　　　カンデラ　　　　点光源

光度 cd

● 立体角 $= \dfrac{S}{r^2}$ （sr：ステラジアン）

半径 r の球面状の面積 S を、中心から切り取る角度を立体角という。半径1の球上の面積 S の場合、立体角は S（sr）。

● 1sr 当たりの光束が I lmの場合、光度は I （lm/sr＝cd）となる。

● 配光曲線は、光源の各方向に対する光度の分布を示すもの。【配光 → 光度】

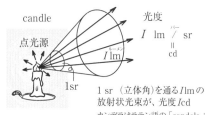

candle
点光源
I lm
1sr

光度
I lm $/$ sr
＝ cd

1 sr（立体角）を通るI lmの放射状光束が、光度I cd
カンデラはラテン語の「candela：ろうそく」が由来

Q 輝度とは？
環

A ある面の特定方向に放出する、単位面積当たり、単位立体角当たりの光束 （単位は lm/(sr·m²)＝cd/m²）

見かけのいい木戸
見かけ面積　　　　輝度
（見かけの明るさ）

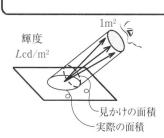

見かけ
がいい

イラストは
木戸孝允
の旧家

1m²
輝度
L cd/m²

面の明るさ

見かけの面積
実際の面積

● 面の見かけの明るさを測るのが輝度。自分で光るモニターや反射して光るテーブルは、見る角度によって明るさが変わる。輝度は視線の方向に垂直な面を通過する光束を考える。

● 受照面が均等拡散面である場合、輝度は照度×反射率に比例する。

Q 照度の単位は?
環

A lx（ルクス）

私のこと?

照れる ほど ルックスがいい!
照度　　　　　lx

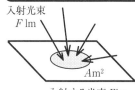
入射光束
F lm

Am^2

● テーブルなどの面に入射する単位面積当たりの光束を照度、発散される単位面積当たりの光束を光束発散度という。両者とも光束／面積なので$1m/m^2$が単位。照度では$1m/m^2 = lx$といい、光束発散度では$1m/m^2 = rlx$（ラドルクス）という。

照度 $E = \dfrac{入射する光束 F lm}{面積 A m^2} = F/A \ \ lm/m^2$
$\underset{lx ルクス}{=}$

テーブルが黒っぽいと

照度 同じ

入射光束が同じなら
照度は同じ

光束発散度 小

反射光束が少ないので、
光束発散度は小さくなる

輝度 小

反射光束が少ないので、
輝度は小さくなる

● 照度→受照面を扱う　輝度、光束発散度→発光面を扱う
● 光束（1m）は比視感度で補正した物理量なので、lmを単位に含む光度、輝度、照度もみな比視感度で補正されている。

Q 光度I（cd）から高さr（m）真下の水平面照度は?
環

A $\dfrac{I}{r^2}$ （lx=lm/m²）

cd　光度

$\dfrac{光度（cd）}{r^2}$ ⇐ $\dfrac{あるじ}{r^2}$

336

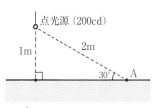

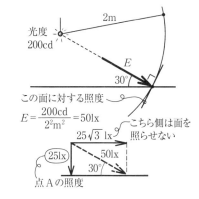

● $\dfrac{I}{r^2}$ は点光源を中心とした球に接する面の照度。斜めに受照する場合は、<u>その面に対する垂直な成分のみが照度となる</u>。

Q 薄曇りの全天空照度は？
環

A 50000lx

水蒸気が ごまん とある
5万lx

天候条件	lx	
薄曇り、雲の多い晴天	50000	← 最大！
明るい日	30000	
普通の日（標準の状態）	15000	← 普通
快晴の青空	10000	
暗い日	5000	← 暗い
非常に暗い日（雷雲、降雪中）	2000	

設計用全天空照度（直射日光は含まない）

Q 昼光率とは？ ちゅうこうりつ

環

A $\dfrac{\text{室内のある点の昼光における照度}}{\text{全天空照度}} \times 100\%$

昼光の何%が来るかの率

● 昼光率が3%とは、全天空照度の3%がその点に来るということ。全天空照度が10000lxならばその点は300lx、15000lxならば450lxとなる。空の明暗に合わせて、その点の照度も明暗となり、比は常に3%と同じ。要するに昼光率は全天空照度の影響を受けずに一定。

$$昼光率 = \dfrac{E}{Es}$$
$$= \dfrac{450\,\text{lx}}{15000\,\text{lx}}$$
$$= 0.03 = 3\%$$

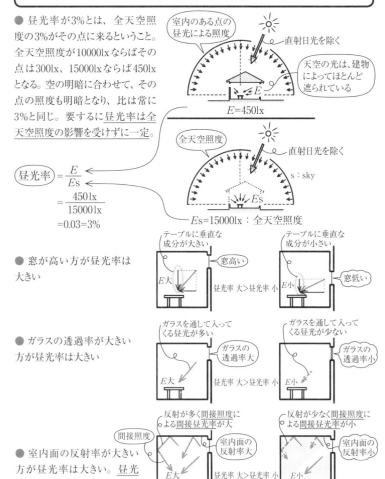

室内のある点の昼光による照度

直射日光を除く

天空の光は、建物によってほとんど遮られている

E

$E = 450\,\text{lx}$

全天空照度

直射日光を除く

s：sky

Es

$Es = 15000\,\text{lx}$：全天空照度

● 窓が高い方が昼光率は大きい

テーブルに垂直な成分が大きい

窓高い

E大

昼光率 大＞昼光率 小

テーブルに垂直な成分が小さい

窓低い

E小

● ガラスの透過率が大きい方が昼光率は大きい

ガラスを通して入ってくる昼光が多い

ガラスの透過率大

E大

昼光率 大＞昼光率 小

ガラスを通して入ってくる昼光が少ない

ガラスの透過率小

E小

● 室内面の反射率が大きい方が昼光率は大きい。昼光率は反射の影響を受ける。

昼光率=直接昼光率+間接昼光率

反射が多く間接照度による間接昼光率が大

間接照度

室内面の反射率大

E大

昼光率 大＞昼光率 小

反射が少なく間接照度による間接昼光率が小

室内面の反射率小

E小

● <u>直接昼光率</u>は、測定点を中心とした半球を用いて求めた<u>立体角投射率</u>と等しくなる。

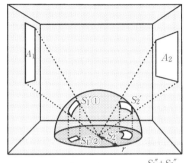

①窓の面積A_1、A_2を半球に投射してS_1'、S_2'を求める。

②S_1'、S_2'を底円に投射してS_1''、S_2''を求める。

③$S_1''+S_2''$と底面の面積の比、立体角投射率を求める。

③立体角投射率 $=\dfrac{S_1''+S_2''}{\text{底面の面積}}=\dfrac{S_1''+S_2''}{\pi r^2}$

5

直感的には、<u>魚眼レンズの写真で、窓が全体に占める割合</u>と考えるとわかりやすい。実際の魚眼レンズは正確な立体角投射ではなく、光学的なひずみがあるので修正が必要となる。

立体角投射率 $=\dfrac{\text{窓面積}}{\text{視界全体の面積}}$

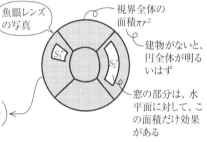

魚眼レンズの写真

視界全体の面積πr^2

建物がないと、円全体が明るいはず

窓の部分は、水平面に対して、この面積だけ効果がある

● 立体角投射率を数学的に求めるのはやっかいなので、算定図が用意されている。図表のb/d、h/dを計算して交点に近い曲線を捜して、立体角投射率を求める。

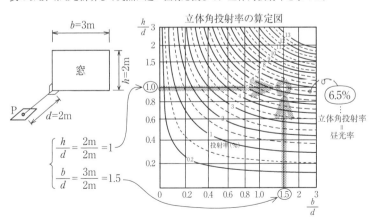

立体角投射率の算定図

$\begin{cases}\dfrac{h}{d}=\dfrac{2\text{m}}{2\text{m}}=1\\[2mm]\dfrac{b}{d}=\dfrac{3\text{m}}{2\text{m}}=1.5\end{cases}$

6.5%
……
立体角投射率
＝
昼光率

Q 普通教室の基準昼光率は?
環

A 2%

 教室 ⟶ 孝攵 ⟶ 孝 ☀️⟶二% 子供への昼光

● 普通教室は2%、製図室は3%、精密製図・精密工作は5%。
● 基準昼光率は、全天空照度を普通の日の15,000lxとして、JISの基準照度を満たすように定められている。室内の最低照度を昼光により確保する場合、暗い日の全天空照度5,000lxを使う。
● 普通教室の机上照度は500lx、製図は1,000lx。**【製図は線のルックスが重要!】**
_{1,000　　lx}

Q 日本画の展示壁面照度は?
計 環

A 150〜300lx

 ⟶ 300lx 　　　屏風の形から連想

● 洋画は300〜750lx

Q 机上面の均斉度は $\dfrac{1}{(\ \ )}$ 以上 計 環

A 人工照明 $\dfrac{1}{3}$ 以上 昼光片側採光 $\dfrac{1}{10}$ 以上

最 低／最 高	遠 い	窓から採光
3分の1以上	10分の1以上	片側採光

● 均斉度 = $\dfrac{最低照度}{最高照度}$

均斉度は1に近いほど
照度のムラがない。

250lx　　50lx

均斉度 = $\dfrac{50lx}{250lx} = \dfrac{1}{5}$

● 机上面照度の均斉度

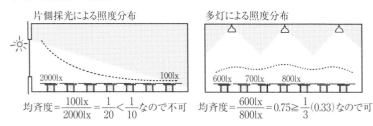

片側採光による照度分布

2000lx　　　　　　　　　100lx

均斉度 $= \dfrac{100\text{lx}}{2000\text{lx}} = \dfrac{1}{20} < \dfrac{1}{10}$ なので不可

多灯による照度分布

600lx　700lx　800lx

均斉度 $= \dfrac{600\text{lx}}{800\text{lx}} = 0.75 \geq \dfrac{1}{3}$ (0.33)なので可

Q 机上の作業周囲の輝度は、作業面に比べて $\dfrac{1}{(\ \ )}$ 以上

A $\dfrac{1}{3}$ 以上

　　　　　　（周囲）　　（作業面）
　　　　　　最 低／最 高
　　　　　　　3分の1

● 机上面は照度、輝度ともに $\dfrac{1}{3}$ 以上。照度は机が受ける光、輝度は机が出す光。

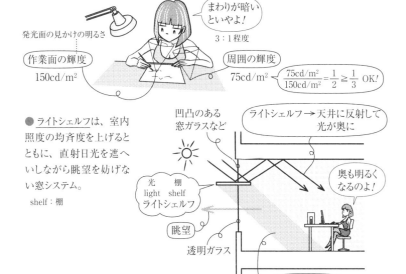

発光面の見かけの明るさ

まわりが暗い
といやよ!

3：1程度

作業面の輝度
150cd/m^2

周囲の輝度
75cd/m^2

$\dfrac{75\text{cd/m}^2}{150\text{cd/m}^2} = \dfrac{1}{2} \geq \dfrac{1}{3}$ OK!

● ライトシェルフは、室内照度の均斉度を上げるとともに、直射日光を遮へいしながら眺望を妨げない窓システム。

shelf：棚

凹凸のある
窓ガラスなど

ライトシェルフ→天井に反射して
光が奥に

光　　棚
light　shelf
ライトシェルフ

奥も明るく
なるのよ!

眺望

透明ガラス

直射日光を遮る

Q 光の3原色、加法混色の3原色は?
環

A 赤(R)、緑(G)、青(B)

明るいうちから	**あるじビール**	**胃に加える**
光の3原色	R G B	加法混色

● R：Red　G：Green　B：Blueの略。

● RGB各色の強さを変えて混ぜると、さまざまな色ができる。RGBを<u>100%ず</u><u>つ混色すると明るい白(W)</u><u>となる</u>。モニターのRGB信号はこの原理。

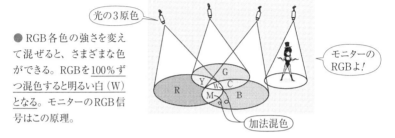

光の3原色

モニターのRGBよ！

加法混色

Q 色の3原色、減法混色の3原色は?
環

A シアン(C)、マゼンタ(M)、イエロー(Y)

インク	**の**	**し**	**み**	**い**
		C	M	Y

● C：Cyan　M：Magenta　Y：Yellowの略。

● 絵の具やインクは、<u>色を吸収することでそれ</u><u>以外の色を出す</u>。混ぜるほど多くの光を吸収して暗くなり、黒に近づく。

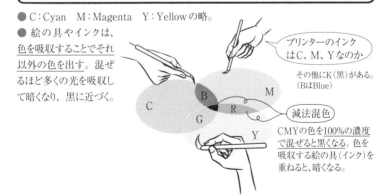

プリンターのインクはC、M、Yなのか

その他にK(黒)がある。(BはBlue)

減法混色

CMYの色を<u>100%の濃度</u><u>で混ぜると黒くなる</u>。色を吸収する絵の具(インク)を重ねると、暗くなる。

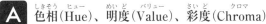

Q マンセル表色系の3属性は?
環

A 色相(Hue)、明度(Value)、彩度(Chroma)

マンセルの 色 目 は あざやか!
色相 明度　　　彩度

色の3属性
色相　Hue	【色っぽい! ヒューヒュー!】 Hue
明度　Value	【メイドが運ぶバリューセット】 Value
彩度　Chroma	【あざやかな口紅隠す黒マスク】 Chroma

5

● 記憶色（記憶上の色彩）は、実際の色彩よりも明度、彩度は高い。

Q マンセル記号の明度(Value)は（　　）〜（　　）
環

A 0〜10（0は黒、10は白）

ホワイトー
明度10

上ほど明るく
下ほど暗いのよ!

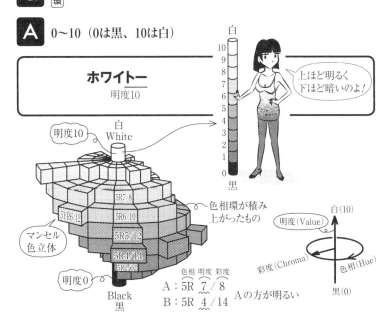

マンセル色立体

明度10　白 White

色相環が積み上がったもの

明度0

Black 黒

	色相	明度	彩度
A :	5R	7	8
B :	5R	4	14

Aの方が明るい

白(10)
明度(Value)
彩度(Chroma)
色相(Hue)
黒(0)

Q マンセルバリューが V の反射率 ρ は?
環

A $\rho \fallingdotseq V(V-1)\%$

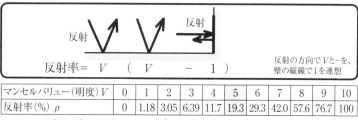

反射 反射

反射率＝ V （ V － 1 ）

反射の方向で V とーを、壁の縦線で1を連想

マンセルバリュー（明度）V	0	1	2	3	4	5	6	7	8	9	10
反射率（%）ρ	0	1.18	3.05	6.39	11.7	19.3	29.3	42.0	57.6	76.7	100

$\rho \fallingdotseq V(V-1)$　　　$V=5$ のとき $\rho \fallingdotseq 5(5-1)=20\%$

Q マンセル記号の彩度（クロマ）で灰色の数値は?
環

A 0

灰色 議員は 最 低
彩度 0

● 彩度の数値は色があざやかなほど、色みが強いほど大きくなり、<u>無彩色は0（ゼロ）と</u><u>なる</u>。<u>純色</u>は色相の中でもっとも彩度の高い色で、<u>色相によって純色の最大彩度が異な</u><u>る</u>。マンセル色立体（p.343）は中心が彩度0、一番外側が純色のため、色立体がデコボコとなる。

Q オストワルト表色系とは?
環

A 24色相の純色と白（反射率100%）、黒（反射率0%）の混合比率で表す表色系

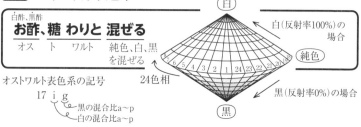

白酢、黒酢
お酢、糖 わりと 混ぜる
オス ト ワルト 純色、白、黒を混ぜる

白

白（反射率100%）の場合

純色

24色相

黒（反射率0%）の場合

黒

オストワルト表色系の記号

17 i g

黒の混合比a～p
白の混合比a～p

たとえばaは白89%、黒11%などの混合比を、a～pで表している。

XYZ表色系とは?
環

 RGBにおおむね対応する3刺激値XYZの混合量で色彩を表す
表色系

RGB ⟶ XYZに置き換え

● RGBの加法混色を精密化してグラフに
したものがXYZ表色系。3刺激値XYZ
はRGBを元にしてつくられた仮想の原色。

$$\begin{cases} X:赤の色みのみ \\ Y:緑の色みと\underline{明るさ} \\ Z:青の色みのみ \end{cases}$$

明るさをもつのはYのみ【ワイワイ明るい】

加法3原色 ………… R　G　B
実在しない原色 …… X　Y　Z
(3刺激値)
混合比 ………………… x：y：z

x多いとR多い
ので赤が強い

y多いとG多い
ので緑が強い

x、y少ないとz
が多くBが多い
ので青が強い

$x+y+z=1$
$\therefore z=1-(x+y)$

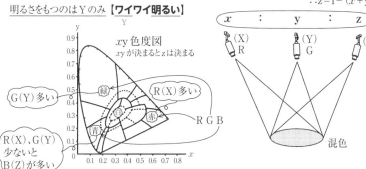

x：y：z

(X)R　(Y)G　(Z)B

混色

xy色度図
xyが決まるとzは決まる

G(Y)多い

R(X)多い

緑

R　G　B

赤

R(X)、G(Y)
少ないと
B(Z)が多い

青

 色光の誘目性(ゆうもくせい)における1番、2番は?
環

(1番)赤、(2番)青

信号は **止まれ** と **進め** を 誘う
①赤　②青　誘目性

青　赤

● 色の目立ちやすさを誘目性といい、赤がもっとも高く、青は2番目に高く、緑はもっとも
低い。

● JISの安全色の一般事項において、緑は「安全」と「進行」、青は「指示」「誘
導」、赤は「停止」「禁止」「防火」を表している。

Q 色度は（　）と（　）を数量的に表示したもの
（環）

A 色相、彩度（明度はない）

色 ごとは 土 曜 の 夜
色　　　　　　　度　　　　明度なし

	色相	明度	彩度
色度	○	×	○
色調	×	○	○

私と一緒だと
くすんで
見えるわよ！

色の対比

● 色の対比

- **補色対比**……補色を並べると、互いに彩度が高まって見える。
- **色相対比**……背景色の反対方向（補色）に色相が近づいて見える。
- **明度対比**……背景色の明度が低いと高く、高いと低く見える。
- **彩度対比**……背景色があざやかだとくすんで、くすんでいるとあざやかに見える。

● 補色とは、色相環の正反対に位置する色のこと。

● 色の面積効果……同じ色でも面積が大きいと、明度、彩度が高く見える。

● 色の膨張、収縮…同じ色でも明度、彩度が高いほど、膨張して見える。

● 色の重い軽い……同じ色でも明度が高いほど、軽く見える。

Q 昼光は演色性が良い？　悪い？
（環）

A 良い

中高生 になると 色気が出る！
昼光　　　　　　　　演色性良い

● 演色性は照明による色の見え方が、昼光のときの色をどれだけ再現しているかを示し、平均演色評価数Raなどの指標がある。

● 演色性は光源の分光分布によって決まり、視対象の色そのものの影響を受けない。

Q 色温度が低いのは何色?
環

A 赤茶色

よく冷えた ビールびん
色温度低い　　赤茶

● 光源の色（光色）を測るのに、視覚ではあてにならないので、正確な物理量として考えられたのが、<u>黒体の温度</u>。黒体を熱したときに出る光の色と同一の場合、その絶対温度と光色を対応させる。

5

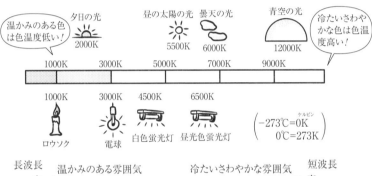

温かみのある色は色温度低い！
夕日の光 2000K
昼の太陽の光 5500K
曇天の光 6000K
青空の光 12000K
冷たいさわやかな色は色温度高い！

1000K　3000K　5000K　7000K　9000K

1000K　3000K　4500K　6500K
ロウソク　電球　白色蛍光灯　昼光色蛍光灯

$$\left(\begin{array}{l} -273℃ = 0K \\ 0℃ = 273K \end{array}\right)$$ ケルビン

長波長　温かみのある雰囲気　　　　冷たいさわやかな雰囲気　短波長
赤 ←　　　　　　　　　　　　　　　　　　　　　　→ 青

Q 周波数の単位は?
環

A Hz（ヘルツ）、回／秒

だって時間がないし…
だってお金がないし…
だってやる気がないし…

1秒間に3回のヘ理屈だから3Hz!

ヘ理屈 を言う 回数
ヘルツ

可聴周波数は?
環

 $20\mathrm{Hz}\sim20\mathrm{kHz}$ （$20000\mathrm{Hz}$）

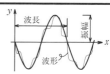

耳は 2重 マル		
可聴　$20\mathrm{Hz}\sim20\mathrm{kHz}$	$\underset{20\mathrm{Hz}}{2重マル}$ 〜	$\underset{20\mathrm{kHz}}{2重マル}$

● 音の3要素
- 大きさ········振幅
- 高さ··········振動数（周波数）
- 音色··········波形

● 音の周波数と波長の関係
- 周波数 小　波長 大（低音）
- 周波数 大　波長 小（高音）

音の速さ＝波長×周波数＝一定　　　∴周波数小だと波長大、周波数大だと波長小

● 音の強さ I　　進行方向に垂直な$1\mathrm{m}^2$の面を1秒間に通るエネルギー量　　音の強さ＝$I(\mathrm{W/m}^2)$

● カラーレーションとは、反射音が直接音からわずかに遅れ音色が変化する現象。

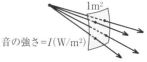 **ウェーバー・フェヒナーの法則とは?**
環

 人の感覚は刺激量の対数に比例する

飢え場、増える火 の 刺激	ログの火
ウェーバー　フェヒナー	$\log_{10}$

● 刺激量　100倍 ⟶ 感覚2倍
　　　　　1000倍 ⟶ 　　3倍
　　　　　10000倍 ⟶ 　　4倍

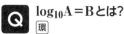

Q $\log_{10}A = B$ とは?
環

A $10^B = A$

（何畳？）

ログ ハウスは 何畳？
log□　　　10の何乗が□か

● 10^1を1、10^2を2、10^3を3、10^4を4と書くことにすると下図のようになる。

$$\begin{array}{ccccccccccc} & & (千) & & (100万) & & (10億) & & & & \\ 10^1 & 10^2 & 10^3 & 10^4 & 10^5 & 10^6 & 10^7 & 10^8 & 10^9 & 10^{10} & 10^{11} \end{array}$$

0　1　2　3　4　5　6　7　8　9　10　11　　　対数尺

このグラフが、対数尺といわれるもの。$\log_{10}10^1 = 1$、$\log_{10}10^2 = 2$、$\log_{10}10^3 = 3$、$\log_{10}10^4 = 4$と、桁違いに大きな数も、1、2、3、4と表すことができる。$\log_{10}\square$とは、$\square$は10の何乗かという記号で、10を底とする対数と呼ばれ、よく用いられる対数なので、常用対数ともいう。刺激の物理量が100倍、1000倍になっても人間の感覚は2倍、3倍にしか増えないので、$\log_{10}$が使われる。

$$\log_{10}\underset{\text{真数}}{\underset{\uparrow}{\overset{\overset{\text{底}}{\uparrow}}{\square}}} = \underset{\text{10を底とする対数}}{\underset{\uparrow}{\bigcirc}} \cdots \square は10の \bigcirc 乗$$

$\begin{cases} \log_{10}10 = 1 & 10は10の1乗 \\ \log_{10}100 = 2 & 100は10の2乗 \\ \log_{10}1000 = 3 & 1000は10の3乗 \\ \log_{10}10000 = 4 & 10000は10の4乗 \end{cases}$

（0の数は4つ）

● 対数の重要公式。音圧レベルの計算で必要なので、覚え直しておく。

$\begin{cases} \log(A \times B) = \log A + \log B & \longleftarrow \log(2 \times 3) = \log 2 + \log 3 \\ \log \dfrac{A}{B} = \log A - \log B & \longleftarrow \log \dfrac{3}{2} = \log 3 - \log 2 \\ \log A^a = a \log A & \longleftarrow \log 2^3 = 3 \log 2 \end{cases}$

$(\log 2^3 = \log(2 \times 2 \times 2) = \log 2 + \log 2 + \log 2 = 3 \log 2)$

● $\log_{10}2 \fallingdotseq 0.301$ 【**浪人 は オッ サン 多 い**】
$\log_{10}3 \fallingdotseq 0.477$　　$\log_{10}2 = \underset{}{0.} \ \underset{}{3} \ \underset{}{0} \ \underset{}{1}$

Q 音の強さのレベル IL を、強さ I（W/m²）と最小可聴音の強さ I_0（W/m²）で表すと? 環

A $\mathrm{IL} = 10\log_{10}\dfrac{I}{I_0}$ （dB）デシベル

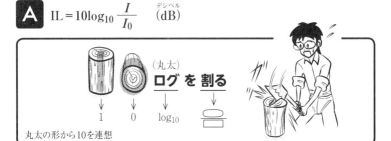

丸太の形から10を連想

IL：Intensity Level　dB：decibel

音の強さ I は最小 (I_0) 10^{-12}W/m²〜最大 1W/m² で扱いにくい

「感覚は刺激の対数に比例」から I/I_0 の対数をとる…$\log_{10}\dfrac{I}{I_0}$ （B：ベル）

10倍して単位を調整……$10\log_{10}\dfrac{I}{I_0}$ （dB：デシベル）

Q 音の強さのレベル IL の単位は? 環

A dB（デシベル）

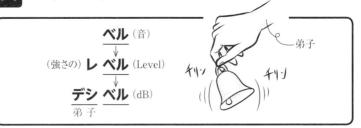

● $I = 10^{-6}$（W/m²）だとすると、最小可聴音は $I_0 = 10^{-12}$（W/m²）なので

$$10\log_{10}\dfrac{I}{I_0} = 10\log_{10}\dfrac{10^{-6}}{10^{-12}} = 10\log_{10}10^{-6+12} = 10\underbrace{\log_{10}10^6}_{=6} = 60\ (\mathrm{dB})$$

最小の何倍か

Q 音圧レベル PL を、音圧 P（Pa＝N/m²）と最小可聴音の音圧 P_0（P_a）で表すと？ 環

A 音圧レベル $PL = 10\log_{10}\left(\dfrac{P}{P_0}\right)^2 = 20\log_{10}\dfrac{P}{P_0}$ （dB）　$\left(\dfrac{I}{I_0} = \left(\dfrac{P}{P_0}\right)^2\right)$

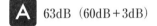

私 が ピー ピー 鳴く

$$\underset{\dfrac{I}{I_0}}{} = \underset{\dfrac{P}{P_0}}{} \times \underset{\dfrac{P}{P_0}}{}$$

● $\dfrac{I}{I_0} = \left(\dfrac{P}{P_0}\right)^2$ なので IL$=10\log_{10}\dfrac{I}{I_0} = 10\log\left(\dfrac{P}{P_0}\right)^2 = 20\log_{10}\dfrac{P}{P_0}$ となる。

● IL＝PL だが、測定は音圧の方が簡単。　　　　　　　　　　　　　PL：Pressure Level

Q 60dB の音が同時に2つ存在すると何 dB？ 環

A 63dB（60dB＋3dB）

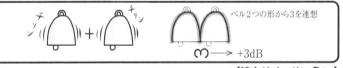

ベル2つの形から3を連想
$\text{ω} \longrightarrow +3\text{dB}$

【浪人はオッサン多い】

● IL$=10\log_{10}\overset{2倍}{\dfrac{2I}{I_0}} = 10\left(\log_{10}\dfrac{I}{I_0} + \log_{10}2\right) = 10\left(\log_{10}\dfrac{I}{I_0} + 0.301\right) = 10\log_{10}\dfrac{I}{I_0} + 3.01$
よって**＋3dB**

● 4倍では IL$=10\log_{10}\overset{4倍}{\dfrac{4I}{I_0}} = 10\left(\log_{10}\dfrac{I}{I_0} + \overset{2^2}{\log_{10}4}\right) = 10\left(\log_{10}\dfrac{I}{I_0} + 2\log_{10}2\right)$
$= 10\log_{10}\dfrac{I}{I_0} + 6.02$　よって**＋6dB**

● 3倍では IL$=10\log_{10}\overset{3倍}{\dfrac{3I}{I_0}} = 10\left(\log_{10}\dfrac{I}{I_0} + \overset{0.477}{\log_{10}3}\right) = 10\log_{10}\dfrac{I}{I_0} + 4.77$　よって**＋5dB**

● 10倍では IL$=10\log_{10}\overset{10倍}{\dfrac{10I}{I_0}} = 10\left(\log_{10}\dfrac{I}{I_0} + \overset{10^1=10}{\log_{10}10}\right) = 10\left(\log_{10}\dfrac{I}{I_0} + 1\right)$
$= 10\log_{10}\dfrac{I}{I_0} + 10$　よって**＋10dB**

レベルの合成
$\begin{cases} 2倍 \longrightarrow +3\text{dB} \\ 4倍 \longrightarrow +6\text{dB} \\ 3倍 \longrightarrow +5\text{dB} \\ 10倍 \longrightarrow +10\text{dB} \end{cases}$
$\begin{cases} 1/2倍 \longrightarrow -3\text{dB} \\ 1/4倍 \longrightarrow -6\text{dB} \\ 1/3倍 \longrightarrow -5\text{dB} \\ 1/10倍 \longrightarrow -10\text{dB} \end{cases}$

2倍が＋3dB、4倍が＋6dB は確実に覚えておく（頻出）

点音源の音の強さIは音源からの距離rとどのような関係?
環

 Iはr^2に反比例：$I = \dfrac{W}{4\pi r^2}$　（W：音源の音響パワー（W））

照度 $= \dfrac{光度}{r^2}$ ⇐ あるじ ⇒ 音の強さ $= \dfrac{\square}{r^2}$

● 点光源、点音源では球状に広がるので、どちらもr^2に反比例する。$4\pi r^2$は球の表面積。面積だからr^2と2乗になる。

● rが2倍になるとIは1/4になり、音圧レベルは-6dB。（Iが2倍で+3dB、4倍で+6dB。1/2倍で-3dB、1/4倍で-6dB）

● 音源から50mの騒音レベルが73dBの場合、100mではIは$1/2^2 = 1/4$になり、騒音レベルは-6dBの67dBとなる。

● 線音源、面音源は、音が通過する面積の増える割合が小さく、音は点音源より遠くまで届く。

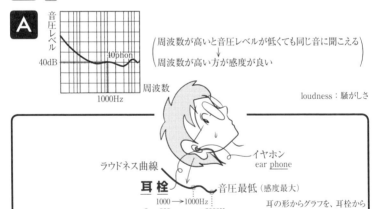

40phonの等ラウドネス曲線の形は?
環

（周波数が高いと音圧レベルが低くても同じ音に聞こえる ↓ 周波数が高い方が感度が良い）

loudness：騒がしさ

ラウドネス曲線

イヤホン ear phone

耳栓

音圧最低（感度最大）

1000 → 1000Hz

3 000 → 3000Hz

耳の形からグラフを、耳栓から 1000Hz、3000Hzを連想

● 1000Hzのときに40dBで聞こえた音と同じ大きさに感じる音のレベルをグラフにしたのが、40phonの等ラウドネス曲線。周波数が高い高音ほど感度は高く、低い音圧でも同じ大きさに聞こえ、グラフは低くなる。3000Hzで感度最大で、グラフは一番低くなる。

● 人の可聴音は20Hz〜20kHz、波長は十数mm〜十数m。

● 等ラウドネス曲線は、1000Hzの音を基準として、同じ大きさ（loudness）に聞こえる点を結んだグラフ、等しい騒がしさ（等ラウドネス）を表す曲線。1000Hz、40dBと同じ大きさの音は、40phonとする。

● 等ラウドネス曲線で、グラフがもっとも低い位置が、もっとも低い音圧でも同じ大きさに聞こえる位置。すなわち耳の感度がもっとも高い位置となる。

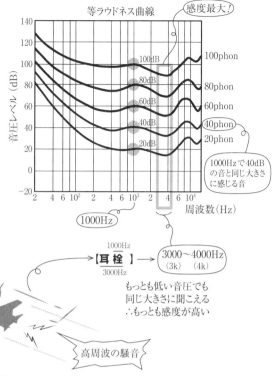

等ラウドネス曲線

感度最大！

100dB → 100phon
80dB → 80phon
60dB → 60phon
40dB → 40phon
20dB → 20phon

1000Hzで40dBの音と同じ大きさに感じる音

1000Hz

周波数(Hz)

$$\frac{1000Hz}{3000Hz} \rightarrow 【耳栓】 \rightarrow \frac{3000〜4000Hz}{(3k)\ (4k)}$$

もっとも低い音圧でも同じ大きさに聞こえる
∴もっとも感度が高い

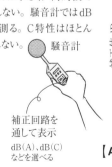

高周波の騒音

● 40phonの等ラウドネス曲線を使って音圧を補正したのがA特性の音圧レベルdB（A）。低周波では小さく、高周波では補正しない。騒音計ではdB（A）で測る。C特性はほとんど補正しない。

騒音計

補正回路を通して表示
dB(A)、dB(C)などを選べる

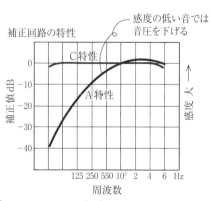

補正回路の特性

感度の低い音では音圧を下げる

C特性

A特性

感度 大 →

補正値 dB

周波数

125 250 550 10^3 2 4 6 Hz

【A特性 → a → ⌒ 】
曲線の形

5

Q 環 NC値が大きいと騒音は?

A 大きい

許容の範囲
で叩く

騒音許容値
の基準よ!

大きい **ノック** ほど **騒音大!**
　　　　　NC

● ジェット戦闘機のキィーンという音は、かなり不快感を与える。ある周波数ではこの程度の音圧まで許容できるという、許容値の基準を表したものがNC曲線。

● 許容の段階をNCの後の数字が示し、NC値が高いほど、許容される騒音の音圧レベルは高くなる。

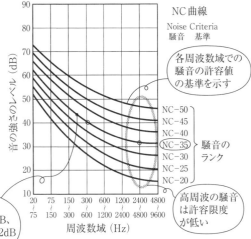

NC 曲線

Noise Criteria
騒音　基準

各周波数域での
騒音の許容値
の基準を示す

NC–50
NC–45
NC–40
NC–35　騒音の
NC–30　ランク
NC–25
NC–20

高周波の騒音
は許容限度
が低い

NC–35では
300〜600Hzで約40dB、
2400〜4800Hzで約32dB
が許容できる騒音

（縦軸）音の強さのレベル (dB)

（横軸）周波数域 (Hz)
20 / 75、75 / 150、150 / 300、300 / 600、600 / 1200、1200 / 2400、2400 / 4800、4800 / 9600

Q 環 住宅の寝室、アナウンススタジオのNC推奨値は?

A NC–30、NC–15

$$\text{Bed room} \qquad \textbf{アナウンサー は イー娘}$$

30
Bの形から3を連想

アナウンススタジオ　　15

● 許容値（推奨値）は、住宅の寝室はNC–30、アナウンススタジオや音楽ホールはNC–15。

Q 透過損失TLの式は?
環

A $TL = 10\log_{10}\dfrac{I}{I_t} = 10\log_{10}\dfrac{1}{透過率}$ 　I：入射音の強さ
　I_t：透過音の強さ

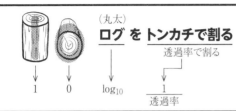

（丸太）
ログ を トンカチで割る
　　　　　　　　透過率で割る

1　　　　0　　　　$\log_{10}$　　$\dfrac{1}{透過率}$

● 透過している間に、反射、吸収でどれくらい損失するかの量を、レベル表示（dB）で表す遮音性能の指標。

遮音される音のレベル表示
透過の際に失われた音のレベル表示

壁
入射音 I
反射音 I_r
吸収音 I_a
透過音 I_t

TL：Transmission Loss

透過損失＝Iのレベル－I_tのレベル

$= 10\log_{10}\dfrac{I}{I_0} - 10\log_{10}\dfrac{I_t}{I_0} = 10\log_{10}\left(\dfrac{I}{I_0}\right)/\left(\dfrac{I_t}{I_0}\right) = 10\log_{10}\dfrac{I}{I_t} = 10\log_{10}\dfrac{1}{\dfrac{I_t}{I}}$ …透過率

● 同じ厚さの1重壁の場合、単位面積当たりの質量が大きいほどTLは大きい。質量が大きいと振動しにくくなるので、音のエネルギーが吸収されて透過損失は大きくなる。

Q 長波長（低周波数）の低音ほど、透過損失TLは（　　）
環

A 小さい（透過音が多い）

長い足で　またいで越える
　長波長　　　透過音多い

● 壁の振動周期は長いものが多く、低周波数の音に共振しやすい。音の周期と壁の周期が一致（coincidence）して単層の壁が振動し、遮音性能が低下することをコインシデンス効果という。

中空2重壁の空気を厚くすると、共鳴する波長は?
環

A 長くなる（周波数は低くなる）

> 長い空気層
> # 長い足 で またいで越える
> 長波長　　　共鳴して壁を透過する

● 中空層の空気はバネの働きをして、中空層が広がるとバネが弱くなり、低周波数で共振（共鳴）しやすくなる。空気を振動させないように中空層にグラスウールを入れると、空気による共鳴を防ぐことができる。

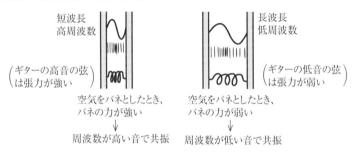

短波長
高周波数

（ギターの高音の弦
は張力が強い）

空気をバネとしたとき、
バネの力が強い
↓
周波数が高い音で共振

長波長
低周波数

（ギターの低音の弦
は張力が弱い）

空気をバネとしたとき、
バネの力が弱い
↓
周波数が低い音で共振

 グラスウールなどの多孔質の吸音は、低音?　高音?
環

A 高音

> # 羊 は 高音 で鳴く
> グラスウール　　高音を吸収

グラスウール

（周波数 大）
高音

高音での吸音 大
振動、摩擦による吸音

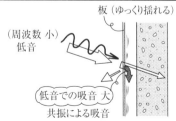

板（ゆっくり揺れる）

（周波数 小）
低音

低音での吸音 大
共振による吸音

Q Lr−45、Lr−60のどちらが床衝撃音の遮音性能が良い？ 環

 A Lr−45（下階に届く衝撃音が小さい）

Lr：Level response

```
下階 で 得る 音 は Little(小)がよい!
     Lr          Lr
```

軽量床衝撃音の測定
（物を落としたり椅子を引く音など）

重量床衝撃音の測定
（子供の飛び跳ねる音など）

床衝撃音レベルの遮音等級

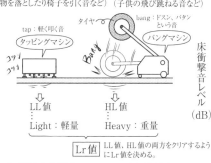

tap：軽く叩く音
タッピングマシン

タイヤ
bang：ドスン、バタン という音
バングマシン

⬇ LL値
Light：軽量

⬇ HL値
Heavy：重量

Lr値 LL値、HL値の両方をクリアするようにLr値を決める。

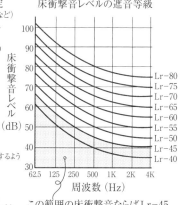

床衝撃音レベル (dB)

Lr−80
Lr−75
Lr−70
Lr−65
Lr−60
Lr−55
Lr−50
Lr−45
Lr−40

周波数（Hz）

この範囲の床衝撃音ならばLr−45

● 軽量床衝撃音 → カーペットを敷くなど。

重量床衝撃音 → RC床スラブを厚くする、RC床スラブの間に発泡材を挟むなど。

 Q Dr−30とDr−55で、壁の遮音性能が良いのは？ 環

A Dr−55

Dr：Difference response

```
         ドクター        D
    Dr の 差 は デカイ
                  大きい方がよい
```

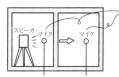

音圧レベルの差を測る → Dr値　【下階で得る音】

スピーカ　マイク　マイク

Lr → 下階の音圧レベル……小さい方がよい Lr

Dr → 隣室との音圧レベル差…大きい方がよい

【Drの差はデカイ】

● Lrは小さい方がよく、Drは大きい方がよい（頻出）。まぎらわしいので、Lr→Little、Dr→Dekaiで覚えておく。

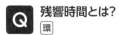 **残響時間とは?**
環

A 音の強さのレベルが60dB減衰するのに必要な時間

残響 には 無情 感 ただよう
60dB

Q セイビンの残響時間式は $T = \dfrac{\text{定数} \times (\quad)}{(\quad) \times (\quad)}$
環

A $T = \dfrac{\text{定数} \times V}{S \times \overline{\alpha}}$ V：室容積 S：室内表面積 $\overline{\alpha}$：平均吸音率

                                                    $S \times \overline{\alpha}$：吸音力

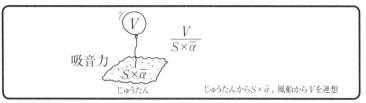

V

$\dfrac{V}{S \times \overline{\alpha}}$

吸音力 $S \times \overline{\alpha}$
じゅうたん   じゅうたんから $S \times \overline{\alpha}$、風船から V を連想

● 吸音力 $S \times \overline{\alpha}$ をいくら大きくしても、セイビンの式では T は0にならない。それを修正したのがアイリングの式で、T の大きさは<u>セイビンの式による T ＞ アイリングの式による T</u>。

イアリング
（アイリング）

♪♪

音楽は長く
話は短く！

Say   ビン

● 最適残響時間：<u>音楽ホール ＞ 学校の講堂 ＞ 映画館 ＞ 講演を主とするホール</u>。
                教会音楽＞クラシック＞ロック   音楽＋講演

● <u>マスキング効果</u>：ある音があるために、目的とする音が聞き取りにくくなる現象。<u>妨害音（マスクする音）の周波数が目的音より低いとマスキング効果がある</u>。**【タイガーマスク、リング下から攻撃！】**
                                    低いと効果

● <u>カクテルパーティー効果</u>：さまざまな音が聞こえても、特定の音だけは聞きとれる現象。

6 設備

● 空調方式

一定の 空気 量　　　　可変の 空気 量
CAV：Constant Air Volume　　VAV：Variable Air Volume

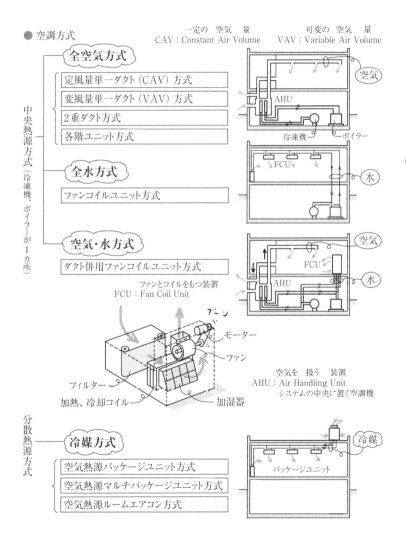

全空気方式

- 定風量単一ダクト（CAV）方式
- 変風量単一ダクト（VAV）方式
- 2重ダクト方式
- 各階ユニット方式

空気

AHU

冷凍機　ボイラー

全水方式

- ファンコイルユニット方式

FCU

水

空気・水方式

- ダクト併用ファンコイルユニット方式

空気

FCU

AHU

水

ファンとコイルをもつ装置
FCU：Fan Coil Unit

ファン
モーター
ファン
フィルター
加熱、冷却コイル
加湿器

空気を 扱う 装置
AHU：Air Handling Unit
システムの中央に置く空調機

中央熱源方式（冷凍機、ボイラーが1カ所）

分散熱源方式

冷媒方式

- 空気熱源パッケージユニット方式
- 空気熱源マルチパッケージユニット方式
- 空気熱源ルームエアコン方式

冷媒

パッケージユニット

Q 定流量制御（CAV、CWV）と変流量制御（VAV、VWV）で、省エネルギー効果が高いのは？ 設

A 変流量制御（VAV、VWV）

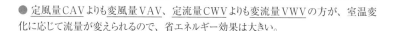

> 勝利
> **省エネに V！**
> V̇AV
> V̇WV

● 定風量CAVよりも変風量VAV、定流量CWVよりも変流量VWVの方が、室温変化に応じて流量が変えられるので、省エネルギー効果は大きい。

	一定 Constant	変化 Variable
空気の風量	ĊAV (Constant Air Volume)	V̇AV (Variable Air Volume)
水の流量	ĊWV (Constant Water Volume)	V̇WV (Variable Water Volume)

各室のVAVユニットで風量を調整

（あかちゃんが）
バブバブ言ったら
VAV

風をゆるめる
変風量

インバーター付ポンプで水量を調整

● PMVは予測平均温冷感申告。【午後、Vサインと予測】(p.312)
　　PM　　V

Q パッケージユニットやルームエアコンのインバーターは何をする？ 設

A 交流の周波数を変えてモーターの回転数をなめらかに変える

> **中に バター を入れて 風 味を 調節**
> 　　イン　　バータ　　　　風量

● ON、OFFによる制御より、モーターの回転数を変えて制御した方がなめらかで省エネ。直流を交流に変換する回路をインバータともいう。太陽光パネルで発生した直流電流を交流に換えるなどで使う（invert：反転させる）。

● PID制御：比例（Proportional）、積分（Integral）、微分（Differential）を使った空調の制御。　　　　　　　　　　　　　　　　　　　　　　　　【スピード制御】
　　　　　　　　　　　　　　　　　　　　　　　　　　　　　　　　　　PID

● パッケージユニット：冷凍機を組み込んだ室内に置く中型の空調機。

【アイスのパッケージ】
冷凍機

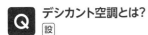

Q デシカント空調とは?
設

A 除湿剤によって除湿する空調

弟子、広東ラーメンをすする
デシカント　　　　　　　除湿剤

● 冷却して結露させた後に元の温度に戻す<u>再熱除湿</u>（過冷却除湿）に比べ、デシカント（除湿剤）に水分を吸着させるため効率が良い。吸湿後に排熱を使ってデシカントの水分を除去する。

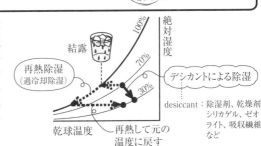

絶対湿度

結露

再熱除湿（過冷却除湿）

デシカントによる除湿

desiccant：除湿剤、乾燥剤シリカゲル、ゼオライト、吸収繊維など

乾球温度　再熱して元の温度に戻す

6

Q 変流量VWV方式で使うのは2方弁?　3方弁?
設

A 2方弁

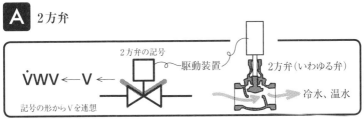

2方弁の記号　　駆動装置　　2方弁（いわゆる弁）

$\dot{V}WV \leftarrow V \leftarrow$

記号の形からVを連想

冷水、温水

● <u>定流量CWV方式</u>では、<u>3方弁</u>を使ってバイパスに流して、FCUに入る流量を調節する。

$$\begin{cases} \dot{V}WV \rightarrow 2方弁 \\ CWV \rightarrow 3方弁 \end{cases}$$

3方弁

FCUに冷温水を通さないことで温度調整!

FCU

バイパス

一定の流量
Constant
Water
Volume

熱源

CWV方式

FCU：ファンコイルユニット

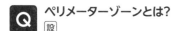

Q ペリメーターゾーンとは?
設

A 建物外周部から一定距離の部分

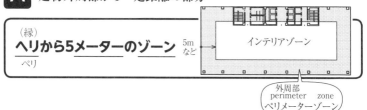

^(縁)
ヘリから5メーターのゾーン 5m
_{ペリ} など

インテリアゾーン

外周部
perimeter zone
ペリメーターゾーン

Q 年間熱負荷係数 $\overset{\text{パル}}{PAL}$ =?
設

A $PAL = \dfrac{\text{ペリメーターゾーンの年間熱負荷} (\overset{\text{メガジュール}}{MJ} / \text{年})}{\text{ペリメーターゾーンの床面積}(m^2)}$ $\left(\begin{matrix}\text{ペリメーターゾーン}1m^2, \\ 1\text{年間当たりの熱負荷}\end{matrix}\right)$

^{外周}
（ガラスをもう1枚）**張ると 断熱性が向上!**
_{PAL}

● PAL：Perimeter Annual Load
　　　　外周の　　年間　負荷

● 外皮性能を表す PAL（パル）の床面積算定の仕方を少し変えたのが PAL*（パルスター）。PAL*での床面積=外周の長さ×5mとされ、コーナー部は重複して、実際の床面積より多めにカウントされる。

Q 成績係数 $\overset{\text{コップ}}{COP}$ の式は?
設

A $COP = \dfrac{\text{冷暖房能力}(kW)}{\text{消費電力}(kW)}$ （定格時：安全範囲での最大出力時）

コップが大きい方が、氷がいっぱい入る
_{COP} 　　　　　　　　冷房能力が良い
　　　　　　　　　　　　（大きい方が○）

● 最大出力（定格出力）時の電力が20kWで、100kWの熱を奪う冷房の場合、
　$COP = \dfrac{100kW}{20kW} = 5$　となる。

● ヒーターの場合は電気抵抗で熱を出すので、電気エネルギーに対して熱は1を超えることはできない。すなわち COP=0.6 など COP≦1 となる。

Q 通年エネルギー消費効率 APF＝？ 設

A $$APF = \frac{年間冷暖房能力（kWh）}{年間消費電力量（kWh）}$$ （中間出力も入れて年間で、消費電力に対してどれくらい熱を動かしたか）

アン	パン	ファン	1年中
A	P	F	通年

成績係数
$$\boxed{COP} = \frac{冷暖房能力（kW）}{消費電力（kW）}$$ 大きい方が○ ……… 最大出力時の瞬間の効率
（単位はkW=kJ/s）

通年エネルギー消費効率
$$\boxed{APF} = \frac{年間冷暖房能力（kWh）}{年間消費電力量（kWh）}$$ 大きい方が○ … 年間を通したトータルの効率
（単位はkWh=kJ×3600）

年間熱負荷係数
$$\boxed{PAL} = \frac{ペリメーターゾーンの年間熱負荷（MJ/年）}{ペリメーターゾーンの床面積（m^2）}$$ 小さい方が○ ….. 外周部の熱負荷

● Wh（ワットアワー）は W（J/s）に h（3600s）をかけた、エネルギー量の単位。W は1秒当たりのエネルギー消費、エネルギー効率の単位。W は瞬間のエネルギー、Wh は一定期間のエネルギー量。

6

Q オゾン層破壊防止に効果のある代替フロン（HFCやPFC）の地球温暖化係数は二酸化炭素より大きい？　小さい？ 設

A 大きい

だいたい	風呂	は	あつい！
代替	フロン		温暖化係数 大

● CO_2を1としたとき、HFC‐23は14800、PFC‐14は7390。

Q ノンフロンの自然冷媒は何がある？ 設

A 二酸化炭素、水、アンモニア

二酸化炭素 CO_2
水 H_2O
アンモニア NH_3

Q 冷媒から熱を奪うにはどうする？ 設

A 圧縮して気体から液体に凝縮させる

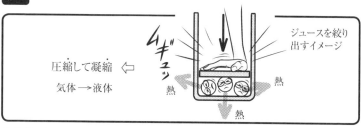

圧縮して凝縮
気体 → 液体

ジュースを絞り
出すイメージ

熱

熱

熱

● 気体の方が液体より分子運動が激しく、気体を液体にするとそのエネルギー差分の熱が出てくる。逆に液体を気体にすると、周囲の熱を吸収して分子運動が激しくなる。このサイクルを繰り返して熱を運ぶのが下図のヒートポンプや冷凍機。寒い外の熱を温度の高い内部へと水のポンプのようにくみ上げるので、ヒートポンプと呼ばれる。外気温が低いとくみ上げる熱が少なくなり、ヒートポンプの効率が落ちる。電気は熱を出すためでなく、冷媒のサイクルを動かすのに使うので、ヒートポンプはヒーターよりも効率が良い。

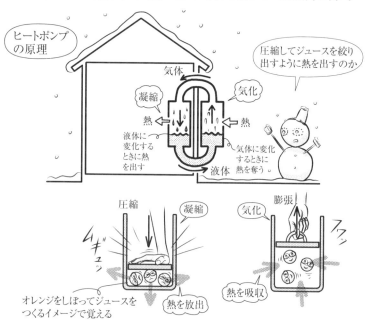

ヒートポンプ
の原理

圧縮してジュースを絞り
出すように熱を出すのか

気体

凝縮

気化

熱

熱

液体に
変化する
ときに熱
を出す

気体に変化
するときに熱
を奪う。

液体

圧縮

凝縮

気化

膨張

オレンジをしぼってジュースを
つくるイメージで覚える

熱を放出

熱を吸収

Q 冷凍サイクル４段階とは？
設

A 蒸発 → 圧縮 → 液化 → 膨張
（気化）

蒸気 機関車で 液体を 引っ張る
蒸発 → 圧縮 ─→ 液化 → 膨張
　　　　　　　（凝縮）

蒸気！

液 体

● 液体が気体になる蒸発時に、熱を吸収する（①）。その気体を機械で圧縮し、高温高圧の状態とする（②）。圧力が高くなると気体は液体に凝縮し、熱をはき出す（③）。その気体を膨張させて、低温低圧となる（④）。モリエル線図については、拙著「ゼロからシリーズ」の『建築の[設備]演習』p.77〜88を参照のこと。

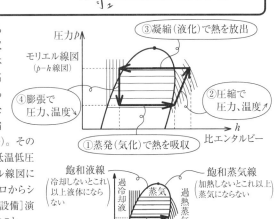

圧力 p

モリエル線図
（p-h 線図）

③凝縮（液化）で熱を放出

④膨張で
圧力、温度↘

②圧縮で
圧力、温度↗

①蒸発（気化）で熱を吸収

h
比エンタルピー

飽和液線
（冷却しないとこれ以上液体にならない）

過冷却液

湿気

飽和蒸気線
（加熱しないとこれ以上蒸気にならない）

過熱蒸気

等温、等圧の変化

● 蒸気を機械的に圧縮して高温、高圧にするのに、レシプロ（往復動）、ターボ（遠心）、スクリュー、スクロールなどの方式がある。また低圧容器から冷媒を吸収して高圧容器に入れる吸収式もある。

往復　レシプロ冷凍機
　　　（往復動冷凍機）
reciprocate：往復運動する

ターボ冷凍機
（遠心冷凍機）
回転による遠心力　turbo=turbine：羽根車

臭化リチウムは、冷凍機のどこに使う? 設

A 低圧容器の蒸気を吸収して高圧容器に運ぶ吸水液に使う

(臭い)
リッチなにおい を 吸収 する
臭化リチウム　　　　　吸収液

● 吸収冷凍機は高圧容器で蒸気(気体)を液体にして熱を放出させ、低圧容器で蒸発(気化)させて熱を吸収させる。低圧容器の蒸気を高圧容器に移す際、吸湿性に優れた臭化リチウムLiBrに蒸気を吸収させる。蒸気を吸収した臭化リチウムは高圧容器に移され、そこで加熱して蒸気を放出させる。液体なので高圧容器に簡単に運べるのがミソ。加熱は直接火をたく直だきと、ボイラーからの熱を加える方式がある。

Q **冷凍機の冷水出口温度を高く設定すると、成績係数COPは?** 設

A COPは高くなる(効率が良くなる)

平べったい台の方が
p-h線図で平べったい台形

大きいコップが載る
COP大

コップ(cup)

大きいCOP

平べったい台

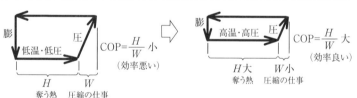

膨　　　　　圧
低温・低圧
$COP = \dfrac{H}{W}$ 小
(効率悪い)

H　　W
奪う熱　圧縮の仕事

膨　　高温・高圧　圧

$COP = \dfrac{H}{W}$ 大
(効率良い)

H大　　W小
奪う熱　圧縮の仕事

● 冷水の出口温度を上げると、冷媒の水蒸気の温度も上がり、圧力も上がる。冷凍サイクルの台形の底辺が上がり、台形が平べったくなる。すると圧縮の仕事(エネルギー)Wが小さく、奪う熱Hが大きくなり、$COP = H/W$が大きくなる。逆に出口温度を下げると台形が高くなり、COPは小さくなる。

Q コンベクター（convector）とは？
設

A 対流させることにより熱を運ぶ（convect）放熱器

（ベルト）**コンベアーのように**
コンベクター
ゆっくりと熱を運ぶ
対流

窓下に置くとコールドドラフト
を防げる

蒸気

フィン fin

● ラジエーター（radiator）：放射させる（radiate）放熱器。【**ラジオ局は電波を放射**】
radio

Q ダクトのアスペクト比とは？
設

A $\dfrac{長辺}{短辺}$ （アスペクト比1が正方形、4以下が望ましい）

スペクトルは長波長 ～ 短波長
アスペクト　　　　　長辺 ／ 短辺

長
短

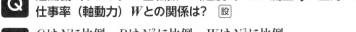

空気の流れやすさ
（同じ断面積）　○ ＞ □ ＞ ▭ ＞ ▬

アスペクト比＝1　アスペクト比＝2　アスペクト比＝4

● アスペクト比が大きいほど細長い長方形となり、エネルギー消費量は大きくなる。

Q 送風機（ポンプ）の回転数N（速度v）と、流量Q、圧力P、仕事率（軸動力）Wとの関係は？ 設

A QはNに比例、PはN^2に比例、WはN^3に比例
（vに比例）　　　　（v^2に比例）　　　　（v^3に比例）

キューピッド のWork、イチ、ニ、サン！
Q　P　W　　1乗　2乗　3乗
　　　　　　　　　（Q）（P）（W）

● 送風機、ポンプの風量、水の流量のQ（Quantity）、圧力P（Pressure）、仕事率W（Work）は、それぞれ回転数N（速度v：velocity）、N^2（v^2）、N^3（v^3）に比例する。Nが2倍になるとQは2倍、Pは4倍、Wは8倍となる。またWは$Q \times P$に比例する（$\square \times QP = W$）。

Q 設
1kPaを水柱に直すと?

A 0.1m（水柱）

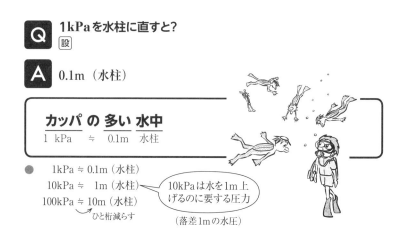

$$\underset{1\ kPa}{\text{カッパ}}\ \underset{\fallingdotseq}{\text{の}}\ \underset{0.1m}{\text{多い}}\ \underset{水柱}{\text{水中}}$$

● 　1kPa ≒ 0.1m（水柱）
　10kPa ≒ 1m（水柱）
　100kPa ≒ 10m（水柱）
　　　↳ひと桁減らす

10kPaは水を1m上
げるのに要する圧力

（落差1mの水圧）

Q 設
シャワー、大便器洗浄弁の必要水圧は?

A 70kPa＝7m（水柱）

70kPa ⇐

シャワーの形とホースから連想

おしりも
シャワー

Q 設
キッチンや洗面の水栓における必要水圧は?

A 30kPa＝3m（水柱）

落差3m
でOK!

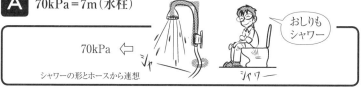

30kPa ⇐

水の広がる形とパイプから連想

● シャワーは70kPa必要で、70kPa≒7m（水柱）。高置水槽から落とす場合、落差が7m必要。水栓は30kPa≒3m（水柱）なので、落差は3mですむ。水圧が高すぎる場合は、弁を締めて調整する。

Q 住宅の使用水量は?
設

A 200〜400ℓ/day・人 （1日、1人当たり）

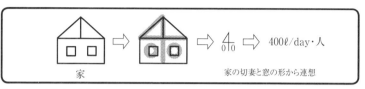

家 ⇨ ⇨ ⇨ 400ℓ/day・人

家の切妻と窓の形から連想

● ホテルは住宅より多く、200〜500ℓ/day・人程度。400を中心に、少ない方が住宅、多い方がホテルと覚えておく。

Q 小、中、高校の使用水量は?
設

A 〜100ℓ/day・人

学校のテストは 〜100点
〜100ℓ/day・人

● 事務所は同程度で60〜100ℓ/day・人、病院は多く必要で1500〜3500ℓ/day・床。
● 給水側から直接排水側に接続せず、吐水口空間や排水口空間で一旦大気に開放した後に間接的に排水するのが間接排水。汚水や臭気が給水側に入らないようにする工夫。業務用冷蔵庫、給水器の排水も間接排水とする。

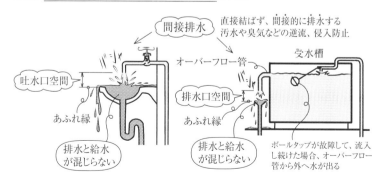

間接排水
直接結ばず、間接的に排水する
汚水や臭気などの逆流、侵入防止

受水槽

オーバーフロー管

吐水口空間

排水口空間

あふれ縁

あふれ縁

排水と給水
が混じらない

排水と給水
が混じらない

ボールタップが故障して、流入
し続けた場合、オーバーフロー
管から外へ水が出る

● 給水、給湯系統と他の系統を直接接続するのは<u>クロスコネクション</u>といって、衛生上危険なので禁止されている。<u>井戸水と上水</u>をつなぐのも、クロスコネクションとなり禁止されている。

● <u>受水槽の容量は、1日の予想給水量の50%程度</u>。中の水が適度に入れ替わらないと、水が傷むおそれがある。

● 急に水流を止めると、水圧が急上昇して管の曲がり角などに当たって音や衝撃が発生することを<u>ウォーターハンマー</u>という。流速を下げる、管を太くする、ウォーターハンマー防止器を付けるなどで防げる。

● 高い所での横引き配管は、ウォーターハンマーを起こしやすいので避ける。

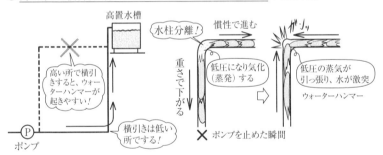

● <u>消防用水</u>はプール、防火水槽など、消防隊が大規模建物の延焼を消火するために用いる水。屋内消火栓、スプリンクラーなどによる初期消火には用いない。

● <u>排水再利用水</u>は便所洗浄水、散水用水、掃除流しなどに使えるが、<u>冷却塔の補給水には使えない</u>。

ガス給湯器の１号とは?

Q 設

A 1ℓの水を1分間に25℃上昇させる能力を示す

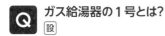

> **日 光 で 水を温める**
> 25℃

● 24号は24ℓの水を1分間に25℃上昇させるファミリー向け給湯器、16号は16ℓでシングル向け給湯器。

● ガス給湯器の元止め式とは、器具の元にあるボタンで湯を出したり止めたりできる方式。先止め式は、器具の先にある水栓で止める方式。

バキュームブレーカー(**vacuum breaker**)とは?

Q 設

A 負圧の空気が水を吸い上げないようにする逆流防止装置

> vacuum breaker
> **真空を破壊するもの** ⇨ **負圧を破壊して大気圧を保つ装置**

● 排水管内が負圧になって逆流したり、流れにくくなったりするのを防ぐのがバキュームブレーカー。

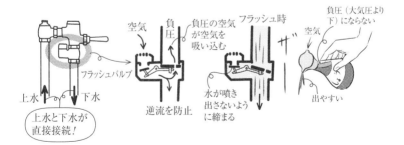

Q 通気横管はその階のもっとも高い位置にある衛生器具のあふれ縁より（　　）cm以上上方で横走りさせる

A 15cm以上

通気管
Pトラップ
15
15cm
Pトラップと管の形から連想

通気管立て管
通気管横管
水が入らないように
15cm以上
あふれ縁
排水管

● 排水がスムーズに流れるように通気管を付けるが、あふれ縁より下にすると排水が上がってしまうおそれがある。

Q 排水トラップの封水深さは？
設

A 5〜10cm

通気管（イラスト）
5
5cm〜（2倍の10cm）
Pトラップの形から5を連想

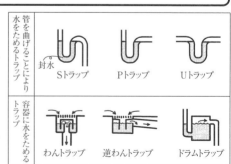

● 水をS字やP字の管にためて、下水側から臭気や虫が上がらないようにする工夫が封水。下水側の空気に封をする水のこと。

● トラップを2重にすると、トラップ間の空気が負圧、正圧になって流れにくくなる。2重トラップは不可！

● Sトラップはサイホン作用（下流側の水がその重さで引っ張る）で破封しやすい。

管を曲げることにより水をためるトラップ		
封水 Sトラップ	Pトラップ	Uトラップ

容器に水をためるトラップ		
わんトラップ	逆わんトラップ	ドラムトラップ

● 破封は、サイホン作用、負圧による引き込み、正圧による跳ね出し、髪や糸による毛細管現象などで起こる。

Q 業務用厨房に付けるのはグリース阻集器? オイル阻集器?
［設］

A グリース阻集器   grease：油脂

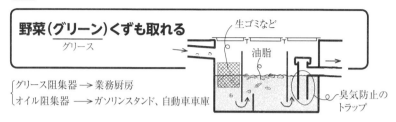

野菜(グリーン)くずも取れる
グリース

生ゴミなど
油脂
臭気防止のトラップ

{ グリース阻集器 → 業務厨房
{ オイル阻集器 → ガソリンスタンド、自動車車庫

● グリース阻集器には臭気防止のためのトラップも付いており、下流に別のトラップを付けると2重トラップとなるので不可。

6

Q BODとは?
［設］

A 生物化学的酸素要求量（汚染水の有機物を分解するのに必要な酸素量）

BODY への 欲求は 生物的!
要求量　生物化学的

浄化するのに
どれくらい酸素
を使うかよ!

生物化学的欲求!

● BOD：Biochemical Oxygen Demand
　　　　　生物化学的　　酸素　　要求量
● 単位はmg/ℓ＝ppm ← mg/1000g＝10⁻⁶ 【ピーピー エ ム 】
　　　　　　　　　　　　　　　　　　　　　　　マイナス　6乗
　　汚染水1ℓ当たり（1000g当たり）

Q （　　）×（　　）＝電力

A 電圧×電流＝電力（$VI=P$）

> Very Important Person
> $$V \qquad I \qquad P \longrightarrow V \times I = P$$

● 電力は電流が1秒間当たりにする仕事（J：ジュール）で、**【ワッと仕事なさい!】**
単位は J/s＝W（ジュールパーセコンド＝ワット）。 $\underset{W\quad 仕事率}{}$

● 電力量は一定時間にした仕事量で、単位は Wh（ワットアワー）。←W×3600s

● 電流(A)＝$\dfrac{電圧(V)}{抵抗(\Omega)}$ ←落差(電位差)があるほど流れる→ $\dfrac{温度差}{貫流抵抗}$×面積＝熱貫流量
　　　　　　　　　　　←　抵抗があるほど流れない→

$\left(I=\dfrac{V}{R}\right)$ 　　　　$\overbrace{\dfrac{1}{\alpha_i}+\dfrac{\ell}{\lambda}\text{の合計}+\dfrac{1}{\alpha_0}}$ **【ミニスカを支える】**
　　　　　　　　　　　　　　　　　　　　　　　$\underset{m^2\ \cdot\ K\ /\ W}{}$

Q 交流の最大電圧 v_0、最大電流 i_0 の実効値 V、I は？
設

A $V=\dfrac{v_0}{\sqrt{2}}$、$I=\dfrac{i_0}{\sqrt{2}}$ 　　v_0：電圧 v の最大値
　　　　　　　　　　　　　　　i_0：電流 i の最大値

> ## ひと夜ひと夜に 実行する 一夜漬
> $\underset{\sqrt{2}で割る}{}$ 　　　$\underset{実効値\ V,\ I}{}$

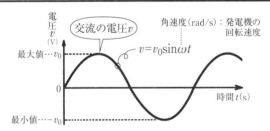

● 家庭用コンセントの100Vは実効値。最大141V、最小−141Vの間を周期的に動いている。電流も同様。

● 実効値とは、ある抵抗に交流が流れるときに発する熱量と同量の熱量を出す直流の電流、電圧の値。

Q 瞬間瞬間の電圧vよりϕ（ファイ）だけ位相が遅れると有効電力Pは?
設

A $P = VI\cos\phi$ （$\cos\phi$：力率）

iがvよりϕ遅れる

VIPと交際!
$\overline{VI} \times \cos\phi = P$

● コイルがあるとiは遅れ、コンデンサーがあるとiは進む。有効電力は、供給電力VIに力率$\cos\phi$をかけて求める。

● 受変電設備の進相コンデンサーは、力率を改善するために用いる。

$\cos\phi$をVIにかけるのか　有効電力$VI\cos\phi$　力率
供給電力VI　　$V\times I$　　電力が有効に使われる率

Q 供給電力は（　　）電力と呼び、単位は（　　）を使う
設

A 皮相電力、Ｖ Ａ（ボルトアンペア）

6

悲愴な発電所の爆発
皮相　　供給電力　　ＶＡ

● ＶＡ（ボルトアンペア）はＷ（ワット）と同じだが、有効電力と区別するために用いる。

● 抵抗による発熱（エネルギー損失）はI^2R（ジュール熱）。電力VIを一定にしてVを増やすとIは減り、エネルギー損失I^2Rが減る。そのため送電の際は電圧Vを大きくして電流Iを減らす。同じ電力では、400Vの方が200VよりもＩが小さく、電線を細くできる。

● スポットネットワーク受電方式、ループ受電方式は、停電事故予防のために重複性をもつ方式。

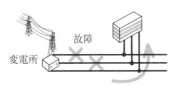

スポットネットワーク受電方式

変電所　故障

ループ受電方式

故障

spot：現地の、地方放送局の

Q 蓄電池を使用しない非常電源における自家発電設備は、停電から電圧確立まで（　　）秒以内　設

A 40秒以内

停電! 切り替え! の 指令で動く 自家発電
40秒以内

● 非常電源には自家発電設備以外に、蓄電池設備、燃料電池設備がある。

Q ディーゼルエンジン、ガスエンジン、ガスタービン、効率が悪いのは?　設

A ガスタービン

足 袋 は 効率が悪い
<ruby>足<rt>た</rt></ruby> <ruby>袋<rt>び</rt></ruby>
タービン

● エンジンは燃料を燃焼させて回転させる。タービンは羽根に流体を当てて回転させる。

● コジェネレーションとは、電気と熱を一緒に（co）発生させて（generation）、冷暖房、給湯などに使うこと。エネルギーの有効利用となる。

● UPS：Uninterruptible Power Supply → 無停電電源装置
中断させない　　　電源　　　【電気がアップしないようにする装置】
U　P　S

CVCF：Constant Voltage Constant Frequency → 電圧、周波数を一定に保つ
一定の　　電圧　一定の　　周波数　【しぶしぶ電圧を一定に維持する】
C　V　C　F

UPS、CVCFともにOA機器に接続する。

Q 特別高圧：（　　）V超え　高圧：（　　）V超え（交流の場合）　設

A 7000V超え、600V超え

特別　ﾀ → 7000V　　　高圧　六 → 六 → 600V

特と高の文字形から7と六を連想

電圧区分

	直流	交流
低圧	750V以下	600V以下
高圧	750Vを超え 7000V以下	600Vを超え 7000V以下
特別高圧	7000Vを超えるもの	

Q 受変電設備が必要な契約電力は（　　）W以上
設

A 50000W以上（50kW以上）

> ## ごまんと 電気を使うには受変電設備！
> 5万W

Q D種接地工事は（　　）V以下
設

A 300V以下

300V ⇦ 三 ⇦
300V 超
C ↑
D ↓
（地面）300V以下
銅製の棒　　銅板

アース記号の3本の線から300Vを連想　CDではD（Dimen地面）が下

● 接地は地面から75cm以下の深さ。

● 接地工事を行うのは電気が流れやすいように<u>水分を含んだ所</u>で、腐食されないように<u>酸を含まない所</u>。

A種接地	高圧または特別高圧用器具の外箱または鉄台の接地
B種接地	高圧または特別高圧と低圧を結合する変圧器の中性点の接地
C種接地	300Vを超える低圧用器具の外箱または鉄台の接地
D種接地	300V以下の低圧用器具の外箱または鉄台の接地

● 雷保護設備の接地極は、<u>地下0.75m以深</u>、ガス管から1.5m以上離して埋める。

【雷 で イチコロ　】
1.5m→0.75m

Q オフィスビル事務室における**OA用コンセントの負荷密度**は?
設

A $30〜50VA/m^2$

> ## <u>オフィス</u> では <u>中年</u> が多い
> $30〜50VA/m^2$

● $1m^2$当たりどれくらいの電力を使うかが<u>負荷密度</u>。皮相電力で測るので単位はVAとするが、Wが使われることもある。

Q 負荷率とは?
〔設〕

A 負荷率＝$\dfrac{平均需要電力}{最大需要電力}$ $\left(\dfrac{平均}{最大}\right)$

平均 台 で 負ける
平均／最大 ＝ 負荷率

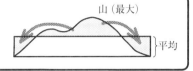

山（最大）
｝平均

● 100個の100Wの器具が平均で60個使われていて、最大90個同時に使われる場合、
負荷率＝$\dfrac{100W \times 60}{100W \times 90}$＝66.7%

● 負荷率が1（100%）に近いほど、山がなだらかで好ましい。

Q 需要率とは?
〔設〕

A 需要率＝$\dfrac{最大需要電力}{負荷設備容量}$ ……同時に使用される最大の負荷 $\left(\dfrac{最大}{合計}\right)$
……各負荷の合計

（パチンコ）台 を 並べて 需要 に応える
最大 ／ 合計 ＝ 需要率

● 100個の100Wの器具は合計で10000W。そのうち同時に最大80個使うと、
需要率＝$\dfrac{100W \times 80}{100W \times 100}$＝80%となる。

Q 光束法による全般照明の室指数 R は?
〔設〕

A 室指数R＝$\dfrac{x \times y}{H(x+y)}$ $\left(\begin{array}{l}H：作業面から照明器具\\ \quad までの高さ\\ x, y：室の間口、奥行\end{array}\right)$

$\underline{H}$は下半身、おへそ($\times$)は上
$\dfrac{1}{H}$ $\qquad$ $\dfrac{x \times y}{x+y}$

● 室指数と反射率から照明率を計算する。照明率は光源の光のうち、作業面にどれくらい到達するかの比。配光の広がりが大きくなるほど作業面に届く光束が少なくなり、照明率は低くなる。

● 照度＝$\dfrac{\text{ランプの球数×ランプの光束×保守率×照明率}}{\text{全体の面積}}$

ランプを出た所の全光束量

分子は作業高さに到達する全光束量

ランプや反射板が汚れているか否か

Q 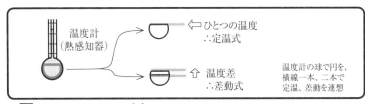 は何の記号?

A 定温式スポット型熱感知器、 差動式スポット型熱感知器

温度計（熱感知器）

⟸ひとつの温度
∴定温式

⇧ 温度差
∴差動式

温度計の球で円を、横線一本、二本で定温、差動を連想

6

● S はスポット型煙感知器。自動火災報知設備は自動、非常警報設備は押しボタン式。

● 非常警報設備の非常ベルは、1m離れた所で90dB以上の音圧が必要。

［クレーム出る音］
90　　　dB

● 自動火災報知設備の感知器

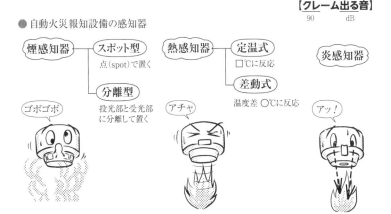

煙感知器 ─ スポット型
点(spot)で置く

分離型
投光部と受光部に分離して置く

ゴボゴボ

熱感知器 ─ 定温式
□℃に反応

差動式
温度差 ◯℃に反応

アチャ

キッチン、ボイラー室など

炎感知器

アッ！

高天井など

Q **LCA（Life Cycle Assessment）とは?**
設

A 建設から廃棄にいたる建物の生涯における、環境への影響の評価

汗吸う綿と 下着を 評価
assessment

アセスメント
は評価か

汗吸う綿

| LC | Life Cycle 建物の生涯 ← LCは語源で覚える

| LCC | Life Cycle Cost 建物の生涯でかかる費用

| LCCO$_2$ | Life Cycle CO$_2$　建物の生涯で発生するCO$_2$

| LCA | Life Cycle Assessment 建物の生涯における環境への影響の評価
評価方法はISO（国際標準化機構）で定められている

Q **建築環境総合評価システムCASBEE（キャスビー）における環境効率BEEの式は?** 設

A $BEE = \dfrac{Q}{L}$　　Q：Quality環境品質　L：Load環境負荷

クル クル BEE が 飛ぶ
ミツバチ
$\underset{Q/L = BEE}{}$

BEE は 急上昇する ヤツが優秀
傾きQ/L 大

急上昇!

● CASBEEは以下の略で、後半のBEEは建物の環境効率を意味する。

Comprehensive Assessment System for ⌐Built Environment Efficiency¬
総合的　　　　　　評価　　　　システム ～のための 建てられた　環境　　　　効率

● $Q-L$グラフの傾きQ/L＝BEEが急傾斜だと、Lが小さい割にQが大きいので、環境効率が良いことを意味する。

● $ERR = \dfrac{省エネルギー量(J)}{1次エネルギー量(J)}$ …石油などに換算
イーアールアール

【省エネで偉い!】
ERR
CASBEEにおける建物設備の高効率化評価指標

Q(品質)　BEE=3.0　　BEE=1.5
100
S　　A　　B$^+$
BEE=1.0
50
B$^-$　普通
C
BEE=0.5
0　　　50　　　100　　L(負荷)

傾き$\dfrac{Q}{L}$=BEE
傾きが大きい方が評価が高い

BEIとは?
設

 設計1次エネルギー消費量／基準1次エネルギー消費量

ベイエリア（湾岸）に来る 石炭、石油
　　　　BEI　　　　　　　　　　　　　1次エネルギー

● Building Energy Indexの略。地域、用途などにより定められた基準建築物の基準1次エネルギー量に対して設計建築物の設計1次エネルギー消費量がどれくらいかの比がBEIで、1次エネルギー消費の効率を表す。BEIが小さいほど省エネ性能が高く、建築物省エネルギー性能表示制度BELS（Building-housing Energy-efficiency Labeling System、第三者機関による評価認定、星5が最高）の星数が増える。1次エネルギーとは石炭、石油、ガスなどの加工されていないエネルギー。

【星が雲にベールされる】
　　　　　　　　　　　　BELS

 外皮平均熱貫流率（U_A値）とは?
設

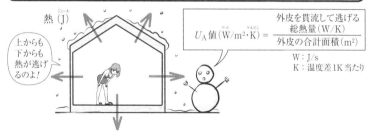 外皮を貫流して逃げる総熱量／外皮の合計面積（W/m²·K）

上からも下からも 熱が逃げる
　　U_A　　　　　　　　　熱貫流

熱 (J)〔ジュール〕

上からも下からも熱が逃げるのよ！

$$U_A 値（W/m^2 \cdot K）= \frac{外皮を貫流して逃げる総熱量（W/K）}{外皮の合計面積（m^2）}$$

W：J/s
K：温度差1K当たり

● 1秒当たり、温度差1K当たり、外皮面積1m²当たりに平均何Jの熱量が逃げるか（入るか）が外皮平均熱貫流率（U_A値）。建物の外皮全体について平均した熱貫流率。断熱性能の指標。

● ジュールJは熱量、エネルギーの単位で、J＝N·m。ワットWは1秒間の熱量、エネルギー量、仕事率の単位で、W＝J/s。U_A値の単位は、1m²当たり、温度差1K（ケルビン）当たりのW（1秒当たりのJ数）なので、W/m²·Kとなる。

Q 冷房期日射熱取得率（η_{AC}値）、暖房期日射熱取得率（η_{AH}値）とは？ 設

A 建物全体の総日射熱取得量／外皮の総面積（W/m²）

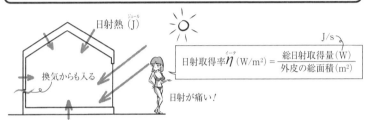

日射　が　痛い
日射取得率　イータη　Cool　Hot

日射熱（J）

換気からも入る

$$日射取得率\,\eta\,(W/m^2) = \frac{総日射取得量(W)}{外皮の総面積(m^2)}$$

J/s

日射が痛い!

● 1秒当たり、外皮面積1m²当たりに何Jの日射熱量を取得するかの値。日射熱取得量は、それぞれの部位の日射熱取得率×部位の外皮面積×方位係数などで求める。
● 建築物のエネルギー消費性能の向上に関する法律（建築物省エネ法）における新築住宅の省エネ基準で、外皮平均熱貫流率U_Aが一定以下、冷房期日射取得率η_{AC}が一定以上など、地域ごとに基準が設けられている。

Q ZEB（ゼブ）、ZEH（ゼッチ）とは？ 設

A net Zero Energy Building、net Zero Energy Houseの略で、省エネ、創エネによって1次エネルギー消費ゼロを目指すビル、住宅のこと

ゼロ エネルギー ビル（ハウス）
Z　E　B　H

● 経済産業省資源エネルギー庁が制定した省エネルギー基準。省エネ50%以上+創エネで100%以上削減のZEB、省エネ50%以上、創エネで75%以上削減のNearly ZEB、省エネで50%以上削減のZEB Ready、さらなる省エネに向けた未評価技術を導入しているZEB Orientedの4段階がある。
　　グレード：ZEB＞Nearly ZEB＞ZEB Ready＞ZEB Oriented
● インバータ制御（p.360）、LED照明などの設備による省エネはアクティブ型（active：積極的、能動的）、建物本体のデザインによる省エネはパッシブ型（passive：消極的、受動的）。

7 各種工事

Q 防水下地の入隅、出隅の形は?
[施]

A

	アスファルト防水	シート防水、塗膜防水
入隅	面取り ルーフィングが厚く直角が出せない	直角 ピッタリと躯体に接着できる
出隅	面取り ピン角だと防水層を傷付ける	

レシート の隅で 直角を出す
シート防水

Receipt ¥90
シート ¥90
合計 ¥90 (含工 前具税)

● フラットルーフの防水は、大きく分けて①アスファルト防水、②シート防水、③塗膜(とまく)防水の3つ。

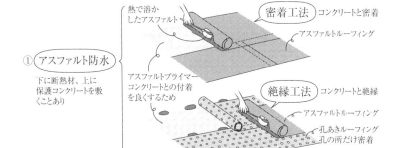

① アスファルト防水
下に断熱材、上に保護コンクリートを敷くことあり

熱で溶かしたアスファルト
密着工法 コンクリートと密着
アスファルトルーフィング

アスファルトプライマー
コンクリートとの付着を良くするため

絶縁工法 コンクリートと絶縁
アスファルトルーフィング
孔あきルーフィング
孔の所だけ密着

prime：初期の、primer：最初に塗る下塗り剤

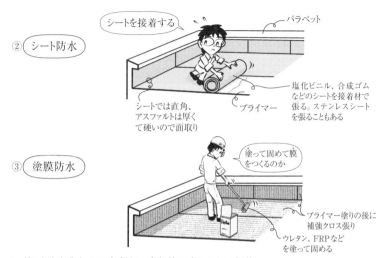

② シート防水

シートを接着する

パラペット

シートでは直角、アスファルトは厚くて硬いので面取り

プライマー

塩化ビニル、合成ゴムなどのシートを接着材で張る。ステンレスシートを張ることもある

③ 塗膜防水

塗って固めて膜をつくるのか

プライマー塗りの後に補強クロス張り

ウレタン、FRPなどを塗って固める

いずれも防水業者が10年保証で責任施工するのが一般的。

Q アスファルト防水保護コンクリートの伸縮調整目地の割り付けは？ 施

A 中間部は縦横約3m程度、 立上り面から60cm程度

目 地
め → み → 3m

6 → 60cm

パラペットの形から6を連想

Q 防水の塩化ビニル樹脂系シートの重ね幅、アスファルトルーフィングの重ね幅、塗膜防水の塗り重ね幅は？ 施

A 4cm以上、10cm以上、10cm以上

シート	**アスファルトー**	**塗膜**
4cm以上	10cm以上	10cm以上

● 床コンクリート直均しの上にビニルシートを張る場合、シート裏に水がたまらないように、打込みから4週後に行う。【シート】
4週後

● **【セメントー】**は絶対容積約<u>10%</u>、積み重ねは<u>10袋以下</u>（p.41）。
● シートに<u>引張り力</u>を与えないように下地に接着する。

Q 石、コンクリート（仕上げなし）、タイルの目地に使う
シーリング材は？ [施]

A ポリサルファイド系シーリング材

> **ポリ サル ファイド**
>
> → 石、コンクリート、タイル

共仕
● コンクリート<u>仕上げあり</u>の場合はポリウレタン系。**【仕上げありだとよく売れた！】**
　　　　　　　　　　　　　　　　　　　　　　　　　　　　　　　　ウレタン
● ALC、押出成形セメント板 → { 仕上げなし → 変成シリコーン系
　　　　　　　　　　　　　　　{ 仕上げあり → ポリウレタン系
● ガラス → シリコーン系 **【ガラスの上を歩くと尻が見える】**
　　　　　　　　　　　　　ALC　　シリコーン
● 2種のシーリング材を打つ場合、先にポリサルファイド系を打ち、シリコーン系を後打ち
する。**【ポリポリ サル　が　尻　をかく】**
　　　①ポリサルファイド　　②シリコーン

Q 3面接着とすべきノンワーキングジョイント（動かない目地）に
は何がある？ [施]

A コンクリートの打継ぎ目地、ひび割れ誘発目地、
サッシ取合い目地、石目地、タイル目地

ノンワーキング ←　　　　　　　　　→ **サル面**
　　　　　　　　　　　　　　　　　　　　　づら
石、コンクリート、タイル ←　　　　　　3面接着

● { ノンワーキングジョイント → 3面接着のシーリング…底の割れをふさぐ
　　{ ワーキングジョイント → 2面接着のシーリング…両側の動きに追随

Q タイル張りにおける伸縮目地間隔は？ 施

A 3〜4m以内

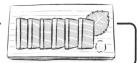

| 刺 身 を タイル 状に 並べる |
| 3〜4 m ・・・・・・・・ 目地間隔 |

共仕

Q コンクリート床の石張りで、敷モルタルのセメントと砂の容積比は？ 施

A セメント：砂≒1：4

| 石 を 敷く ための モルタル |
| 1：4 ・・・ 敷モルタル |

共仕

● モルタル塗りでは、下塗り1：2.5、中塗り1：3、上塗り1：3。下塗りの方が壁によく付くように強度を大きくするため、セメントを多くしている（富調合）。

【 セ ス ナ 】【金持ち を 先に 乗せる（ファーストクラス）】
セメント：砂　　　富調合　　　先に塗る

● 外壁モルタルの下塗りには、高分子有機化合物（ポリマー）の入ったポリマーセメントモルタルがよく使われる。

● コンクリート面がモルタルの水を吸って付着力が低下（ドライアウト）しないように、吸水調整材を2回までは塗布できる。

● モルタルの骨材（砂）の最大寸法は、塗り厚の半分以下。

Q ポリマーセメントモルタルの1回の塗り厚は？ 設

A 6mmが標準（最大9mm）

| ポリマー→ ポ゜ →六mm |
| ポの字形から六を連想 |

JASS15

- 厚く塗ると乾燥収縮が大きく、ひび割れが発生しやすい。
- 一般のモルタルの1回の塗り厚は30mm程度。

Q グレイジングチャンネル（ガラス用溝形ガスケット）を使えない
ガラスは？ 施

A 厚さ8mm以上のガラス、複層ガラス、合わせガラス

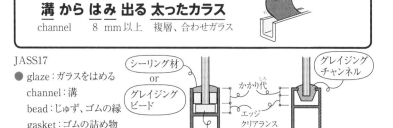

> 使用不可
> ## 溝 から はみ 出る 太ったカラス
> channel　8 mm以上　複層、合わせガラス

JASS17

glaze：ガラスをはめる
channel：溝
bead：じゅず、ゴムの縁
gasket：ゴムの詰め物

シーリング材 or グレイジングビード

グレイジングチャンネル

かかり代
エッジクリアランス
セッティングブロック

- 厚くて重いガラスは、溝形のゴム（グレイジングチャンネル）では留められない。
- グレイジングチャンネルは、ガラス上辺中央部で継ぎ合わせる。
- セッティングブロックの位置は、ガラス端部から幅の1/4（曲げモーメントの小さい位置）。

$$支える位置\begin{cases}ガラス…1/4\\PHC杭…1/5 （p.266）\end{cases}$$

- 複層ガラスは断熱に効き、合わせガラスは防犯に効く。

複層ガラス（ペアガラス）
乾燥空気
断熱性○

合わせガラス
樹脂
防犯性○

【服装 で 暖かくする】
複層ガラス　断熱性

- 複層ガラスは、複層加工後は端部が接着されているので、切断、孔あけ、小口処理、切欠きなどは不可。
- 複層ガラスのかかり代は15mm以上。

Q DPG構法では、ガラスの孔からガラス端部まで（　　）cm以上 施

A 3cm以上（かつ孔の直径以上）

3cm以上 　孔の字の形から3を連想

DPG
Dot Pointed Glazing
点　　　ガラス支える

JASS17
● DPG構法は強化ガラスを使うことが多い。孔あけ加工は強化加工前に行う。強化ガラスは強化加工後の加工はできない。
● Y形構造ガスケットをPC（プレキャストコンクリート）に使う場合、溝中心からコンクリート端まで6cm以上。

【**G**asket → 6cm以上】

Y形構造ガスケット

ジッパー

● DPGの3文字英略語はよく狙われる。ECP（Extruded Cement Panel）：押出成形セメント板。ALC（Autoclaved Light weight Concrete）：発泡軽量コンクリート。

【**石 パ**ネル→硬いセメント板】【**持ち歩く**→軽い板】
EC　P　　　　　　　　　　　　　　　　　　ALC

Q 軽量鉄骨天井下地で、天井のふところが（　　）m以上の場合は、吊りボルトの振止めが必要 施

A 1.5m以上

【**イー子** にしないと **バツ**をつけるぞ】
1.5m以上　　　　　　ブレース

共仕
● 振止めは、縦横間隔1.8m程度で［－19×10×1.2か9φを使う。
● 野縁と野縁受けクリップは、交互につめの向きを変えて留める。
● 野縁の野縁受けからのはね出しは150mm以下。

吊りボルト
ハンガー
クリップ
野縁受け
野縁
クリップのつめは溝内に折り曲げる
つめの向きは交互に変える

【**イー子** は はね出さない】
150mm以下

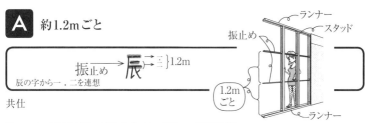

Q 軽量鉄骨壁下地では床ランナーから高さの間隔（　　）mごとに振止めが必要　設

A 約1.2mごと

振止め **辰** →三}1.2m

辰の字から一.二を連想

共仕

● ランナー取付け用の打込みピンは、900mm程度間隔。

【 **クレー　射撃** 】
90cm　打込みピン

Q 耐震改修の独立柱における鋼板巻立て補強では、鋼板の厚さとコーナーの曲げ内法半径は?（現場突合わせ溶接の場合）施

A 厚さt：6mm以上、　曲げ内法半径：$3t$以上

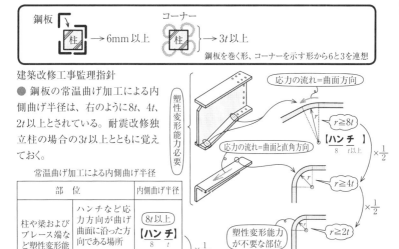

鋼板 柱 → 6mm以上

コーナー 柱 → $3t$以上

鋼板を巻く形、コーナーを示す形から6と3を連想

7

建築改修工事監理指針

● 鋼板の常温曲げ加工による内側曲げ半径は、右のように$8t$、$4t$、$2t$以上とされている。耐震改修独立柱の場合の$3t$以上とともに覚えておく。

塑性変形能力必要

応力の流れ＝曲面方向

$r \geqq 8t$

【ハンチ】
8　t以上　×$\frac{1}{2}$

応力の流れ＝曲面と直角方向

$r \geqq 4t$　×$\frac{1}{2}$

塑性変形能力が不要な部位

$r \geqq 2t$

r：radius 半径
t：thickness 厚さ

常温曲げ加工による内側曲げ半径

部　位		内側曲げ半径
柱や梁およびブレース端など塑性変形能力が要求される部位	ハンチなど応力方向が曲げ曲面に沿った方向である場所	$8t$以上 【ハン　チ】 8　t ×$\frac{1}{2}$
	応力方向が上記の直角方向の場合	$4t$以上 ×$\frac{1}{2}$
上記以外		$2t$以上

JASS 6

Q 増打ちコンクリートの耐震壁増設工事では、既存コンクリート表面を（　）〜（　）mm程度はつって目荒しとする　施

A 2〜5mm

日 光 二 荒 山 神社
ふた ら さん

2〜5mm　目荒し

建築改修工事監理指針
● 二荒山神社：日光東照宮に隣接する八棟造、唐破風の付いた神社。江戸初期の装飾の多い、近世社寺。重要文化財。

Q 耐震改修における耐震壁新設工事において、梁下（　）cm程度でコンクリートを打ち止めし、壁頭部にグラウト材を注入する　施

A 20cm程度

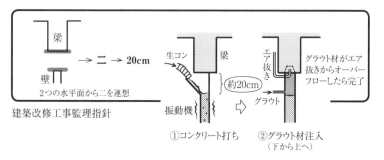

梁

→ 二 → 20cm

壁

2つの水平面から二を連想

建築改修工事監理指針

生コン　梁

約20cm

振動機

①コンクリート打ち

エア抜き

グラウト材がエア抜きからオーバーフローしたら完了

グラウト

②グラウト材注入
（下から上へ）

Q 金属系あと施工アンカーの穿孔傾斜角は（　）°以内
せんこう
施

A 5°以内

穿 孔 傾斜角

5°以内

● 金属系あと施工アンカーは、ドリルで穿孔し、アンカーを入れてハンマーで頭を叩くと中で広がってコンクリートに留まる。そのアンカーに鉄筋などをねじ込む。穿孔深さはアンカーの有効埋込み深さ+αとする（アンカーの仕様に規定されている）。

● 接着系あと施工アンカー（ケミカルアンカー：商品名）は孔を大きめにあけ、接着剤の入ったカプセルを挿入し、上から鉄筋を回転、打撃を与えながら押し込んでカプセルを破り接着剤で留める。穿孔傾斜角は孔が大きめなため、角度も大きめの15°以内。接着剤がコンクリート表面まであふれ出なかったら、鉄筋を抜いてカプセルを追加して鉄筋を入れ直す。

 コンクリートのひび割れを塞ぐ工法は?
施

 手動式（自動式）エポキシ樹脂注入工法

> 1970年の万博
> # 大阪 エキスポ の塔、ひび だらけ
> エポキシ樹脂注入

exposition：博覧会

● ドリルで注入孔をあけ注入器具を付け、ほかのひび割れ部にはシールテープを貼ってから注入する。硬化後に器具、テープを撤去。注入孔をあけずに注入器具を押し付けて注入する方法もある。縦のひびには、下から上へ注入する。上から下へだと、空隙ができる可能性があるため。

● 1970年の大阪万博は、全体計画とお祭り広場を丹下健三、太陽の塔を岡本太郎が担当。太陽の塔は保存されている。「おもちゃ箱をひっくり返したようにならないために」丹下はお祭り広場を中心に、枝状に動く歩道やペデストリアンデッキを配置して、全体の構成を明確にした。

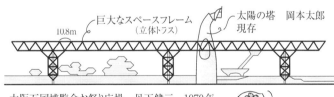

巨大なスペースフレーム（立体トラス）　10.8m　太陽の塔　岡本太郎　現存

大阪万国博覧会お祭り広場　丹下健三　1970年

人類の進歩と調和！

玄関のくつずりや框の段差をなくすなどで、障壁をなくしてだれにでも使えるようにすることを（　）という。	バリアフリー barrier　free <small>障壁　がない</small>
老若男女、人種、文化、障害などの差異を問わずにだれでも利用できる設計のことを（　）という。	ユニバーサルデザイン universal　design <small>万人のための　設計</small>
高齢者、障害者などの施設を地域から隔離せず、健常者と一緒に助け合いながら暮らす正常な社会を実現しようとする理念を（　）という。	ノーマライゼーション normalization <small>正常化</small>

いすの高さは　　約（　）cm テーブルの高さは　約（　）cm	約40cm 約70cm	 40cm　　70cm

車いすの高さは（　）～（　）cm ベッドの高さは　（　）～（　）cm 便座の高さは　　（　）～（　）cm 浴槽の縁の高さは（　）～（　）cm	すべて40～45cm	 40～45cm 浴槽　　便座　　車いす　ベッド

キッチン流し台の高さ 　　　　　　　　は約（　）cm	約85cm	 トントン 箱 【箱の上で調理】 85cm

洗面化粧台の　高さは約（　）cm	約75cm	 75cm
間隔は約（　）cm	約75cm	
車いす用キッチンの流し台の 　　　　　高さは約（　）cm	約75cm （テーブルの高さ+α）	
ひざを入れるスペースの 　⎰高さは　約（　）cm 　⎱奥行は　約（　）cm	約60cm 約45cm	 60cm ひざの横の長さ　45cm
上部の棚の高さは 　　　　約（　）cm以下	約150cm以下	 150cm 75cm 60cm
車いす用スイッチの 　　　高さは（　）〜（　）cm	100〜110cm （目の高さ）	 100〜110cm 目線 → 1m

車いす用コンセント 　　　の高さは　約（　）cm	約40cm	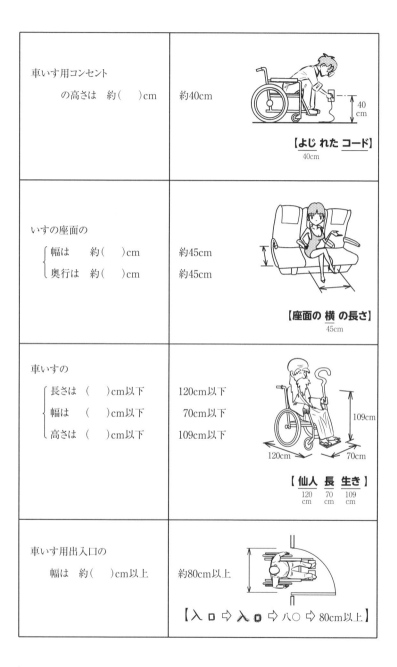【よじ れた コード】 40cm
いすの座面の 　┌ 幅は　　約（　）cm 　└ 奥行は　約（　）cm	約45cm 約45cm	【座面の 横 の長さ】 45cm
車いすの 　┌ 長さは　（　）cm以下 　│ 幅は　　（　）cm以下 　└ 高さは　（　）cm以下	120cm以下 　70cm以下 109cm以下	109cm 120cm　70cm 【 仙人　長　生き 】 120　70　109 cm　cm　cm
車いす用出入口の 　　　幅は　約（　）cm以上	約80cm以上	【 入 口 ⇨ 入 ⑩ ⇨ 八○ ⇨ 80cm以上 】

車いす1台が通る 　廊下の幅は(　　)cm以上	90cm以上 車いすの幅 +10cm　最小出入り口幅 +10cm　車いす1台廊下幅 　70cm以下　⇒　　80cm　　⇒　　90cm以上 【仙人 長 生き】　【入 ◻】 　70cm以下　　　　ハ　〇
車いす2台がすれ違える 　廊下の幅は(　　)cm以上	180cm以上 1台：90cm ⟶ 2台：90×2=180cm以上
松葉杖使用者が通る 　廊下の幅は(　　)cm以上	120cm以上 【松 ⇨ 12 ⇨ 12】 　　　　　　　　120cm
車いすが1回転する直径は 　両輪を使う場合(　　)cm以上 　片輪を使う場合(　　)cm以上	150cm以上 210cm以上 【イー娘 イー娘 と つい つい 振り返る】 　150cm以上　　　　　210cm以上

車いすが180°回転できる 　　廊下の幅は(　　)cm以上	140cm以上 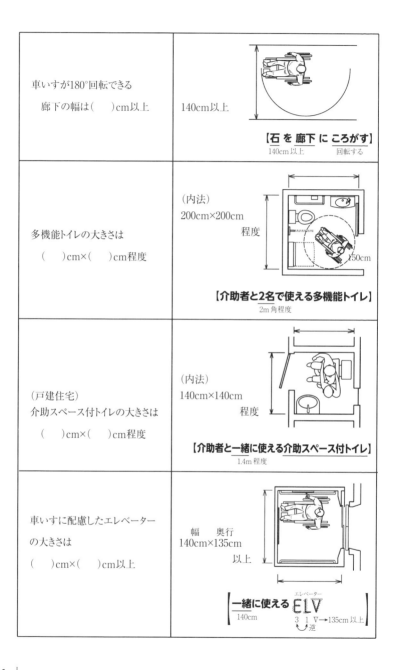【石 を 廊下 に ころがす】 140cm以上　　　回転する
多機能トイレの大きさは 　　(　　)cm×(　　)cm程度	(内法) 200cm×200cm 　　程度 　　　　　　　　150cm 【介助者と2名で使える多機能トイレ】 2m角程度
(戸建住宅) 介助スペース付トイレの大きさは 　　(　　)cm×(　　)cm程度	(内法) 140cm×140cm 　　程度 【介助者と一緒に使える介助スペース付トイレ】 1.4m 程度
車いすに配慮したエレベーター の大きさは 　　(　　)cm×(　　)cm以上	幅　　奥行 140cm×135cm 　　以上 一緒に使える ELV 140cm　　3 1 V→135cm以上 逆

車いすが回転できるELV乗降 　ロビーの幅は（　　）cm以上	150cm 以上 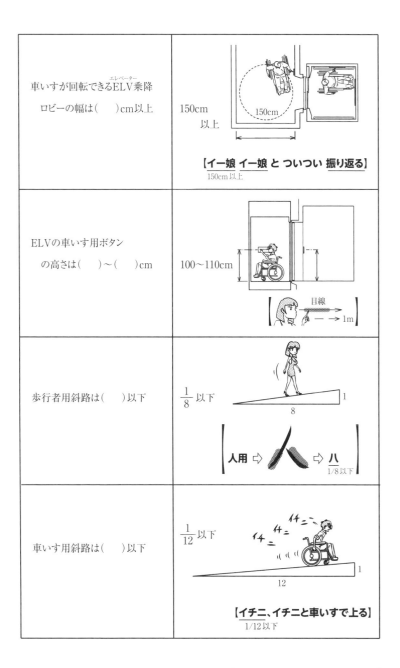**【イー娘 イー娘 と ついつい 振り返る】** 150cm以上
ELVの車いす用ボタン 　の高さは（　　）～（　　）cm	100～110cm 目線 → 1m
歩行者用斜路は（　　）以下	$\dfrac{1}{8}$ 以下 1 8 **人用 ⇨ 人 ⇨ 八** 1/8以下
車いす用斜路は（　　）以下	$\dfrac{1}{12}$ 以下 14 14 4 14 1 12 **【イチニ、イチニと車いすで上る】** 1/12以下

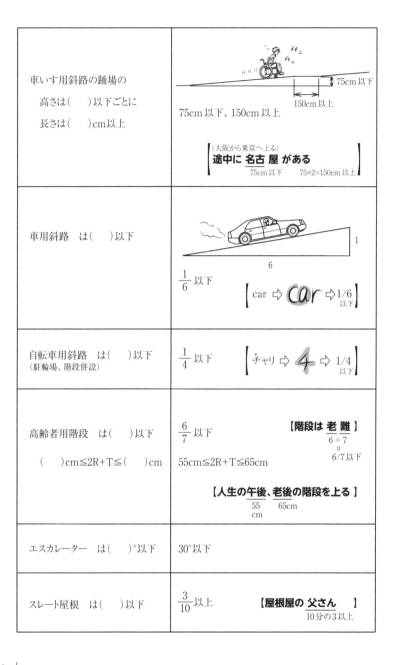

車いす用斜路の踊場の 　高さは（　　）以下ごとに 　長さは（　　）cm以上	（イラスト：車いすの人が斜路を上る）　75cm以下 150cm以上 75cm以下、150cm以上 （大阪から東京へ上る） 【途中に 名古 屋 がある】 　　　　75cm以下　75×2=150cm以上
車用斜路　は（　　）以下	（イラスト：車が斜路を上る）　1／6 $\dfrac{1}{6}$ 以下 【car ⇨ car ⇨ 1/6 以下】
自転車用斜路　は（　　）以下 （駐輪場、階段併設）	$\dfrac{1}{4}$ 以下　【チャリ ⇨ 4 ⇨ 1/4 以下】
高齢者用階段　は（　　）以下 （　　）cm≦2R+T≦（　　）cm	$\dfrac{6}{7}$ 以下 55cm≦2R+T≦65cm 【階段は 老 難 】 　　　　6÷7 　　　　‖ 　　　　6/7以下 【人生の午後、老後の階段を上る 】 　　　　　55　　　65cm 　　　　　cm
エスカレーター　は（　　）°以下	30°以下
スレート屋根　は（　　）以下	$\dfrac{3}{10}$ 以上　【屋根屋の 父さん 】 　　　　　　　10分の3以上

駐車スペースの大きさは 　　幅(　　)cm×長さ(　　)cm 　　　　　　　　　　程度	230cm×600cm 程度 【兄さん ロックする】 230cm　　600cm 程度
車いす用駐車スペース 　　の幅は(　　)cm	幅 350cm
車いす用駐車台数は 　　全体の台数の(　　)	$\dfrac{1}{50}$
駐車場の面積は(　　)m²/台	50m²/台
車路(相互通交)の幅は 　　　　　　(　　)cm以上	550cm以上
車の内法回転半径は 　　　　　(　　)cm以上	500cm以上
車路の梁下の高さは 　　　　　(　　)cm以上	230cm以上 【兄さん　梁に頭をぶつける】 230cm以上　　梁下
駐車場の入口と交差点や小学校 　　校門からの距離は(　　)m以上	5m以上

バイクの駐車スペースの大きさは 　　幅（　）cm×長さ（　）cm 　　　　　　　　　　程度	90cm×230cm 程度	【兄さん ロック する】 　230cm　　　90cm程度
自転車の駐輪スペースの大きさは 　　幅（　）cm×長さ（　）cm 　　　　　　　　　　程度	60cm×190cm 程度	bicycle b ig 60cm × 190cm
一般病室（4人用）の面積は 　　　　　（　）m²/人以上	（内法） 6.4m²/人 以上	【老人　　多い病室】 　6.4m²/人以上
特別養護老人ホームにおける 専用居室の面積は（　）m²/人 　　　　　　　　　以上	10.65m²/人 以上	【転々 ⇨ 老後 はホームへ】 　10.　　　65 m²/人以上 （ten 点）
保育所における保育室の 　面積は（　）m²/人以上	1.98m²/人 以上	【行くわ!　　むかえに】 　1.98m²/人以上
小・中学校における普通教室 　の面積は（　）〜（　）m²/人	1.2〜2.0m²/人	【1、2 年生には先生 2 人必要】 　1.2　　　　2.0m²/人
図書館における閲覧室 　の面積は（　）〜（　）m²/人	1.6〜3.0m²/人	【色 見　本を閲覧する】 　1.6 3.0m²/人
事務室の面積は 　　　（　）〜（　）m²/人	8〜12m²/人	【6畳 一間、ひとりのオフィス】 　10m²±α

会議室の面積は 　　(　)～(　)m²/人 程度	2～5m²/人 程度 　　　　　　　　　　【ニコニコ会議】 　　　　　　　　　　　2～5m²/人程度
劇場、映画館における客席 　の面積は(　)～(　)m²/人 　　　　　　　　　　程度	0.5～0.7m²/人 程度 【(映画館で)おなら、おこられる】 　　　　　　0.7　　　0.5m²/人
ビジネスホテルにおける 　シングルベッドルームの面積は 　　　　　　　(　)m² 程度	15m² 程度 【重工業地帯のホテルはビジネス向け】 　　　　　　　　　　　　　15m²程度
シティホテルにおける 　ツインベッドルームの面積は 　　　　　　　(　)m² 程度	30m² 程度 【シングル15m² ⇨ ツイン15×2=30m²】
シティホテル、リゾートホテルの 　延べ面積は(　)m²/室 程度 ビジネスホテルの延べ面積は 　　　　　　　(　)m²/室 程度	100m²/室 程度 客室部門 ポディアム部門 50m²/室 程度
宴会場の面積は 　　　　　　　(　)m²/人 程度	2m²/人 程度 　　　　　　【2人 でする結婚式】 　　　　　　　2m²/人程度　　宴会場
レストラン客席部分の面積は 　　　　　　　(　)m²/人 程度	1.5m²/人 程度 (1～1.5m²/人) 　　　　　【宴会場 ＞ レストラン】 　　　　　(2m²/人)　　(1.5m²/人)

いすのみを詰めた場合の面積は （　　）m²/人 程度	0.5m²/人 程度	劇場、映画館
いす＋テーブルの場合の面積は （　　）m²/人 程度	1.5m²/人 程度 （1〜2m²/人）	宴会場、レストラン 教室、閲覧室
$\dfrac{住宅の収納スペース}{個室面積}$ ＝（　　）％	（15〜）<u>20</u>％	⇨ 2 ⇨ 20%
オフィスビルのレンタブル比（対基準階） ＝ $\dfrac{収益部の面積}{基準階の面積}$ ＝（　　）％	75（〜85）％	
オフィスビルのレンタブル比（対延べ面積） ＝ $\dfrac{収益部の面積}{延べ面積}$ ＝（　　）％	（65〜）75％	【名古屋へ出張　　】 75%　　オフィスビル
$\dfrac{ビジネスホテルの客室面積}{延べ面積}$ ＝（　　）％	75％〜	名古屋へ出張 75%　　オフィスビル ⇨ビジネスホテル で1泊
$\dfrac{シティホテルの客室面積}{延べ面積}$ ＝（　　）％ 程度	50％ 程度	
$\dfrac{百貨店の売り場面積}{延べ面積}$ ＝（　　）％	（50〜）60％	【売場に群れるオバサン達】 60%
$\dfrac{量販店の売り場面積}{延べ面積}$ ＝（　　）％	60（〜65）％	

都市計画

車道の上空に持ち上げるなどの立体的な処理をした歩行者専用通路を（　）という	ペデストリアンデッキ
車の通過交通を防ぐための、折返しスペースのある行止まりの道を（　）という	クルドサック（袋小路） **【車が来るとサック（袋）に入れる】**
車は行止まりの道に入れ、歩行専用通路は緑地につくる歩車分離の住宅地計画を（　）システムという	ラドバーンシステム【ランドでバーンとぶつからないように歩車分離】（土地）
道路をS字クランクさせるのは（　） 道路に付けるこぶは（　） S字クランクとこぶによって車のスピードをゆるめる道路方式は（　）	シケイン【(教習所の)試験はS字クランク】 ハンプ　【半端 な 出張り】 シケイン　　　ハンプ ボンエルフ【ボンボンがエルフを飛ばさないように工夫】
周辺駅の駐車場に車を置いて、そこから公共交通機関を使うシステムは（　） 路面電車やバスと歩道を合わせた散歩道は（　）	パークアンドライド　park / ride トランジットモール　transit 交通機関 / mall 散歩道

建築史頻出用語

パルテノン神殿（BC432）	ギリシャ神殿、ドリス式オーダーの外周柱、黄金比
ギリシャ3オーダー	ドリス式、イオニア式、コリント式 **【ドレスを着たイー女にはこりた】** ドリス式　　　イオニア式　　　コリント式
パンテオン神殿（128）	古代ローマの万神殿、レンガとコンクリート（無筋）のドーム。パルテノンと間違いやすい。パリのパンテオンは新古典主義
ハギア・ソフィア （アヤ・ソフィア）（537）	ビザンチン様式、ペンデンティブドーム **【VISAで買うソフィアのペンダント　　】** ビザンチン様式　　ハギア・ソフィア　　ペンデンティブドーム
ピサ大聖堂（1118）	ロマネスク様式、5廊式 **【ピザ食べながらロマンス語る】** ピサ大聖堂　　　　ロマネスク様式
パリのノートルダム大聖堂（1250）	ゴシック様式、双塔、尖頭アーチ、フライングバットレス **【ノートに書くゴシップ記事はフライング　　】** ノートルダム　　　ゴシック　　　　フライングバットレス
ミラノ大聖堂（1386）	ゴシック様式、多数の小尖塔、イタリア最大のゴシック建築 **【未来の　ゴシップ記事は戦闘的】** ミラノ大聖堂　ゴシック　　　　　小尖塔
フィレンツェ大聖堂（1436）	ドームはルネサンス様式、ブルネレスキ設計 **【ブルマ好きは人間的**（人間主義→ルネサンス）**】** ブルネレスキ　　　人間主義
サン・ピエトロ大聖堂（1667）	長堂部と楕円形広場はバロック様式、世界最大の聖堂 **【ピエロめ、バーロー！世界一！】** サン・ピエトロ　　　バロック
ロビー邸（1909）、落水荘（1936）	フランク・ロイド・ライト設計。有機的建築、プレーリーハウス **【ライト**（照明）**がロビーに落ちて水の泡】** F.L.ライト　　　ロビー邸　　　落水荘

シュレーダー邸（1924）	リートフェルト設計。デ・スティル運動、赤・青・黄の3原色 **【フェルトをシュレッダーにかけたような面の構成】** <u>リートフェルト</u>　<u>シュレーダー邸</u>
サヴォア邸（1931）	ル・コルビュジエ設計。近代建築の5原則、横長連続窓、ピロティ **【サボると…コルああ!】** <u>サヴォア邸</u>　　<u>ル・コルビュジエ</u>
母の家（1962）	ロバート・ヴェンチューリ設計。ポスト・モダニズム **【母 が ベンチで和む】** <u>母の家</u>　<u>ヴェンチューリ</u>
フィッシャー邸（1967）	ルイス・カーン設計。2つの立方体を45°傾けて接合 **【漁師（フィッシャー）は勘で釣る】** <u>フィッシャー邸</u>　　<u>カーン</u>
伊勢神宮内宮正殿	神明造、掘立柱、平入、式年遷宮、大社造と住吉造は妻入 **【伊勢エビとホタテ】** <u>伊勢神宮</u>　<u>掘立柱</u>
薬師寺東塔（730）	三重塔、裳階、三手先の組物 **【薬師　三尊】** <u>薬師寺東塔</u> <u>三手先</u>
中尊寺金色堂（1124）	総金箔貼り、方三間（3間四方）、平安時代 **【金色 は 平安 の証】** <u>金色堂</u>　<u>平安時代</u>
東大寺南大門（1199）	大仏様、挿し肘木、鎌倉時代はほかに禅宗様 **【鎌倉の大仏は禅を組んでいる】** <u>大仏様</u>　<u>禅宗様</u>
円覚寺舎利殿（鎌倉時代）	禅宗様、細い部材、柱間に組物（詰組）、扇垂木、屋根の反り **【円は禅宗の奥義と反り返る】** <u>円覚寺</u>　<u>扇垂木</u>
鹿苑寺金閣（1398、1955再建）	最上層：禅宗様仏堂、2層：武家造、1層：寝殿造 **【金を抱えて寝る】** <u>金閣</u>　　<u>寝殿</u>

8

桂離宮（1620）	数寄屋風書院造（数寄屋）、池泉回遊式庭園 **【かつらは好きや】** 桂離宮　　数寄屋
日光東照宮（1634〜36）	本殿と拝殿を石の間でつなぐ権現造 **【石の間（あいだ）に日光が照りつける】** 　　　　　　　　　　　　　　東照宮
日本銀行本店（1896）	辰野金吾　日本近代建築の父、ネオバロック **【日銀の金庫→金吾　】** 日本銀行本店　　辰野金吾
旧赤坂離宮、迎賓館（げいひんかん）（1909）	片山東熊設計。ネオバロックの宮廷建築 **【山の熊さんがお出迎え（迎賓）】** 片山　東熊　　　　　　迎賓館
聴竹居（ちょうちくきょ）（1928）	藤井厚二設計。環境共生住宅、実験住宅 **【竹林と藤棚で環境共生】** 聴竹居　藤井厚二
立体最小限住宅（1950）	池辺陽設計。吹抜けの周囲に諸室を配置 **【海に比べて最小限 の 池 】** 　　　　　　　　立体最小限　池辺陽 　　　　　　　　住宅
神奈川県立近代美術館（1951）	坂倉準三設計。ル・コルビュジエ的、ピロティ、中庭　**【神の美術品を倉にしまっておく】** 　　　　　神奈川県立　　坂倉準三 　　　　　近代美術館
広島平和記念資料館（1955）	丹下健三設計。ピロティ、原爆ドームへの軸線 **【広島の平和は丹下左膳にまかせた】** 広島平和　　　　丹下健三 記念資料館
スカイハウス（1958）	菊竹清訓設計。メタボリズム（新陳代謝）、ムーブネット **【空に向かって菊と竹が伸びる】** スカイハウス　　菊竹清訓
塔の家（1966）	東孝光設計。3角形状の狭小敷地 **【塔→トウ→東→アズマ】** 塔の家　　東孝光

索引

原口秀昭（はらぐち　ひであき）

1959年東京都生まれ。1982年東京大学建築学科卒業、86年修士課程修了。89年同大学院博士課程単位取得満期退学。大学院では鈴木博之研究室にてラッチェンス、ミース、カーンらの研究を行う。現在、東京家政学院大学生活デザイン学科教授。

著書に『20世紀の住宅－空間構成の比較分析』（鹿島出版会）、『ルイス・カーンの空間構成　アクソメで読む20世紀の建築家たち』『1級建築士受験スーパー記憶術』『2級建築士受験スーパー記憶術』『構造力学スーパー解法術』『建築士受験　建築法規スーパー解読術』『マンガでわかる構造力学』『マンガでわかる環境工学』『ゼロからはじめる建築の［数学・物理］教室』『ゼロからはじめる［RC造建築］入門』『ゼロからはじめる［木造建築］入門』『ゼロからはじめる建築の［設備］教室』『ゼロからはじめる［S造建築］入門』『ゼロからはじめる建築の［インテリア］入門』『ゼロからはじめる建築の［施工］入門』『ゼロからはじめる建築の［法規］入門』『ゼロからはじめる建築の［構造］入門』『ゼロからはじめる［構造力学］演習』『ゼロからはじめる［RC＋S構造］演習』『ゼロからはじめる［環境工学］入門』『ゼロからはじめる［建築計画］入門』『ゼロからはじめる建築の［設備］演習』『ゼロからはじめる［RC造施工］入門』『ゼロからはじめる建築の［歴史］入門』『ゼロからはじめる［近代建築］入門』（以上、彰国社）など多数。

1級建築士受験スーパー記憶術　新訂第2版

1994年 4月30日　第1版　発　行	2020年 4月10日　新訂第1版　発　行
1997年 5月10日　第2版　発　行	2024年 3月10日　新訂第2版　発　行
2001年 6月10日　第3版　発　行	
2004年 6月10日　第4版　発　行	
2010年 2月10日　第5版　発　行	

著　者　原　口　秀　昭

発行者　下　出　雅　徳

発行所　株式会社　彰　国　社

162-0067　東京都新宿区富久町8-21

電　話　03-3359-3231(大代表)

振替口座　00160-2-173401

著作権者との協定により検印省略

自然科学書協会会員
工学書協会会員

Printed in Japan

© 原口秀昭　2024年

印刷：三美印刷　製本：誠幸堂

ISBN 978-4-395-35082-7　C3052　　https://www.shokokusha.co.jp